普通高等院校创新创业教育系列丛书

创业企业运作与投融资

温 强 主编

清华大学出版社
北京

内容简介

创业企业处于企业生命周期的最前端，能否在设立、运营之初给企业打下良好的基础，对企业的后续发展影响巨大。本书旨在从企业运作的角度，对创业企业的管理架构、财务、营销等职能进行阐述。本书共分 7 章，展示了创业企业从产生创意到组建创业团队，再到组合企业基本要素，最后形成企业系统运行的全过程，内容包括导论、创业企业商业模式管理、创业企业公司治理、创业企业运营管理、创业企业营销管理、创业企业财务管理、创业企业投融资管理等，帮助企业完成从无到有的过程，并逐渐形成良好的业务循环，实现持续运营。

本书适用于高等院校经济管理专业的学生，也适用于其他对创业感兴趣的读者。

本书封面贴有清华大学出版社防伪标签，无标签者不得销售。

版权所有，侵权必究。举报：010-62782989，beiqinquan@tup.tsinghua.edu.cn。

图书在版编目(CIP)数据

创业企业运作与投融资 / 温强主编. —北京：清华大学出版社，2022.6
（普通高等院校创新创业教育系列丛书）
ISBN 978-7-302-59728-5

Ⅰ.①创… Ⅱ.①温… Ⅲ.①企业管理②企业融资 Ⅳ.① F272 ② F275.1

中国版本图书馆 CIP 数据核字 (2021) 第 277919 号

责任编辑：	高　　屾
封面设计：	周晓亮
版式设计：	方加青
责任校对：	马遥遥
责任印制：	刘海龙

出版发行：清华大学出版社
网　　址：http://www.tup.com.cn，http://www.wqbook.com
地　　址：北京清华大学学研大厦 A 座　　邮　编：100084
社 总 机：010-83470000　　邮　购：010-62786544
投稿与读者服务：010-62776969，c-service@tup.tsinghua.edu.cn
质 量 反 馈：010-62772015，zhiliang@tup.tsinghua.edu.cn

印 装 者：三河市天利华印刷装订有限公司
经　　销：全国新华书店
开　　本：185mm×260mm　　印　张：13　　字　数：309 千字
版　　次：2022 年 6 月第 1 版　　印　次：2022 年 6 月第 1 次印刷
定　　价：49.80 元

产品编号：086190-01

2021年3月12日,《中华人民共和国国民经济和社会发展第十四个五年规划和2035年远景目标纲要》对外公布。其中,"创业"出现了19次,"创新"出现了165次。在谈及"十四五"时期经济社会发展的主要目标和重大任务时,其提出要坚持创新驱动发展,加快发展现代产业体系,坚持创新在我国现代化建设全局中的核心地位。可以看出,推动创新和创业是实现高质量发展的重要战略。

创新创业可以帮助人们实现自己的梦想。时代的召唤和创新创业本身的魅力,吸引着无数人前仆后继。要想进行创新创业,设立企业是一个必然的步骤。因此,创新创业的过程也就变成了创业企业的运作过程。

创业企业(startup)是一类特殊的群体。作为企业,创业企业已经形成一个独立的组织。创业企业将经历漫漫的发展过程,这个过程充满曲折和坎坷。虽然,成为"百年老店"是每个创业企业的梦想和追求,但成长之路并非一帆风顺,稍不留意就有可能走向失败。

创业企业处于企业生命周期的最前端,在设立、运营之初能否打牢根基,对企业后续发展影响巨大,因为好的企业"基因"会带来好的运作结果。

我在高校从事教学、科研工作的同时,也参与了一些企业运营和管理的实践,起初是作为咨询顾问接触企业,后来和朋友们一起创业,经历了碰撞、迸发出创业想法、组建创业团队,到酝酿创业项目,再到管理创业企业的财务、行政和人资等事务,见证了一个不大的企业从无到有,从停留在想法阶段,逐渐实现业务循环和持续运营。其间看到、经历的创业企业的发展过程和走过的弯路,让我觉得有必要对创业企业的运作做一个粗浅的总结。

本书从企业运作的角度,对创业企业的管理架构、财务、营销等职能进行讲解,以期为读者展示创业企业运作的图景。

第一章 导论。主要内容包括创新和创业的关系,企业组织的历史演变,以及企业运作的基本原理。

第二章 创业企业商业模式管理。主要内容包括商业模式理论,商业模式设计、构建与运作,以及商业模式创新等。

第三章 创业企业公司治理。主要内容包括公司治理理论、公司治理体系、股权设计与激励,以及核心团队管理等。

第四章 创业企业运营管理。主要内容包括运营管理理论,创业企业用户运营和产品运营，以及创业企业的组织运作等。

第五章　创业企业营销管理。主要内容有营销职能演变及概念界定，营销环境分析，数字化时代营销环境的变化等。其中重点讲述场景和社区、社群的概念，以及创业企业社区营销管理。

第六章　创业企业财务管理。主要内容包括创业企业财务原理，创业企业的财务体系构建与运作，以及与创业企业能否生存密切相关的现金流管理等。

第七章　创业企业投融资管理。主要内容包括融资过程、资金种类和融资渠道，以及投资理论和投资种类等。

本书提供配套的电子课件、教学大纲、授课计划和习题答案（课后思考题要点）等，读者可以通过扫描右侧二维码获取。

教学资源

创业企业是一个复杂的系统，创业企业运作是一个复杂的过程，本书不可能穷尽运作的每一方面，只能择其要点阐述。另外，由于作者水平有限，不足之处敬请读者批评指正。

温强

2022 年 5 月

目 录

第一章 导论 1
  第一节 创新与创业 2
  第二节 企业发展的历史 10
  第三节 企业运作的基本原理 14

第二章 创业企业商业模式管理 27
  第一节 商业模式概述 28
  第二节 商业模式设计、构建与运作 39
  第三节 商业模式创新 45
  第四节 商业模式案例解析 48

第三章 创业企业公司治理 57
  第一节 公司治理概述 60
  第二节 公司治理体系 64
  第三节 股权设计与激励 72
  第四节 核心团队管理 80

第四章 创业企业运营管理 84
  第一节 运营管理概述 86
  第二节 创业企业业务运营 99
  第三节 创业企业组织运作 109

第五章 创业企业营销管理 116
  第一节 营销管理概述 117
  第二节 营销环境分析 125
  第三节 数字化时代的营销环境变化 133
  第四节 创业企业的社区营销管理 137

第六章 创业企业财务管理 ········ 146
- 第一节 创业企业的财务原理 ········ 147
- 第二节 财务管理基础：财务管理体系的构建与运作 ········ 158
- 第三节 财务管理核心：现金流管理 ········ 160

第七章 创业企业投融资管理 ········ 168
- 第一节 创业企业融资概述 ········ 169
- 第二节 融资过程 ········ 180
- 第三节 资金种类和融资渠道Ⅰ：风投机构 ········ 185
- 第四节 资金种类和融资渠道Ⅱ：非风投机构 ········ 190
- 第五节 投资概述 ········ 193
- 第六节 创业企业投资管理 ········ 197

第一章 导论

> "我们正处在一场静悄悄的大变革中——它是全世界人类创造力和创业精神的胜利。我相信它对 21 世纪的影响将等同或超过 19 世纪和 20 世纪的工业革命。"
>
> ——杰弗里·蒂蒙斯[①]，创业教育之父

学习目标

1. 掌握创新、创业的概念
2. 理解创新、创业之间的关系
3. 了解创新的过程
4. 掌握企业运作的基本知识和原理

案例 任正非创立华为，带领创业企业走向辉煌

1944 年，任正非出生于贵州安顺市镇宁县。1963 年，任正非就读重庆建筑工程学院（现已并入重庆大学）。大学毕业后，任正非入伍成为基建工程兵。

1983 年，任正非从部队以团副的身份转业，来到深圳，在南油集团下面的一家电子公司任副总经理。在这里，任正非遭遇了人生的第一个"滑铁卢"：任正非在一笔生意中被人"坑"了，导致公司 200 多万货款收不回来。那时，中国内地城市月工资平均不到 100 元。任正非的人生跌入低谷。

处于中年危机之中，任正非没有时间去感伤，家庭的责任、事业的急迫，令任正非迫不得已，走向了下海干实事的道路。就这样，深圳少了一个国企干部，中国多了一个高科技企业的创建者。

创业初始，任正非并没有太多想法，仅仅为了糊口，为了提高家人的生活品质。这是一个扛着压力向前、被逼无奈的创业故事。可以说，任正非的创业初期带着些许悲情色彩。

一个偶然的机会，一个做程控交换机产品的朋友让任正非帮他卖些设备，几次经历过后，任正非萌生了自己干的想法。

[①] 杰弗里·蒂蒙斯（Jeffry A. Timmons），富兰克林·欧林创业学杰出教授，百森学院普莱兹-百森项目主任，有"创业教育之父"称号。《商业周刊》和《成功》等杂志将杰弗里·蒂蒙斯教授评选为创业管理教育领域的权威人士。

1987年，任正非以2.4万元资本注册了华为技术有限公司，成为中国香港康力公司的HAX模拟交换机的代理。凭借特区信息方面的优势，从中国香港进口产品到中国内地，以赚取差价——这是最常见的商业模式。对于身处深圳的公司，背靠中国香港就是最大的优势，至于是代理交换机还是代理饲料，对任正非这样的通信技术的门外汉都是一样的，都是要从零开始的。

在卖设备的过程中，他看到了中国电信行业对程控交换机的渴望，同时看到整个市场被跨国公司所把持。当时，国内使用的通信设备几乎都依赖进口。民族企业在其中完全没有立足之地，43岁的任正非在这个时候突然表现出了他的商业才能，决定自己做研发。

军人出身的任正非似乎天生具有比一般人更加强烈的爱国热情，并且能够认识到"技术是企业的根本"。从此，他告别了"代理商"这个身份，踏上了企业家的道路。

1991年9月，华为租下了深圳市宝安区蚝业村工业大厦三楼，开始研制程控交换机。最初，公司员工仅有50余人。当时的华为公司既是生产车间、库房，又是厨房和卧室。十几张床挨着墙边排开，床不够，用泡沫板上加床垫代替。

所有人吃住都在里面，不管是领导还是员工，做得累了就睡一会儿，醒来再接着干。这也是创业公司中常见的景象，只不过后来在华为成了传统，被称为"床垫文化"。后来，在华为漂洋过海与国外公司直接竞争的时候，华为的员工在欧洲也打起地铺，外国小伙伴无不惊叹。

1991年12月，首批3台BH-03交换机包装发货。当时，公司已经没有现金，再不出货，将直接面临破产。幸运的是，回款及时，公司得以正常运营。1992年，华为的交换机批量进入市场，当年产值即达到1.2亿元，利润过千万元，而当时华为的员工还只有100人。这样的成长速度，响应了"深圳速度"的口号，而这样的盛况只属于那个时代。华为像一匹来自深圳的狼，扑进了这个正在高歌猛进的行业。

华为在之后的发展过程中，又遭遇了无数的艰难险阻，但任正非领导的华为依靠对未来的坚强信念、对通信事业的执着，以及对依靠技术和管理建立竞争优势的信心，筚路蓝缕，一路走来，从通信领域的后来者，一跃成为5G领域的引领者。

第一节　创新与创业

2013年8月18日下午，李克强总理来到兰州大学就业指导中心调研。他鼓励毕业后打算创业的学生说："大学生是人才，只要努力就会有就业的机会。不光要就业，还要创业。大学生要有双创精神,在校学习既要致力于创新,到社会上工作也要敢于创业。祝你们成功!"转过年,在2014年9月的夏季达沃斯论坛上,李克强总理发表讲话,正式提出了"大众创业、万众创新",即"双创"。他指出,要在960万平方公里土地上掀起"大众创业""草根创业"的新浪潮,形成"万众创新""人人创新"的新势态,希望激发民族的创业精神和创新基因。

"大众创业、万众创新"的提出,吹响了以创新和创业推动社会进步和发展的号角,在全国再一次掀起了创新和创业的热潮,点燃了亿万民众,尤其是年轻人和有"双创"想法的人的激情。

纵观世界文明史,人类发挥自身的聪明才智,创造了无穷无尽的文化、艺术瑰宝和可观的物质财富。从创新和创业的角度来讲,人类的文明史就是一部巨大财富被创造出来的历史。创新和创业是推动历史前进的重要动力。

一、创业的概念和特点

(一)创业的概念

到目前位置,关于创业,并没有一个统一的、被大家都认可的定义。每一个创业的定义,都是不同的人从不同的视角对创业的概括或总结,反映了不同的人的经历、体验和认知。例如,关于创业,就有一个定义是:创业是一个发现和捕获机会,并由此创造新颖的产品服务和实现其潜在价值的过程。在这个定义中,它强调了创业是一个过程,强调了机会发现,强调了要创造新的产品服务,强调了价值实现。但创业的逻辑起点真的就是机会发现吗?机会的源头又是什么呢?由此可见,每一种定义都从某个特定的方面阐释了创业的意义,也都可以进行讨论。

一般来说,对创业的理解有广义和狭义之分。广义的创业,是指创造一番事业。这个定义的关键是"开创"。按照这个理解,个人只要去做任何对自己而言具有开创性的事情,都可以算作创业。奇虎360公司创始人周鸿祎曾说,大学生要从广泛的意义上理解创业。他认为大学生毕业后加入初创公司,或者加入一些别人的创业公司,其实也是在创业。美国的创业研究者蒂蒙斯认为,广义的创业概念已经超越了传统的创建企业的概念,而是把各种形式、各个阶段的公司和组织包括进来。因此,他认为创业可能出现在新公司和老公司中,小公司和大公司中,高速发展的和缓慢成长的公司中,私人企业、非营利组织和公共机构中,各个地区中,任一国家发展的各个阶段中。

从狭义的角度定义,创业就是创办一个企业,创业者们把这个企业作为载体,通过运作这个企业,实现自己和伙伴的创业梦想。具体而言,创业就是根据社会的某种需求(或问题),通过整合各种资源,设计、制造出一类专业的产品或服务,运用商业的方式,去满足市场需求,解决客户问题,创造用户和社会价值,最后成就一番事业的过程。

创业的核心和根本是一种社会实践活动,是一个以追求某种事业成功为目的的社会实践过程。既然要取得某种事业成功,当然离不开团队。从这个层面来看,它强调了创业过程中团队的作用和重要性,一个人是不可能取得创业成功的。

第一,"根据社会的某种需求(或问题)",这强调了创业的逻辑起点是社会的某种需求,或者某个痛点问题。创业者创办一家企业的目的是什么,不是为了赚钱,而是发现了身边社会的某种刚性需求或者痛点问题,这些触动了他的激情,让他产生了某种强烈的社会责任感,要去解决这个需求或问题。这就是创业者的初心,是创业者在面对创业过程中诸多不确定性和各种困难挫折时能坚持下去的内在动力。

第二,"通过整合各种资源",这说明了各种资源对创业成功的重要性。创业是一种社会实践活动,若要有效地解决社会某种需求或问题,是需要一定资源做条件保障的。创业者不是要解决在身边所发现的所有的社会需求或问题,而是要根据解决需求所需要的各种条件,对需要的资源进行客观分析:哪些是已具备的,哪些是可以通过整合得到的,哪些是通过某种努力可以聚集的,哪些是通过合作可以利用的。创业不能光凭激情,还要有一份理性,回到资源层面。

第三,"设计、制造出一类专业的产品或服务",这说明了创业中包含着创新,创新是创业过程中不可缺少的重要元素。这里的"设计"就是创意,"制造"就是创造,创意和创造就构成了完整的创新。由此,我们既可以理解创业和创新的关系,也可以认识到创业的产品(或服务)是创新的成果,具有一定的专业性,是有一定的门槛的。也可以理解为没有创新去创办企业不能称之为创业。

第四,"运用商业的方式",这说明了创业活动的运作方式是商业化。人们解决社会需求或问题的方式是多样的。例如,公务员是用公权力解决社会各种问题;慈善机构是由社会捐资解决社会某个需求或问题;创业企业则利用市场行为,运用商业的方式实现盈利。营利性是企业(公司)的三大属性之一,但它并不是企业创办者个人的初心。

第五,"去满足市场需求,解决客户问题,创造用户和社会价值",这说明了创业活动的逻辑过程。创业实践过程的逻辑起点是"需求",满足需求是"因",解决问题是过程,创造价值是"果",之所以创业有价值,是因为创业解决了人们的需求,不能解决需求就不可能创造价值。不能很好地解决客户需求,创业就不能取得成功。

第六,"成就一番事业的过程"强调了事业成功是创业活动的目标。创业是一件最容易的选择,也是最难做成功的一种选择。创业者希望通过创业实践活动,完成自己的某种人生追求,运用商业的方式,有效解决社会的某种需求或问题,而这种价值的体现就是创业活动的成功,也就是创业者事业的成功。

(二)创业的特点

第一,创业是创办一家企业,通过企业这个平台完成创业。由前述定义可以得出,所谓的创业就是创办一家企业,即创业企业,然后通过创业企业,集合各种资源,包括创业团队、员工、资金、财物、信息、社会资本等,开发新的产品、服务,构筑一个商业模式,通过产品和服务解决社会的问题,为用户创造价值,并在这个过程中,获得创业企业自身的价值。

在现代市场经济社会,只有通过设立、运行企业这个经济组织才可以完成上述任务。可以说,创业企业就是创业者创业的平台,创业过程就是创立、运行创业企业的过程。

第二,创业者不同于"做生意的""老板"等。创业者和"做生意的""老板"等有5个方面的区别。

(1) 创业目的不同。老板是为了赚钱创办企业的,而创业者作为企业家是为解决社会需求和问题创办企业的。以赚钱为目的,关注的是如何"赚"钱,关注的首要目标是"钱"。而创业关注的是社会、市场和用户的需求,解决的是他们所面临的问题。

(2) 能力素质不同。人力资源管理中的能力素质模型理论认为,对于不同的岗位,其任务和目标不同,所需要的能力素质也不同。所以,作为以赚钱为目的的生意人、老板,他们所需的能力素质,自然和以解决社会和市场化需求为目的创业者的能力素质不同。创业者要有发现机会的敏锐眼光、承担风险的勇气和社会责任等。

(3) 企业运行状态不同。对于已经运行很长时间的企业,即所谓的"成熟企业",其产品和服务已确定,客户人群也已确定,技术相对成熟,供应链、研发、生产制造、渠道、营销、运营等活动都基本已经确定,分工明确,人员明确。因此,这些企业是在一条相对固定和明确的轨道上运行。借用牛顿的惯性定理,这些成熟企业可以依照"惯性"往前运转。而创业企业则不同,作为处于企业初创期的创业企业,其人员、资源、技术、产品等都不成形,都不成熟。企业各个组成部门之间还没有形成明确的关系。所以,创业企业的运行是不确定、不稳定、不流畅的。

(4) 对经营者的要求不同。企业最高经营者对企业经营和发展起着至关重要的作用,但不同阶段的企业,企业最高经营者起的作用差别很大。前面已提到,创业企业处于企业系统的构建初期,构成企业的各个要素不齐全、要素之间的联系不确定。这就好比"从0到1"的阶段。在这个时期,对创业企业经营者或创业企业家的眼光、信念、执着和坚持等品质要求较高。稍有松懈,创业就会前功尽弃。而对于成熟期企业的经营者或企业家,更多的挑战来自保持企业已有优势,并寻找新的机会。这和前者的要求是不一样的。

(5) 对社会的贡献不同。一般而言,身处数字化时代的创业企业,大多瞄准了社会发展中存在的问题,期望通过集合资源、技术创新等手段解决这些问题。因此,其对社会发展的正面促进作用较为明显。例如,创业企业深圳市大疆创新科技有限公司研发的无人机系列产品和解决方案,应用在电力行业中就解决了过去长期存在的、山区电力设施巡检困难的问题,提高了巡检效率,降低了成本,保证了电力设施的安全和通畅,客观上促进了国家电力事业的发展。

二、创新的概念和理论

(一) 创新的概念

和创业联系非常紧密的是创新。

创新 (innovation) 是个古老的词汇,创新一词的拉丁文为"innovare",意思是指"to make something new"(做出一个新东西),它的英文全意是指"innovation is a process of turning opportunity into new ideas and putting these into widely used practice",即创新是将

找到的机会变成想法,并且将其变成一种能广泛使用的实际成果的过程。因此,可以说"机会""新想法"和"投入使用"是创新的核心。

(二) 创新的理论

1. 熊彼特创新理论

"创新"的观念最早是由古典学派的经济学者熊彼特 (Joseph Alois Schumpeter) 提出的。熊彼特在《经济发展理论》(1912) 一书中首先提出了创新理论,并用以解释经济发展的内涵。他认为,所谓"创新",就是"建立一种新的生产函数",就是把一种从来没有过的生产要素和生产条件的"新组合"引入生产体系。经济发展就是整个社会不断实现这种"新组合"的过程。

根据熊彼特的经济发展理论,经济增长并不等同于经济发展。他认为,"仅仅实现经济的增长,如人口和财富的增长,不能将其称作发展过程。因为它没有在质上产生新的现象,只是一种适应过程,我们把这种增长看作数据的变化"。熊彼特理论中的经济发展不是简单的经济数据的变化,而是经济生活内部自行发生变化的结果,是对平衡状态的打破,是改变和替代以前存在的均衡状态,是不断地出现"新组合"。这种新组合包括5项内容:①引进新产品;②引进新技术;③开辟新市场;④掌握新的原材料供应来源;⑤实现新的组织形式。

熊彼特的理论表明,实现新的组合就是创新。创新是经济发展的根本现象。"创新是创造性的破坏",这是熊彼特对"创新"的经典描述。他坚信,只有当经济吸收了变化的结果并改变其结构时,经济才能发展,这种变化破坏旧的均衡,创造新的均衡。发展就是在新旧均衡的转换中出现的。

在提出创新理论的同时,熊彼特也指出了创新与发明之间的区别。根据熊彼特的观点,创新是一个经济学范畴的概念,创新应该带来收益。在发明未能转化为市场所需的新产品、新流程和新服务之前,发明只是一个新概念、新设计,不能创造任何经济价值。因此,发明不等同于创新,发明只是创新的必要条件之一。单纯的发明及其专利仅对发明者本身有意义,但对人类社会不产生任何实质性的价值。只有当发明被应用于社会,并带来经济收益和价值,对社会经济发展产生积极的影响时,发明才完成了向创新的转换。

他认为创新是企业有效利用资源,以创新的生产方式来满足市场需要,是经济增长的原动力。简单来说,"创新"是一种可以使企业资产再增添新价值的活动。当前企业普遍推动的持续改善,从广义上说,也可以被视作一种"创新",即企业的创新活动在本质上包含持续改善产品、流程和服务等。创新的目的不外乎是想提升企业的获利能力,并增加员工的报酬,但并非每一次创新都能达到预期的目的,因此,如何掌握契机,适时进行创新变革,是企业界持续成长的不二法门。一般观念认为,凡是能够提出新观念、新方法或新产品的,就可被称为创新。但贝茨 (Betz, 1993) 指出,创造产品的新概念或新的程序方法只能被视为"研究发展",因为"创新"还必须将新产品、流程或服务带到市场上,为用户接受,进而产生利益。

2. 德鲁克的创新理论

德鲁克 (1985) 认为,"创新"是一个经济或社会术语,而非科技术语。他对创新的定义是:创新就是改变资源的产出。或者,创新就是通过改变产品和服务,为客户提供价值和满意度。

德鲁克认为一项创新的考验并不在于它的新奇性、科学内涵,或它的小聪明,而是在于推出市场后被顾客接受的程度,也就是能否为市场顾客创造出新的价值。德鲁克还主张,创新能力是可以培养的。他认为凡具有创新能力的人,都有机会成为一位成功的创业者。

综合以上分析,本书将"创新"定义为"将新的构想通过新产品、新流程,以及新的服务方式,有效体现到市场中,进而创造新价值的过程"。这一定义,特别强调创新的执行过程与创新带来的市场效益。

三、创新的过程

创新是指将新的想法、知识等转换为实用的商品或服务的"过程"。需要强调的是,在创新的过程中,创新者、做的事、用到的物料等要素,会发生大量、频繁的互动与信息的流动,最后形成的创新成果,即产品或服务会对个人、团体、组织、行业或社会产生极大的价值。

创新过程可以区分为技术推动与市场推动两种类型 (见图 1-1),前者是将研发成果的技术主动转变为产品,再通过营销手段引发消费者的需求;而后者则是基于市场消费者的需求,利用既有的研发成果技术,来开发可以满足前述需求的产品,再通过生产与营销手段,有效地提供给消费者。显然,市场推动的创新过程效率较高,而技术推动的创新过程可能遭遇的困难与风险则较大。

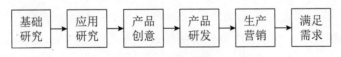

Ⅰ.科技推动(由科技发展推动)的创新

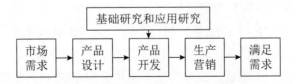

Ⅱ.市场推动(由市场需求推动)的创新

图 1-1　技术推动与市场推动的创新

从图 1-1 中我们可以看出,无论是技术推动的创新,还是市场推动的创新,产品的创意构想、产品开发、生产与营销等活动在其中发挥的作用,这些活动就是技术商品化的内涵。因此我们可以说,技术商品化是任何类型创新过程都不可或缺的关键核心。但创新过程必须有效地将技术转化为产品，同时该产品还必须满足市场需求，并为企业创造显著的利润，否则创新就不会有成果。

四、创新与创业的关系

根据前述创新与创业的概念可以看出，两者的边界确实相互重叠，创新与创业的关系如下。

（一）创新侧重于创造新价值，创业侧重于开创一项新事业、企业

创新的本质是推陈出新，通过新奇的想法和做法产生新的价值，包括资源的新用途、商业价值和社会价值等。这个时候，创新的主体是一个创客、发明者、单位的革新者或者潜在的创业者。虽然创业过程主要源自创新实现，并产生新的价值，但不是所有的创业都是通过创新获得的。例如，如果一名创业者加盟一家连锁集团，开一家店铺，这个时候他是一个复制者或者一个连锁店的加盟者。他只是通过价格差获利。一般而言，除了复制型的创业者，其他都可以纳入创新范畴。

创业和创新的关系是相互关联、密不可分的，二者是相辅相成、无法割裂的关系。

创新是创业的手段和基础，而创业是创新的载体。创业者只有通过创新，才能使所开拓的事业生存、发展并保持持久。创新是一种理念，创业看重的是对的人，创新的成效只有通过创业实践来检验。

（二）创新通过创业实现，创业是创新的实现方式和最好的载体

对于创业者而言，创业是职业生涯的转换。例如，某创业者打算联合其他合作伙伴，用一定的技术解决问题，由此去开办公司，则意味着他的职业生涯从原有状态转变为创业状态。而创新是指创造一种新的理念或新的技术，并实现它的社会价值、市场价值。从历史和现实的经验看，实现这个创新价值的最好方式就是创立一家企业，即创业。

创业最好能引用创新的成果。战略创新会给企业带来出乎意料的财富和市场，文化创新会令商品价格飙升，技术创新会使商品提高竞争力，商业模式创新能更好地促进创新产品的稳定销售，从而赢得广袤的市场。

英国发明家、工程师瓦特1756年在格拉斯哥大学当仪器修理员。在修理纽可门式蒸汽机时，他发现了这种机器的重大缺陷，后来经过反复试验与研究，历经20多年，对原始蒸汽机做了一系列的重大创新、改进和发明，并于1769年获得蒸汽机的专利权。但在蒸汽机进入市场，为其他行业广为使用之前，蒸汽机仅仅是瓦特作为发明家的个人创新成果，停留在科学和技术革新的层面。瓦特要想使他的技术革新和发明获得社会价值和个人财富，必须创立经营蒸汽机的设计、生产制造和销售的组织——企业。很明显，瓦特不擅长这些。当独具慧眼的英国工厂主马修·博尔顿首次接触到蒸汽机时，就敏锐地意识到蒸汽机的广阔前景，并和瓦特合伙创办蒸汽机工厂，并通过努力，让蒸汽机广泛

应用于各行各业。此时,瓦特的这项创新才以创业的形式为社会创造了价值。

严格意义上说,瓦特和马修·博尔顿合伙创办了蒸汽机工厂,并通过成功运营,使得蒸汽机成为"工业革命"的象征和代名词,并获得了后世广泛且极高的赞誉。没有这个创业企业,蒸汽机充其量是英国专利局授权名册上的一个词条。

因此,企业是实现创新和创业梦想最好的形式和方式。创业是船,创新是帆,做好这两项,创业企业才能扬帆出海。

五、创业精神

还有一个与创新、创业密切相关的概念,即创业精神,英文是"entrepreneurship"。对于这个词,有人翻译为"创业精神",也有人称它为"企业精神"。从字面理解,似乎"创业精神"和"企业精神"是人的个人心理特征,是个人性格中的内容。但实际上,无论翻译成"创业精神""企业精神",还是"企业家精神",它仍着重于一种创新活动的行为过程,而非企业家的个性特征。创业精神的主要含义为创新,也就是创业者通过创新的手段,更有效地利用资源,为市场创造出新的价值。虽然创业常常是以开创新公司的方式产生的,但创业精神不一定只存在于新企业。一些成熟的组织,只要创新活动仍然旺盛,该组织依然具备创业精神。

"创业精神"类似一种能够持续创新成长的生命力,一般可区分为个体的创业精神和组织的创业精神。所谓个体的创业精神,指的是以个人力量,在个人愿景引导下,从事创新活动,进而创造一个新企业;而组织的创业精神则指在已存在的一个组织内部、以群体力量追求共同愿景,从事组织创新活动,进而创造组织的新面貌。

"创业"是创业者依自己的想法及努力工作来开创一个新企业,包括新公司的创立、组织中新单位的成立,以及提供新产品或新服务,以实现创业者的理想。创业本身是一种无中生有的历程,只要创业者具备求新、求变、求发展的心态,以创造新价值的方式为新企业创造利润,那么就能说这一过程中充满了创业精神。

创业精神所关注的在于"是否创造新的价值",而不在于设立新公司,因此创业管理的关键在于创业过程能否"将新事物带入现存的市场活动中",包括新产品或服务、新的管理制度、新的流程等。创业精神指的是一种追求机会的行为,这些机会还不存在于目前资源应用的范围,但未来有可能创造资源应用的新价值。因此我们可以说,创业精神即是促成新企业形成、发展和成长的原动力。

综合以上各种说法,本书认为"创业精神"可以包括两方面的含义:一方面是精神层面,"创业精神"代表"以创新为基础的做事与思考方式";另一方面是实质层面,"创业精神"代表"发掘机会,组织资源建立新公司,进而为市场、为用户提供新的价值"。

第二节　企业发展的历史

创业企业虽小,但也是企业,即运用技术创造用户价值的经济组织,而企业并非在人类开始从事生产活动之初就产生的。从人类社会发展的历史来看,企业的产生经历了一个漫长的时期,是人类社会分工与协作效率在不断提高的过程中逐步形成的。企业是"人造物"——人类在创造财富过程中,由人创造出来的组织、关系。

一、家庭生产时期

在家庭生产时期,生产活动以农业为主,自给自足是社会经济活动的主体,家庭生产的产品仅供自己消费,即使偶尔有剩余,也只与邻居或在较小的范围内交换。8世纪末到9世纪,西欧仍处于纯粹的农业状态,土地是生活的唯一来源,是构成财富的唯一条件,动产在经济生活中不起任何作用。这一时期的经济实际上是一种没有市场的经济,不是因为人们不愿意出卖自己的剩余产品,而是因为:第一,生产力水平低下,人们没有过多的剩余专用于市场交换;第二,没有买主,虽然这一时期也有大量的小集市,但它的作用只限于满足附近居民的家庭需要,同时满足了一切人的娱乐要求而不是用于商业意图。

作坊或家庭作坊的建立就是为了补充商业的缺乏。它分散在形同星云的无数家庭中,一名师傅,一两名学徒,就如同一个家庭中的成员。在每个"单细胞"的基本单位中,往往不实行分工,每个生产者参与生产的各个工序,每个生产单位从事所有所需产品的生产。这种家庭式的生产组织主要以谋生为主,不以追求利润为目的。

在这一时期,社会分工水平的低下,同市场交换水平的低下是并存的,以家庭为基本生产单位的生产方式既不利于生产率的提高,也不利于市场的发展。

二、手工业生产时期

在家庭生产的基础上,随着市场的缓慢拓展,生产活动逐渐由具有一技之长的专业劳动者来完成,此时不仅手工业从农业中分离出来,产品生产也形成了完全的分工。单个生产单位(主要是家庭)不再从事所有产品的生产,但仍以最终产品的生产为主。

到了11世纪,城市中集中了新兴的工业及大批手工工匠,当时出现的第一批店铺其实就是面包师傅、屠户、鞋匠、铁匠、成衣工,以及其他小手工业者的作坊。这类工匠最初不得不离开店铺,到集市或商场去出售产品,他们的工作使他们同店铺保持"蜗牛与外壳"的关系。在集市歇业的日子里,工匠很快就在自己的店铺营业,即在自家门口售货。在早期的手工工场中,生产与销售并没有分离,产品以"自产自销"为特征。手工业生产发展了社会分工,从而提高了社会生产率。生产率的提高使产品有了剩余。剩余产品交换的日益频繁使市场得以发展。

手工工场在16、17世纪的英国占有优势,英国人称为茅舍工业或家庭工业,它散布在城市及其近郊,以及广阔的农村里,因此有人称之为分散的手工工场。保尔·芒图

(Paul Mantoux, 1959) 则将其称为家长制工业的古典形式。

三、过渡时期及古典企业的产生

过渡时期是指工厂制产生前的手工工场时期。在以自产自销为特征的手工业生产中，后来出现了充当交换中间人的"坐商"，他们周旋于生产者和购买者之间，仅从事买卖，而不亲自动手制造他们提供的产品，早期商业店铺变化的结果就是生产和销售的分离。例如，纺织业都是相距很大跨度但又是互有联系的单位，其中的商人身兼协调、联络、领导等多项职责。其提供原料或生产工具，主持从纺到织，从缩绒、印染到整修，直到完成最后一道工序，付清工资或以部分产品抵充工资，最后将远程或短途贸易的利润留给自己。这种情况不仅出现在纺织业，在冶金业等行业中也是如此。

商人的出现是市场交换这一社会协作发展的产物。由于个人天生禀赋的不同，有些生产者不能准确把握市场需求，以致在市场交换中发生巨额交易费用。而具有充分市场知识的商人不仅协调了产品供给与需求，更充当了独立完成各工序生产的生产者之间的协调者。商人在产品的市场交换中所起的作用降低了交易费用，其对生产的组织使社会分工进一步细化，并有效制约了由此可能造成的生产过程中交易费用的提高。

由于同一产品的生产被分为若干工序，并在商人的组织下由不同生产者完成，于是单个工场的生产不再局限于对最终产品的生产。这种社会分工的发展为生产工具的发展提供了可能。到工业革命前夕，不仅形成了生产与销售的分离，而且生产活动也发生了进一步分工，并形成了生产者和生产工具的分离。正如杨格定理所指出的，生产迂回程度的提高扩大了市场的范围。今天所说的业主制和合伙制企业，以及资本对劳动的雇佣制度，正是在这一时期孕育并得以确立的。

四、现代公司的产生

现代公司是古典企业演进的结果。作为一种更高级的企业形式，现代公司的起源是在一定的社会经济条件下发生的，目的是解决生产力发展要求与古典企业制度间的矛盾。现代公司从初具雏形到发展成熟经历了数百年的时间，公司的具体形式也发生了一系列的演化。

（一）原始股份公司

14世纪末15世纪初，资本主义生产关系已在意大利的主要城市威尼斯、热那亚和佛罗伦萨萌芽。随着资本主义生产关系的出现和发展，使得中世纪封建社会内部的经济矛盾日益尖锐，西欧的封建制度走向解体，西欧各国相继进入了资本的原始积累阶段。尤其是新航线和新大陆的发现，使世界贸易大为改观。西班牙、葡萄牙、荷兰、英国作为海外贸易国异军突起，竞争激烈，贸易规模日益扩大，贸易主要地点从地中海转到大西洋，英格兰成为重要的贸易中心。与世界贸易的形势相适应，早期的原始股份公司产生，并成为公司的一种主要形式。

当时的海外贸易是掠夺性的，不仅在殖民地遭到被掠夺国人民的强烈反抗，而且在参与国之间经常发生矛盾，加之远渡重洋，海盗盛行，因此风险极大，远非个人投资者能及。于是，英国、荷兰、法国、丹麦、葡萄牙等国相继出现了一批由政府特许建立的、具有在国外某些地区的贸易垄断权的贸易公司。1600年12月31日，英国女王伊丽莎白以特许状批准组织"伦敦商人对印度贸易公司"。特许状中规定只准东印度公司与东印度进行贸易，严禁其他公司与印度直接或间接地进行贸易，违者罚款。东印度公司取得了掠夺印度和垄断远东贸易的特权。东印度公司用武力征服印度后，便进行大肆掠夺，洗劫宫廷国库，征收繁重的赋税、垄断食盐和鸦片贸易、勒索土邦纳贡等，从印度搜刮了巨额的财富。从1601年到1617年，东印度公司从英国到印度一共进行了12次贸易航行，每次贸易航行都能获得高额利润。如第三次贸易航行利润率高达234%，第五次贸易航行利润率甚至高达320%。所以自1607年起，英国每年都有船只开往印度进行贸易。此外，1602年荷兰也以特许状设立了东印度公司与之抗争，主要对爪哇岛、马六甲等地进行残暴的掠夺。在此之后，欧洲又组建了一批海外贸易公司，如荷兰的西印度公司，英国的阿非利加公司、哈德逊湾公司，瑞典的商事公司等。其他殖民国家也相继设立公司，争相进行海外掠夺。

（二）原始的股份公司向现代股份公司的过渡

17世纪的这些海外贸易公司都是在国家政府的支持下成长起来的，在殖民地享有一定的政治特权和垄断贸易权，本质上是宗主国对殖民地进行政治和经济侵略及掠夺的工具。然而从其内容上来看，其已具备了现代股份公司的主要特征，并成为股份公司发展的一种主要形式。如荷兰东印度公司成立时，资本总金额为650万荷兰盾，共2 153股，56.9%的股票为阿姆斯特丹商会拥有，其余的面向全国集资。该公司确立股东大会为最高权力机构，由股东大会选举出60名董事组成董事会，另选17人组成经理会，主持日常事务。公司所得利润按股分成，前几年股金红利为30%～40%，1605年上升为70%。英国东印度公司成立时，拥有股本6.3万英镑，由198个股东所有；到1680年增加到160万英镑，股东为550人。这两家公司的股东成员来自从事东印度贸易的商人和东印度贸易的投资者，只有极少数是一般市民。法国缺乏强有力的贸易商人，所以以王室、官吏为主要股东。公司管理机构的组织方法是：在英国，召集股东大会选举董事；在荷兰，制定公司选举法，以出资5 000荷兰盾以上的股东召集协议会，选举其中股权最大的股东60人为董事。股票交易虽没有普遍实行，但主要海外贸易公司的股票已经上市。1611年年初，一些商人开始在阿姆斯特丹出售东印度公司的股票。股票市场的出现，标志着原始的股份公司向现代股份公司过渡，公司的资本协作不再局限于有限的个别人群，而开始社会化，公司组织开始有了质的飞跃。

（三）股份公司的发展及公司制的完善

从17世纪末开始，为了适应资本主义商品经济的发展，社会分工与协作的范围不断扩大，不再局限于一国领土范围内。市场的扩大要求资金的支持和运输业的同步发展。而交通运输业和金融业的发展，又要求有大量的资本，这就对资本家之间的协作提出了新的要求——资本集中。于是，股份公司首先在金融业和交通运输业兴起并发展起来，推动了资本主义经济的发展。如 1694 年成立的资本主义世界最早的国家银行——英格兰银行和 1790 年成立的美国第一家国家银行——合众国银行，均为通过股份资本筹资兴办的。合众国银行在成立时，发行了 25 000 股份，每 400 美元一股，其中 4/5 是私人股本。该行董事 25 人，其中 5 人由政府任命，其余 20 人由私人股东组成。当时股份银行享有银行券发行权，具有吸收社会资金的职能。股份银行为工商业提供贷款，可谋取大量利益，这些银行很快就在各国发展起来，非股份制银行遭到排斥。股份银行成为金融市场上的统治力量。

在交通运输业领域，股份公司也得到了很快的发展。美国独立战争之后，其开始了产业革命，走独立发展的道路，在东部经济发展的基础上，西部地区经济迅速开拓起来。为适应西部经济发展的需要，大量人口不断向西部流动，推动了沟通东部和西部的交通运输业的开发。因此，修建沟通东西部的铁路、公路就成为美国经济发展的中心问题。1794 年，由私人修建成了费城——兰卡斯特的公路。这条公路采取设关卡、征收过路费等办法，收益优厚。这一先例带动各种筑路股份公司的兴起。同时，为了鼓励铁路的修建，美国政府在经济上给予扶持，从而推动了铁路股份公司的发展。铁路公司的股票不仅在本国出售，而且还远销到欧洲，把外资引进铁路建设中来，保证了美国铁路公司有巨额资金，加快了铁路业的发展。

到 18 世纪末，欧洲还产生了一种新型的公司组织——股份两合公司。它由无限责任股东与持股票的有限责任股东联合组成，具有无限公司和股份有限公司两者的特点。到 19 世纪下半叶，随着机器大工业的发展和竞争的加剧、新技术的采用，使得资本有机构成大为提高，仅靠独资或合伙已经难以适应这种要求，于是股份公司的数量急剧增加。从英国的情况来看，1862—1886 年，新设立的公司有 25 000 家，平均每年设立 1 041 家，而 30 年前，平均每年只有 300 家。1897 年是英国股份公司空前大发展的一年，新成立的股份公司多达 4 975 家。仅奥尔德姆一地纺织业的股份公司就占了英国全部纱锭的 1/7。许多独资企业和合伙制企业也改组为股份公司，使得股份公司成为一种主要的企业组织形式。在股份公司迅速发展的过程中，美国的工业公司普遍采用铁路公司的做法，并发行了一种叫作优先股的股票。在支付股息时，优先股有优先权，但其股息数额是不变的。当公司解散时，优先股股票持有者可以优先对公司的财产提出要求。到这一时期，公司的发展达到了高潮，世界上存在的各种形式的公司组织这时已相继出现，公司制度在组织形式上已经发展得比较完备。

（四）巨型的垄断公司的出现

19 世纪末 20 世纪初，资本主义的发展进入了帝国主义阶段，工业生产的集中化程度越来越高，企业数量大大增加。企业不仅要通过公平的方式来获得更高的分工与协作效率，还要通过吞并弱小或强强联手来实现垄断，从而在社会协作中占据优势地位。

在由自由竞争向垄断转变的过程中，由于公司规模不断扩大，工业公司扮演了重要角色。正如马克思指出的那样，"假如必须等待积累去使某些单个资本增长到能够修建铁路的程度，那么恐怕直到今天世界上还没有铁路。但是，集中通过股份公司转瞬之间就把这件事完成了。"（《马克思恩格斯全集》第 23 卷，第 688 页）

如美国的洛克菲勒在 1870 年把美孚石油公司改组为股份公司后，一跃成为美国最大的石油公司。19 世纪 70 年代后期，美国石油厂商在产量和运价上展开激烈的争夺，洛克菲勒取得了铁路运价优惠，扩充了实力，并把 14 家石油公司的股票和另外 26 家公司的大部分财权集中到完全有代表权的 9 名董事手里。这些董事有权决定所属各公司的经营政策。于是，到 1879 年，美国出现了第一个托拉斯组织——美孚石油公司，它有名义资本 7 000 万美元，控制了石油生产的 90%。

由于托拉斯组织是一种经营活动的实体合并——按照托拉斯协议有关各方结合组成一个新的工业公司，因而在竞争中具有更大的优越性，不久便在美国、英国和西欧其他国家蔓延开来。如美国的摩根把他在铁路、银行中赚取的巨额资本转向工业部门，收买许多工业公司的股票，大规模地组织托拉斯。1892 年组织的通用电气公司、1901 年设立的美国钢铁公司，都是摩根控制下的托拉斯组织。1900 年，美国的工业托拉斯发展到约 149 个，1904 年则达到 318 个。

这些巨型的垄断公司，占有一国甚至国际某一生产部门的很大比重，成为决定一国国计民生的大公司。如 1929 年美国最大的 200 家非金融公司的资产均超过 9 000 万美元，其中资产总额约达 810 亿美元。这个数额相当于美国所有公司资产总额的 49%，约占全国所有企业资产总额的 38%，约占美国全部财富的 22%。在汽车工业，通用、福特和克莱斯勒三大汽车公司稳定地控制着美国汽车产量的 95% 左右。在轻工业，如伊斯曼柯达公司是世界上规模最大的感光材料公司，它的产量占整个资本主义世界感光材料产量的 70%；胜家和海京两家公司垄断了美国的缝纫机生产；宝洁公司、联合利华公司和高露洁棕榄公司三家控制了合成洗涤剂生产。又如日本，1917 年 3 月末，只占公司总数 0.14%，实缴资本在 10 亿日元以上的公司却占了全国公司实缴资本总额的 60.8% 和总资产额的 46.8%。无论是战前还是战后，各种商品的生产都由各行业的几家垄断性公司牢牢地控制着。

第三节　企业运作的基本原理

企业是一个包含人、财、物、信息和管理等要素的复杂系统。企业的运作就是前述这些要素相互影响和作用形成的周而复始、永不停歇的循环过程。因此，企业是一个典型的动力系统。真正理解企业及其运作，要从系统动力学的角度入手。

一、动力系统

（一）系统思想

1. 中国传统的系统思想

系统思维是中国传统文化中的一个重要特征和表现，犹如一块灿烂的瑰宝，在传统的中国古代思维中熠熠生辉。

中国古代最早的文化典籍《周易》以一种朴素的系统模式反映了一种朴素的系统观和系统思维。这种系统观体现在几个方面：第一，《周易》把世界看作一个由基本要素组成的系统整体；第二，《周易》把世界看作一个由基本矛盾关系所规定的多层次系统整体；第三，《周易》把世界看作一个动态的循环演化的系统整体。

春秋战国时期的中国古代思想家们也提出了各自的系统思想。以老子、庄子为代表的道家，提出了天地人统一，并且遵循运动规律和行动法则的系统自发自组织的思想。《孙子兵法》当中蕴含着丰富的系统运筹思想。第一，《孙子兵法》的全书以系统思想为引领，从全面战略高度来讨论战争、战略与战术的结合。第二，《孙子兵法》用动态系统运筹的观点对战争进行了细致的分析。《孙子兵法》特别注意将军事与政治联系、经济实力及后勤保障等诸方面结合起来进行整体的系统运筹。第三，《孙子兵法》强调了信息和控制对战争的重要性。"知己知彼，百战不殆"就是《孙子兵法》提出的至理名言。而要做到知己知彼，就要对对方有系统的了解，就要重视信息和控制的作用。

2. 西方传统的系统思想

西方传统的系统思想以古希腊哲学的集大成者亚里士多德 (Aristotle，公元前 384 年—公元前 322 年) 最具有代表性。亚里士多德从整体去规定自然实体，这是他整个系统思维的基本特征。

亚里士多德在扬弃前人思想的基础上，提出了自己的整体性理论。他用颇具思想性的事实批评了"部分先于整体，整体由部分组成"的机械论原理。比如，对圆的定义就并不来自对作为部分的圆弧的定义，对人的定义也不是由对人的手足等部分器官定义所组成。由此，他总结道："整体应先于部分。"他基本上接受柏拉图着眼整体的思想路线。但他反对柏拉图将理念与事物相分离，认为这将无法说明整体事物运动变化的内在原因与动力。

亚里士多德主张，整体的三基元应当是形式、缺失、质料。他把被以前的自然哲学家叫作"部分"的元素称为"质料"，质料不是实体，因为它缺失成为实体的必要条件——独立性和个体性；决定整体组合的东西被称为"形式"。形式代表事物的整体性，这一点与理念相同，但它又不同于理念，因为它并不脱离事物独立存在。

这里，特别值得注意的是，他在对形式的具体规定中，反复强调了整体是事物(系统)总因的思想，《形而上学》第 7 卷和第 8 卷讨论形式作为实体的构造原理，被学者们公认是全书的核心，其中有不少章节论述了整体是事物的总因。如他说："就具有若干部分的所有事物而言，实体并非只是一种堆积，整体除了部分以外，还具有作为统一因的某种东西；就以实物而言，在某些场合下，联结是一种原因，在另外场合下，粘结成类似于此的都是一种原因。"这段话清楚地表明，具有若干部分的事物，即一个系统，其整体除了各组合的部分外，还具有作为统一因的某种东西。实际上，这一思想就是 20 世纪由贝塔朗菲提出的"整体大于部分之和"系统性能功效定律在古代的最早表述。亚里士多德的"形式"，作为整体各部分的统一要素，代表了使事物得以实现的整体性，因此代表了事物整体的质，而他提出的"质料"，则代表整体的组成部分，代表了整体性的缺失。

3. 近现代系统思想

随着19世纪系统性知识的形成，马克思继承前人的系统思想，在创立历史唯物主义的同时就形成了系统观，把系统观作为对世界的总的看法包括在唯物辩证法中，使之成为马克思主义世界观的一个组成部分。马克思是运用系统思想、系统观对世界上最复杂的系统——社会系统进行科学解剖的典范。首先，马克思把社会作为一个有机整体来看待，并把它作为研究社会现象的基点。其次，马克思根据组成社会机体的不同的要素、结构、层次、环境及作用条件等揭示出这个机体的不同运动规律。他在《政治经济学批判·导言》中把生产、分配、交换、消费看作构成有机体的不同要素，这些"不同要素之间存在着相互作用"。最后，马克思把整个社会形态的发展当作一个有机体的进化过程来加以研究。他指出，社会经济系统的发展过程是一个自然历史过程，从而整个社会系统的发展也是一个自然历史过程。

20世纪的科学技术在近代科学技术的基础上得到了进一步的飞跃发展。20世纪初始，就出现了持续达30年之久的物理学革命，相对论和量子力学开创了科学的新局面。自然科学的全面的空前发展，使之开始形成一个多层次的、综合的统一整体。社会科学也有了长足的进步。科学技术的进展，与社会科学的结合，推动了科学技术的社会化，也推动了社会的科学技术化，这是科学技术的新的综合的时代，也推动着系统思想在20世纪得到了极大的发展。

贝塔朗菲在20世纪20年代已经多次发表文章，表达了机体论思想，强调把有机体当作一个整体来考虑，并认为科学的主要目标就在于发现种种不同层次上的组织原理。1932年，他发表了《理论生物学》，1934年发表《现代发展理论》，提出用数学和模型来研究生物学的方法和机体系统论概念。他指出，机械论有三个错误观点：一是简单相加的观点，即把有机体分解成要素，并把要素简单地加和来说明有机体的属性；二是"机械"的观点，即把生命现象简单地比作机器，认为"动物是机器"，甚至"人是机器"；三是被动反应的观点，即把有机体看作只有受到刺激时才做出反应，否则就静止不动。

贝塔朗菲批判地继承前人的机体论思想，把协调秩序、目的性等概念用于研究有机体，进而形成了自己的关于系统的基本观点。

(1) 整体观点：认为一切有机体都是一个整体，一种在时空上有限的、具有复杂结构的一种自然整体。他认为："复杂现象大于因果链的独立属性和简单总和。解释这些现象不仅要通过它们的组成部分，而且要估计它们之间的联系的总和。有联系事物的总和可以看作具有特殊的整体水平的功能和属性的系统。"他已经把系统定义为"相互作用的诸要素的复合体"。

(2) 动态观点：认为一切生命现象本身都处于积极的活动状态；活的东西的基本特征是组织。他把生命的机体看作一个能保持动态稳定的系统；这种动态稳定的系统能够抵抗环境对机体的瓦解性的侵犯。他认为，生命是一个开放系统，主要从生物体与环境的相互作用中说明生命的本质，指出开放系统可以实现异因同果律。

(3) 等级观点：认为各种有机体都是按照严格的等级组织起来的；生物系统是分层次的从活的分子到多细胞个体，再到超个体聚合物，形成层次结构。他认为，传统的方法只是将各部分、各个过程独立地进行研究，而没有包括协调各部分、各个过程，因而不能完整地描述活的现象。他提出，生物学的主要任务是发现在生物系统中(在组织的一切等级上)起作用的规律，从而建立起一种机体论来取代机械论和活力论。

从以上论述可以看出，贝塔朗菲已经初步形成了他的一般系统论思想。他的这一机体论的新思想，尽管得到了一些学者(如李约瑟)的赞同，却遭到生物界权威人士的责难。1937年，他在芝加哥大学的一次哲学讨论会上第一次提出了一般系统论概念，但由于当时的压力而未发表。后来，他在1945年的《德国哲学周刊》第18期上发表《关于一般系统论》，不幸的是，该杂志刚印出来就毁于战火之中，使得他的思想几乎无人知晓。直到1947年至1948年期间，他在美国讲课和专题讲座中多次阐述了他的思想，才使一般系统论作为一门新兴学科崭露头角。

(二) 系统论的基本原理

当我们讲到"系统"时，通常指的是"整体"后的"统一体"。

——贝塔朗菲，《一般系统论》

系统具有很多单个物体所没有的独有性质。这些独有的性质构成了系统不同于单个物质、物体的外在表现和运行特征。

1. 整体性和目的性原理

系统整体性原理是指，系统是由若干要素组成的具有一定新功能的有机整体，各个作为系统子单元的要素一旦组成系统整体，就具有独立要素所不具有的性质和功能，形成了新的系统的质的规定性，从而表现出整体的性质和功能不等于各个要素的性质和功能的简单加和。

系统整体与系统部分之间存在三种关系，即整体大于部分和，整体等于部分和，以及整体小于部分之和。"三个臭皮匠，顶个诸葛亮"，这是整体大于部分和。而机械地加和，一堆沙子，一筐水果，都是部分之和等于整体。"一个和尚担水喝，两个和尚抬水喝，三个和尚没水喝"，则是部分之和小于整体。当人们在做这样的划分时，人们所讨论的问题的层次已经发生了转移，人们所讨论的问题的一般性已经降低了，在从纯粹的哲学领域逐步迈向科学的领域，"整体大于部分之和"是普遍性最大的哲学命题，无疑仍然是有效的。一旦给普遍性加上更多的条件限制，普遍性就会向特殊性转化，普遍性命题也随之向特殊性命题过渡。另外，对上面的讨论而言，在相对低一个层次讨论部分和整体的关系时，部分之和是否等于或不等于整体，其实质就在于部分之间有没有协同作用。部分之间如果具有协同作用，那么就其有这种协同作用所决定的性质而言，部分之和就会大于整体。部分之间如果没有协同作用，实际上是不存在相互作用的，仍然是各自独立，那么就这种互不相关的性质而言，部分之和就等于整体。部分之间如果也存在着相互作用，且这种相互作用不是协同的相互作用，其结果就可以表述为部分之和小于整体。就如同三个和尚互相扯皮，反而没有水喝。

系统的整体性原理，总是在系统和要素、整体和部分的对立统一之中来把握系统的整体性的。

系统目的性原理是指组织系统在与环境的相互作用中，在一定的范围内其发展变化不受或少受条件变化或途径经历的影响,坚持表现出某种趋向预先确定的状态的特性。

系统的目的性原理,不仅具有理论上的意义,也不仅仅是一种后验的解释,其具有重要的实践意义。按照系统的目的性原理,一个系统的状态不仅可以利用其现实的状态来表示,还可以用一定发展阶段的终态来表示,可以用现实状态与发展终态的差距来表示。于是,人们不仅可以从原因来研究结果,以一定的原因来实现一定的结果,而且可以从结果来研究原因,按照预先设想的蓝图(即结果)来要求一定的原因。因为从目的性的角度来看,一个系统的发展运动实际上就是瞄准这个发展终态,使系统的现实终态与发展终态距离之差逐渐缩小为零,以实现这个发展阶段的终态。因此,这就奠定了方法论的基础,并致力于去设计并制造出相应的反馈机制来实现这样的目标,即实现一定的目的。由此可见,目的性原理在一定的意义上体现了人的认识的能动性。这就是说,人的活动的目的性体现着人的认识的能动性,而人的认识的能动性则寓于人的活动的目的性之中。

2. 层次性和开放性原理

系统的层次性原理是指由于组成系统的诸要素的种种差异(包括结合方式上的差异),系统组织在地位与作用、结构与功能上表现出等级秩序性,形成了具有质的差异的系统等级,层次概念就反映了系统中的等级差异性。

系统具有层次性,层次性是系统的一个基本特征。系统的层次性犹如俄罗斯"套娃"。系统和要素、高层次系统和低层次系统具有相对性。高层次系统是由低层次系统构成的,高层次包含着低层次,低层次从属于高层次。高层次和低层次之间的关系,是一种整体和部分、系统和要素之间的关系。

高层次作为整体制约着低层次,又具有低层次所不具有的性质;低层次构成高层次,就会受制于高层次,同时也有自己的独立性。有机体由器官组成,各个器官统一受有机整体的制约。与此同时,各个器官又有自己的独立性,在发挥自己的功能时有着一定的独立性。化学分子也是这样,分子是由原子组成的,分子中的原子受到分子整体的制约,往往会部分丧失自己的独立性。正如活性原子所表现的那样,分子中的原子也有其一定的独立性。一个系统,如果没有整体性,系统就会崩溃,不复存在了。但如果系统中的要素完全丧失了独立性,系统同样也不存在了。

系统的开放性原理是指系统具有不断地与外界环境进行物质、能量、信息交换的性质和功能,系统向环境开放是系统得以向上发展的前提,也是系统得以稳定存在的条件。

自然科学早在19世纪就已严格证明,一个系统如果处于封闭状态,与外界全然没有任何交换,那么这个系统就只会自发地走向混乱无序,或迟或早总会走向"死亡",即热力学第二定律意义上的均匀无序的热平衡混沌态。这也正是热力学第二定律的熵表述所据示的内容:一个孤立的系统,其熵增不小于零,即只会自发向均匀无序、组织解体方向演化。我们知道,在热力学中,对于系统的开放与否,做了更严格的区分,它把与外界只有能量交换而无物质交换的系统称作封闭系统,而将完全没有物质能量交换的系统称作孤立系统。

薛定谔在讨论"生命究竟是什么"时,接触到这个开放性问题。他提出"生命赖负熵为生"的著名论断,这里就必然要求生命是开放心态的。

系统的开放,使系统和环境的关系问题显现出来,才有了影响系统的"内因""外因"的概念及其辩证关系。对于一个系统的发展变化，内因是变化的根据，外因是变化的条件，外因通过内因起作用。为使外因通过内因起作用，就需要系统与环境之间、内因与外因之间发生相互联系和相互作用。

系统的开放，既包括系统向环境的开放，也包括系统的低层次和高层次的互相开放，即系统向自己的内部互相开放。只有内部开放，系统内部才可能发生多层次的、多水平的在差异之中的协同作用。

3. 突变性和稳定性原理

系统突变性原理是指系统通过失稳从一种状态进入另一种状态是一种突变过程，它是系统质变的一种基本形式，突变方式多种多样，系统发展也存在着分叉，经过突变而发展变化是系统发展变化的一种基本形式。

系统突变通常有两层意义。一层是在系统的要素的层次上，另一层是在系统的层次上。生物学中所谓的基因突变就是在系统的要素的层次上来谈论突变的。超循环理论谈到，大进化的基础是代谢、自复制和突变，这里的突变指的是系统要素层次上的突变。

对于系统要素的突变，如果从系统整体上看就可以被看作系统之中的涨落，这里不论是个别要素的结构功能发生了变异，还是个别要素的运动状态显著不同于其他要素，都可以一律看作系统中要素对于系统稳定的总体平均状态的偏离。系统中要素的平衡是相对的，不平衡才是绝对的，系统中要素的突变总是时常发生的。突变成为系统中的发展过程中的非平衡性因素，是稳定之中的不稳定，当差异得到系统中其他子系统即要素的响应时，子系统之间的差异将进一步扩大，加大了系统内的非平衡性。特别是当它得到整个系统的响应时，涨落放大，整体系统一起行动起来，系统发生质变，进入新的状态。这就是自组织理论的一个重要结论：通过涨落达到有序，这时就发生了系统整体的突变，发生了系统层次上的突变。相应地，在系统整体的层次上，突变指的是系统通过失稳，从一种组织状态变成另一种组织状态，这实际上是系统的整体上的质变。突变论中的突变，一般指的就是系统层次上的即系统整体的突变。

系统的稳定性原理是指在外界作用下，开放系统具有一定的自我稳定能力，能够在一定范围内自我调节，从而保持和恢复原来的有序状态，保持和恢复原有的结构和功能。

系统的存在就意味着系统有一定的稳定性，系统的发展变化也是在稳定基础上的发展变化的。

人们所面对的世界即是一个具有一定稳定性的大系统。按照今天的知识，各种各样的基本粒子具有一定的稳定性，多种多样的原子具有一定的稳定性，形形色色的分子也具有一定的稳定性，丰富多彩的地面实物同样具有一定的稳定性，生生不息的生命也是具有一定的稳定性的，满天繁星显然也有其自身的稳定性。总之，人们所面对的整个世界，大到总星系，小到基本粒子，都具有一定程度上的稳定性。一个全然变动不定的世界反而是不可想象的，如果世界真是变动不定、真是毫无稳定可言的话，那么世界就是无法认识的，实际上，在一个转瞬即逝的世界中，人也是无法存在的。从根本上讲，我们的世界不可能是全然静止不动的，恰恰相反，它总是处于运动之中。运动具有绝对性，而静止则是相对的，相对静止就体现了稳定性，绝对运动正是通过无数的运动之中的相对稳定存在表现出来的。系统之所以可以被称为系统，是因为系统具有相对稳定性，它在一定范围内是稳定存在的。一个系统要作为系统而存在，要作为系统被人们所认识，就必须在一定范围内是稳定的。

4. 自组织原理

系统的自组织原理是指开放系统在系统内外两方面因素的复杂非线性相互作用下，内部要素的某些偏离系统稳定状态的涨落可能会得以放大，从而在系统中产生更大范围的更强烈的自发组织，使得系统从无序到有序、从低级的有序到高级的有序。

现实的系统都处在自我运动、自发形成组织结构、自发演化之中。古代的世界，无论东西方，思想家们都把整个宇宙看成是在永恒的演化中、自组织的发展中。近现代科学、技术和哲学的发展，发现整个宇宙系统，从总星系到基本粒子，一切系统都处于演化之中。

系统的自组织就是系统进化的过程。但是，一般说系统的进化时主要是指明系统发展的趋势，而说系统的自组织时则要进一步指出系统进化的机制。

对于系统自组织进化的机制，系统的开放，随机涨落的放大，竞争和协同的相互作用具有决定性的意义。没有开放，就谈不上系统的发展。系统自组织的发生，总体来说是系统与环境相互作用的结果，可以从系统的环境变化的角度来加以考察，也可以从系统内部的发展变化来加以考察。前者以控制参量的变化来说明系统的自组织，后者可以用系统状态参量的变化来说明系统的自组织。从系统内部要素的变化方面来看，系统的要素变化引起系统的自组织，也可以区分出下列几种情况：要素的质变引起自组织，要素数目的变化引起自组织，要素运动量的变化引起自组织，要素排列次序的变化引起自组织。

系统自组织得以实现，主要基于系统内部的复杂的相互作用，这是一种非线性相互作用。在非线性相互作用下，各种相互作用之间密不可分，相互之间有了竞争，同时也就有了合作，你中有我，我中有你，成为有机的整体系统，互相联系、互相牵制，牵一发而动全身，表现出强烈的整体行为。作为个别要素的变化才可能得以被放大为整体的行为，从而引起系统的自组织，使系统的合乎规律的运动通过随机性表现出来。系统的自组织进化，本质上体现的是系统的符合其目的性的发展。

（三）系统论的基本规律

企业是由人、财、物、信息和管理综合形成的动力系统。而动力系统是数学上的一个概念，是用数学的方法研究事物发展变化的规律。

从很早的时候起，人类就被运动着的物体所吸引：鸟儿在天空翱翔、鱼儿在水中优雅地游动、森林里的动物在人靠近的时候，会飞速跑开……为了填饱肚子，人类不得不思考如何去捕获运动中的动物以充饥。人类对运动的物体的观察和研究，最早出现在古希腊时期。此后，不同时期的物理学家们开始追逐这个迷人的问题，并且不断取得成果。但动力学真正的一鸣惊人，是空前绝后的牛顿的万有引力定律和运动三定律的提出。以此为标志，牛顿创立了质点力学与万有引力理论，并使两者在开普勒行星运动轨道上统一起来。在牛顿的三条定律中，第二定律是核心。只要有高中数学基础的人就知道，它是力与加速度的关系，看起来不起眼，但是它包含了整个动力学的核心思维，在它的世界观里，世界是一张相互作用的大网，而事物运动变化的原因，都可以从这张大网上找出。动力学研究的就是事物运动变化的因果关系。

在动力系统中存在一个固定的规则，描述了几何空间中的一个点随时间变化的情况。例如描述钟摆晃动、管道中水的流动，或者湖中每年春季鱼类的数量，凡此等等的数学模型都是动力系统。在动力系统中有所谓状态的概念，状态是一组可以被确定下来的实数。状态的微小变动对应这组实数的微小变动。这组实数也是一种流形的几何空间坐标。动力系统的演化规则是一组函数的固定规则，它描述未来状态如何依赖于当前状态。这种规则是确定性的，即对于给定的时间间隔内状态只能演化出一个未来的状态。

简单来说，一个动力系统至少包含两个要素：一个是状态空间，另一个是变化的规律。比如物体的运动，空间可以是物体的位置，也可以是物体的速度，或者位置与速度的乘积空间。变化的规律可以是简单的牛顿定律，或者考虑一些更复杂情况下运动的规律。再比如人口的增长，空间就是一个数量的空间，人口数量随着时间按照一定规律变化。

从19世纪开始，动力学的理论开始由机械运动的领域逐步向其他领域扩散，最初是物理领域内的扩散，到20世纪以后又开始向物理领域外延伸，一部现代科学发展史，可以看作动力学深入各个学科的历史。

第二次世界大战后，自然科学研究方法在管理领域中广泛应用，管理走向科学化、定量化，模型成为人们认识管理系统的重要工具。但是，其在应用过程中也遇到了不少问题。

第一，从管理科学研究特点看，模型化过程中存在许多要解决的重要问题，包括如何认识、理解和描述现实系统，如何对现实系统模型化并使模型容易被人们接受和理解，以及如何在模型中引入政策因素和进行政策分析，等等。系统动力学将提供一个认识现实系统的一般思路和方法，以描述现实系统，对现实系统模型化，以及进行政策设计和分析。

第二，从管理科学与实际管理区别的角度看，实际管理中利用一切可利用信息进行决策，强调定性和非线性因素，注重改变现实系统状态；而管理科学则强调模型化，利用定量、确定信息决策强调线性处理问题，注重寻求最优解。于是，管理科学同实际管理所关注的系统特性和达成的目标等不尽相同。系统动力学将提供一个理解现实系统描述现实系统、对系统进行模型化及对相关政策进行分析和设计的方法，进而缩小"实际管理"和"管理科学"之间的距离。

第三，从决策的本质和过程角度看，现代决策理论的发展经历了三个阶段，即理性决策理论、行为决策理论和自然决策理论。

理性决策理论的出发点是运用科学的方法来研究决策问题，要求研究过程具有清晰性和一致性。对于决策中的问题、目标、约束条件和替代方案，要能清晰地表达其主要特点，即从后果出发选择行动方案，只考虑管理者现状，而不管其所经历的过程，并认为这符合概率论的各种定律。

行为决策理论从人们决策行为的机理出发，描述人们从一组可行方案中选择满意方案的实际过程。但是它仍然保留着理性决策的特色,忽视现实世界决策者的认知结构,而站在专业人员的立场来替代实际决策者的直觉判断。

自然决策理论从人们的自然决策过程出发,考虑决策主体的认知结构,侧重决策规则,考虑情境因素,面向过程或结果,力求决策更接近实际。但是,自然决策理论的研究尚未形成一套清晰的类似期望值效用模型那样供人们普遍应用的科学方法。

那么,如何描述人们的决策行为机理?如何描述人们的决策过程?如何使模型化过程更接近自然决策?这是行为决策理论和自然决策理论的关键问题。系统动力学将提供一个认识现实系统、描述现实决策过程的研究思路和模型化方法,可以使系统建模和分析过程更符合自然决策过程。

第四,从社会经济系统的复杂性角度看,社会经济系统是动态复杂系统,其行为具有反直观性、非线性、时滞效应、整体与局部的矛盾性等特点。因此,会造成欲速而不达、同样的危机在不同时间和地点一再重演等问题。但是这些复杂的系统行为却来自简单的结构。所以如何描述复杂系统的行为机理,如何培养系统思考的思维方式,以及如何提炼和整理产生复杂行为的那些简单结构等,成为研究复杂系统的关键问题。系统动力学将提供一个认识复杂系统行为机理的分析方法,可以培养人们从过程和结构层次认识问题、分析问题和解决问题的系统思维方式。

20世纪50年代美国麻省理工学院斯隆管理学院的福雷斯特(Jay W. Forrester)教授推出了系统动力学。该理论受到广泛的欢迎,并被应用于解决各种复杂系统的运动、变化和发展问题。系统动力学(system dynamics)从创立到现在,经过了20世纪50年代奠基阶段、20世纪60年代的理论和方法形成阶段、20世纪60年代末至80年代末的应用和发展阶段,以及20世纪80年代末到现在的理论发展和多学科综合应用阶段。

二、企业系统

企业是一个由各种要素及要素之间的相互作用构成的系统。我们可以从不同的角度对企业系统进行分类。

从构成企业的物质形态看,企业是一个由人、财和物构成的系统。此处的"人"指企业的各层级员工,包括普通职员、部门负责人、高级管理者等;"财"指现金、银行存款、股权投资、应收账款等金融资产;"物"指企业开展经营活动所需的物资、设备和设施等,包括厂房、生产线、办公设备等固定资产,也包括存货、原材料、各种辅料、物料等流动资产。

从构成企业的运营活动看,企业是一个由各种经营管理活动构成的系统。这些活动包括战略筹划活动、营销活动、市场活动、销售活动、产品(服务)研发活动和交付活动、人力资源管理活动(包括招聘、培训、薪酬、绩效等)、财务管理活动、信息化建设活动、组织管理活动等。

从企业组织包含的关系看,在企业内部,有通过纵向分工形成的上下级关系,有通过横向分工形成的专业活动、专业职能和综合职能之间的关系,有部门之间的分工与协作配合关系,有员工之间的分工配合关系、汇报关系等。在企业外部,有企业和顾客之间的关系，企业和供应商之间的关系，企业与其他利益相关者之间的关系等。这些关系构成了企业生态的内容。

从价值创造的角度看，企业是一个由围绕价值的各项活动所组成的系统。这些价值活动包括价值识别活动、价值主张活动、价值创造活动、价值传递活动等。价值识别包括市场研究、客户画像研究等；价值主张包括产品定位、品牌定位、产品功能和情感主张等；价值创造包括产品和服务研发、生产等；价值传递包括销售、客户关系建设和维护等。

从构成企业的组织结构看，企业是一个由岗位、团队、部门、事业群及其之间的关系组成的系统。平常看到的企业组织结构图，实际上就是一个从组织角度展示的企业系统。企业的组织结构好比一棵树的根、茎、枝干所形成的整体，也好比动物的骨骼系统。

从企业各项活动的顺序、影响的时间看，企业是一个由过去各项经营管理活动造成的影响、当下企业状态和企业未来发展趋势构成的、涵盖"过去、现在和将来"的时序系统。人们日常生活中提到的"百年老店"和"老字号"等说法，就是企业作为时序系统的通俗化体现。

综合以上，企业是一个由各种实体要素——包括人财物、内部结构、各方关系、各种活动、随时间而运动的复杂动力系统。企业的存在和运动，生存和发展，符合动力系统的基本特征和规律。图 1-2 为企业系统示意图。

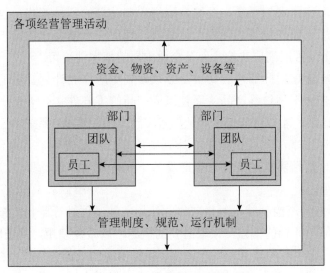

图 1-2　企业系统示意图

三、企业运行

在字典里，运行的意思是周而复始地运转，如星球、车辆、船舶等。它表示物体相对于静止的、处于运动中的形态、状态。

企业运行是指企业系统中的各个构成要素、要件，在市场需求的拉动下，由企业中的人，按照分工形成的团队、部门，进行相应的职能活动，创造价值、传递价值的动态过程。如果把企业比作一部发动机，企业运行就好比一架发动机在注入燃料后，打火启动、怠速、加速、减速的运转过程。

以制造业的生产运行为例。简单讲，制造业的生产运行就是将输入转化为输出的运动过程。这个过程涉及人、财、物、信息、资金和管理活动的综合互动（见图1-3）。

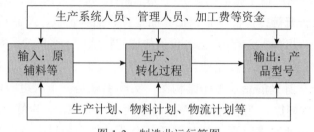

图1-3　制造业运行简图

对于制造业的生产而言，一旦生产运营系统设计完毕，就要投入系统运行。虽然设计的系统能力在整体上与需求相符，但是在充满不确定性的市场上，如何适应市场变化，提供顾客满意的产品或服务，仍然有许多事情要做。其主要涉及生产计划、生产控制与组织工作三方面的问题。生产作业计划和生产控制，是企业生产运营系统执行层的决策。

(1) 生产计划。生产计划解决各品种生产多少及何时生产的问题。为此，应收集客户需求信息、预测市场对本企业产品和服务的需求，确定产品与服务的品种、产量和出产期，做好生产能力和需求的平衡。要综合运用生产计划的各种策略，包括库存策略、调整劳动力策略、加班或外包等，使生产计划灵活地适应不断变化的需求。生产计划不属于企业长期的、全局性的高层决策，而是企业中层的战术性决策。

为了保证生产计划指标的顺利实现，必须编制生产作业计划。对于加工装配式企业来说，各车间生产的不是最终产品，而是组成产品的零部件，必须把产品计划分解为零部件的投入产出计划，才有可能把生产计划落实到车间，这就是生产作业计划。

一旦计划制订出来，就要根据生产计划安排生产。尽管生产计划制订得极为详细，随着时间的推移、市场需求的变化、生产准备不到位及生产现场事故等原因，也会使实际与计划产生差距。

(2) 生产控制。生产控制就是对生产作业计划实施过程进行监督检查，检查计划的完成情况，记录实际与计划的偏差，采取必要的措施，以减少差距，保证圆满地完成计划。生产控制还包括日常生产的派工、生产调度、执行情况的统计分析与考核等工作。

(3) 组织工作。组织工作所要解决的任务是合理组织生产要素，使有限资源得到充分合理的利用。生产要素包括劳动者（工人、技术人员、管理人员）、劳动资料（设施、设备、工具、能源）、劳动对象（原材料、毛坯、在制品、零部件和产成品）及信息（技术资料、图纸、生产计划、工作指令、市场信息等）。劳动者、劳动资料和劳动对象的不同组合，构成了不同的生产方式，例如福特生产方式、丰田生产方式、精益生产方式等。

企业运行机制是指企业生存和发展的内在机能及其运行方式，是引导和制约企业生产经营决策并与人、财、物相关的各项活动的基本准则及相应制度，是决定企业经营行为的内外因素及相互关系的总称。企业运行机制是企业的经营系统、技术创新系统、财务系统等运行过程中各环节内部及各环节之间本质的内在的相互关联、相互制约的工作方式的总和。

企业运行的基本要素是劳动力、物资、资金和信息。劳动力要素包括参加企业运行的全部人力,这是运行的主体;物资要素包括劳动手段和劳动对象,它们是运行过程中被劳动力所利用或作用的对象;资金要素包括运行中的全部资本垫付,这是商品经济下,实现企业与外部联系所借助的必要手段;信息要素包括企业内部管理信息与外部市场信息等,它是连接企业内外关系,连接企业运行过程中人与人之间、人与物之间及物与物之间关系的纽带。

构建市场经济体制下企业新的运行机制,就是要在对传统计划体制下企业运行机制进行反思的基础上,还原企业的本来面目,使企业实现权、责、利的有机统一,人、财、物的有机结合,产、供、销的有机衔接,成为自主经营、自负盈亏、自我约束、自我发展的市场运作主体,这是市场经济的本质所在。

案例　比亚迪王传福创业经历:用人替代机器运行生产线

1983年,摩托罗拉的第一部大哥大投放市场,售价两三万元,重量超过1公斤,是名副其实的砖头。大哥大体积这么大是受到了电池的拖累,电池仓里的六节镍镉电池占据手机一半的空间和重量。镍镉电池面世早,问题也比较明显,体积大,容量密度小,充电慢。第一代大哥大的通话时长只有20多分钟,而给这六节电池充满电需要10个小时。

随着锂离子电池的出现,手机里使用的镍镉电池和后来的镍氢电池很快就被取代。一方面是因为锂电池轻薄小巧,另一方面是因为锂电池容量更大,能量密度更高,充电速度更快。采用了锂离子电池后,手机的外形迅速变得小巧,逐渐成了时尚电子产品。

1980年,物理学家古迪纳夫(Goodenough)发明了锂离子电池中最重要的部件,钴氧化物阴极。1991年,索尼采用古迪纳夫的理论,制作出世界上第一款商用锂电池,率先实现了锂电池商业化。两年后,日本松下也开始研发锂电池,奠定了日企在锂电池技术上的主导地位。

1966年2月15日,王传福出生于安徽无为的一户普通农家。1987年7月,21岁的王传福从中南工业大学冶金物理化学系毕业,进入北京有色金属研究院。5年后,26岁的王传福被破格委以研究院301室副主任的重任。1993年,研究院在深圳成立比格电池有限公司,由于电池和王传福的研究领域密切相关,王传福成了该公司总经理。

在有了一定的企业经营和电池生产实际经验后,王传福发现,在自己研究领域之一的电池行业里,要花两三万元才能买到一部大哥大,国内电池产业随着移动电话的"井喷"方兴未艾。眼光敏锐独到的王传福坚信,技术不是什么问题,只要能够上规模,就能干出大事业。

于是,王传福做出了一个大胆的决定——脱离比格公司自己干。脱离具有强大背景的比格电池有限公司,辞去已有的总经理职务,这在一般人看来太冒险。但王传福相信一点：最灿烂的风景总在悬崖峭壁，富贵总在险境中显现。

1995年初，深圳乍暖还寒，王传福从一位做投资管理的亲戚那里借了300万元，注册成立了比亚迪科技有限公司，领着20多个人在深圳莲塘的旧车间里开始了自己的创业之旅。

王传富在一份国际电池行业动态报告中发现，日本宣布本土将不再生产镍镉电池，而这势必会引发镍镉电池生产基地的国际大转移，王传福立即意识到这将为中国电池企业创造前所未有的黄金时机，于是决定马上涉足镍镉电池生产领域。

在那个时候，日本的一条镍镉电池生产线就要耗资几千万元，再加上日本禁止出口，王传福买不起也根本买不到这样的生产线。当时的他算了一笔账：按常规融资办法，他是融不到足够的钱买生产线的，但除了常规的融资手段，王传福还可以用一些非常规手段融资。两种方式都用上，他勉强凑够买生产线的钱。但是一旦这么做，他就再也找不到钱让生产线运行起来！盘算到这，王传福毅然决定：不买整条生产线，只买关键部分，剩下的自己想办法解决。

世上无难事，只怕有心人。王传福是一个知道如何控制成本的"抠门"老板。根据企业的特点和财力条件，他利用中国人力资源成本低的优势，决定自己动手建造一些次关键设备，把生产线分解成一个个可以人工完成的工序。说干就干，他带着20多名员工，在深圳莲塘的旧车间里"打打敲敲"，把原来自动化生产线上大量的、简单的、重复性的工作留给人工，组建人力流水线。结果，只花了100多万元就建成了一条日产4 000块镍镉电池的生产线。当时，日本的一条自动化生产线不到20人，比亚迪的一条流水线坐着成百上千个工人，活生生把一门高科技生意做成了劳动密集型产业。就这样，一条"土洋结合"的生产线终于在王传福手上运行起来。

利用成本上的优势，通过一些代理商，比亚迪公司逐步打开了低端市场。经过努力，比亚迪的总体成本比日本对手低了40%。为进驻高端市场，争取到大的行业用户和大额订单，王传福不断优化生产工艺、引进人才，并购进大批先进设备，集中精力搞研发，使电池品质稳步提升。他还经常出国参加国际电池展示会，直接与能下大订单的摩托罗拉等大客户接触。获得了客户的认可后，公司的订单源源不断。

本章思考

1. 小张是某公司的普通职员，受到"大众创业、万众创新"的影响，也对创业和创新充满了期待，跃跃欲试。但他认为，他自己没有从事技术工作，不像公司里有的工程师，手握专利和专业技术，可以技术创业。为此，他很苦恼！创业的热情受到打击。他找到了你，希望你能给他讲讲"创新"和"创业"的事情。

2. 在当下的数字化时代，开一家餐馆、加盟一个品牌等，被普遍认为是没有创新的创业。你如何理解这种创业中的创新？如何在这种创业中做出创新？

第二章
创业企业商业模式管理

> 我们正处在一场静悄悄的大变革中——它是全世界人类创造力和创业精神的胜利。我相信,它对21世纪的影响将等同或超过19世纪和20世纪的工业革命。
>
> ——杰弗里·蒂蒙斯,创业教育之父

学习目标

1. 掌握商业模式、战略的概念
2. 理解商业模式、战略对创业企业的重要性
3. 掌握创业企业商业模式构建的内容
4. 掌握创业企业商业模式创新的内容

案例 摩拜单车(现美团单车):创新"最后1公里"出行商业模式

出行,对于生活在现代大都市的人而言,是一个令人头疼的问题。按说,对于像北京这样的大都市,交通已经非常发达了,无论是出门上班或是访友、聚会,可供选择的出行非常多:公交车、地铁、出租车、自驾车、网约车等。但无论选择以上哪种方式,在出行的最后经常会遇到一个尴尬的情景:虽然是在目的地下车,但下车的地点往往离自己实际要去的建筑还有一段说短不短的距离,而且这段距离是以上任何交通工具都无法到达的。

传统上,只有自行车能胜任这个出行"最后1公里"。但传统的自行车出行都是一人一辆,而且不能带上公交车、地铁和出租车。传统的自行车甚至无法到达"最后1公里"的起点,更别说解决了。"最后1公里"成了大都市出行的一个痛点。

很多人看到了这个痛点,但最早着手解决这个问题的,只有2004年从浙江大学城市学院新闻系毕业的胡玮炜。

2015年1月,胡玮炜和伙伴们创立了北京摩拜科技有限公司。

胡玮炜心中的摩拜单车并不是普通意义上的骑行单车,她看重的是一二线城市拥堵交通中出行地和目的地之间的短途接棒,而共享单车的出现可谓是恰好弥补了这一短途出行需求的短板,在用户有需求的同时又恰好赶上了共享的大风潮。

看起来这样的自行车没什么技术含量,但在胡玮炜看来,要想解决"最后1公里"的痛点,必须依靠现代信息技术。因此摩拜科技在研发上不遗余力。在她看

来，摩拜单车必须有这几个条件：日晒雨淋不会有部件损坏，车链子不会掉，有智能锁可以联网定位。

经过不懈努力，克服了无数的困难，2015年11月，摩拜单车原型车终于问世：第一代摩拜单车共200辆。1个月后，摩拜单车投放上海市场试点。单车投放后的13个小时所有车被骑走，那晚胡玮炜一夜没睡，死盯着后台，第二天，单车已停落在上海五六个地区。

从此以后，共享单车飞速发展。它定位于城市出行的"最后1公里"，用网络技术和分时租赁的方式完全改变了传统的自行车出行模式，在人们认为已经完全成熟的出行领域创造出一个全新的模式。

第一节 商业模式概述

创业企业成立之初，企业系统刚刚建立，还不成形、不成熟。此时，创业企业面临的问题是：企业的产品是什么？客户是谁？怎么样才能把产品做出来并且交付给客户？如果不把这些问题想明白，企业系统就无法搭建，企业就无法运行。而要想清楚回答这些问题，就涉及企业的商业模式和企业战略。

管理学者德鲁克说："现代企业竞争本质上不是产品竞争，而是模式竞争"。商业模式有多种称呼，如商务模式、运营模式或业务模式等，本书使用"商业模式"一词。由于方法和视角的差异，学者们对商业模式研究的侧重点也不尽相同。

一、商业模式概念及构成要素

（一）商业模式现象

人类从事商业活动有着悠久的历史。由于天气和地理条件、农业条件、社会生活特点的不同，人们从事商业活动的方式也各有不同，形成了形式多样、各具特点的商业模式现象。进入现代，随着世界主要经济体和经济组织的经济活动范围不断拓展，以及新一代信息通信技术的快速创新和广泛应用，企业从事商业活动的方式受到科学技术的影响，也在不断发生变化。企业之间的竞争也不再局限于某个产品的竞争，而是逐渐演变为不同商业模式之间的竞争。经济全球化和环境的动态复杂性持续影响着企业的生存和发展。对企业来说，拥有一个好的商业模式相当于成功了一半，而成功的另一半则在于经营中商业模式的可持续性。

（二）商业模式概念综述

在学术界，商业模式的概念在20世纪50年代首次被提出，而研究商业模式的文献是从20世纪90年代开始的，此后便成为研究热点，但迄今为止，关于商业模式的定义仍然没有形成统一的认识。

随着新一代信息通信技术、软件技术、物联网技术和线上业务的发展，不同学者基于研究内容和角度分别对商业模式做出了分析和定义。

艾米特 (Amit) 和佐特 (Zott) 将商业模式定义为一个活动系统，其中各项活动是互相联系、互相支撑和互相依靠的，并且决定了企业和它的合作伙伴们 (如客户和供应商) 之间的关系及合作方式。

蒂默尔斯 (Timmers) 和斯图尔特 (Stewart) 等从营运角度认为，商业模式是描述企业获取利润的逻辑系统，他们将商业模式定义为盈利模式；伽斯柏 (Chesbrough) 和罗森布鲁姆 (Rosenbloom) 认为，从价值创造的角度来说，商业模式是指企业创造价值的模式，是连接技术开发和价值创造的桥梁，即利用技术创造价值的方式；也有一些学者从系统论的角度认为，商业模式是由诸多因素组成的有机系统，包含一系列要素及要素间的关系，是企业自身和其利益相关者共同构成的伙伴关系网络。

乔治 (George) 和波克 (Bock) 从组织管理的角度解释，商业模式是重新配置组织资源来创建新的获利机会，是包括顾客关系、产品服务和价值链多个相互联系的活动所构成的不规则体系，并且包括了企业内部各部门之间的关系，描述了企业是如何获得、创造和传递分享价值的。

彼得斯 (Peters) 等认为，商业模式不应局限于关注企业的盈利情况或者市场份额，而应该从多个角度全面调节和协同企业开展业务。在这种理解下的商业模式主要包括业务活动、组织架构、合作对象、价值主张、成本模式和盈利来源等构成要素。

蒂斯 (Teece)(2010) 认为，企业创建伊始便明确或隐含地采用了某种反映价值创造设计或构建的商业模式。国内学者原磊 (2007) 认为，商业模式是一种描述企业如何通过对经济逻辑、运营结构和战略方向等具有内部关联性的变量进行定位和整合的概念性工具，说明了企业如何通过对价值主张、价值网络、价值维护和价值实现 4 个方面的因素进行设计，在创造顾客价值的基础上，为股东及伙伴等其他利益相关者创造价值。朱武祥、魏炜 (2009) 认为，商业模式本质上就是利益相关者的交易结构，它解决的是企业战略制定前的战略问题，同时也是连接客户价值和企业价值的桥梁。傅世昌、王惠芬 (2011) 认为，商业模式隐含一系列假设成立的前提条件，具有生命周期性，具有层次和要素的一个结构化的系统，具有系统整体性，本质是制度结构和制度安排的连续体，其核心指组织的价值产生机制。

表 2-1 为国内外学者对商业模式概念的不同研究观点的概括。

表 2-1 商业模式概念 "丛林"

作者	商业模式定义
林德尔，坎特雷尔 (2000)	组织创造价值的核心逻辑
戈尔迪恩，艾克曼斯 (2000)	关于商业活动参与者之间的价值交换
威尔，维泰尔 (2001)	客户、同盟者和供应商间角色和关系、利益的描述
艾米特，佐特 (2001)	由公司、供应商、候补者和客户组成的网络运行结构
阿普盖特 (2001)	研究商业结构和各元素之间的关系
彼得罗维，基特，泰克斯腾 (2001)	商业系统创造价值的逻辑

续表

作者	商业模式定义
霍金斯 (2001)	企业构造各种成本和收入流的方式
荆林波 (2001)	企业在某一领域的市场定位和盈利目标的战略组合
玛格丽特 (2002)	从系统角度描述商业各部分组合，不包括实施和竞争
拉帕 (2002)	企业借此生存，产生收入的商业运作方法，说明其在价值链中的位置，阐述如何赚钱
奥斯特沃德 (2004)	描述企业如何创造、传递和获取价值的基本原理，包括一组元素及其之间的关系，并表示获利的逻辑
魏炜，朱武祥 (2007)	企业与其利益相关者的交易结构
佐特，艾米特 (2008)	企业的业务活动系统及其治理结构
魏江 (2012)	描述价值主张、创造和价值获取等活动连接的架构

以上中外学者分别从不同的角度论述了商业模式的概念，强调了商业模式的不同方面的内涵，对于研究和理解商业模式非常有帮助。本书认为，要想理解商业模式的内涵，就要先理解构成商业模式概念最核心的组成：交易。

在人类社会历史的早期，随着生产力的发展，捕猎、饲养和种植的收获物除了满足本群体成员的基本生存需要，逐渐有了剩余。基本生存需要的满足激发了群体成员更多的需要，由此逐渐产生了不同的群体之间的物和物的交换。随着生产力进一步提高，交换的种类、数量和频率不断增加，为了提高交换的效率，作为一般等价物的货币被创造出来，围绕交换的各种制度被设计出来，例如记账、度量衡、票据、契约等。当货币制度和围绕交换的其他制度初步建立起来以后，零星、偶然、自发的交换活动，就变成了制度化、系统化的交易行为。

以蒸汽机的广泛使用为特征的工业革命、资本市场的发展，以及欧美各国对于公司制度的立法等社会变化，催生和促进了以技术为基础的现代企业的出现。以现代企业为主体从事交易活动成为市场经济的主要内容。随着技术的进步、企业制度的改进、市场竞争的加剧和社会习俗的变迁，企业为了在竞争中胜出，不断变革从事交易活动的内容、方式、特征，这无形中促进了商业活动形态的不断创新。

案例　麦考密克：通过交易创新把"大件"卖给普通人

1783年，美国在独立战争后走上了快速发展道路，可耕种土地增多，劳动力短缺问题日益突出。当时由于劳动力短缺，很多农场熟透的庄稼得不到及时收割，烂在了地里。

当时，很多人尝试发明能提高效率的收割机器。塞勒斯·麦考密克(Cyrus Hall McCormick)也是其中一个。经过无数次研究、改进，他在1831年麦季来临前制造出了第一台联合收割机。

这年夏天，22岁的麦考密克在自家的农场里收割小麦，不一会儿工夫就收割了一大块地，工作效率大幅度提高了。1834年，麦考密克获得了专利权。随之，麦考密克开始销售自己发明的联合收割机。看起来，麦考密克马上就要暴富了。但现实却比较残酷：他的高效收割机销售惨淡，准确地说是一台也没有销售。这让麦考密克一度十分迷惘。

1840年，他卷土重来，继续改进和制造收割机。同时，他开始在美国的一些报纸上刊登收割机的广告，终于卖出了两台机器。但通过广告卖掉的机器实在有限，他的工厂陷入危机。

麦考密克开始关注市场、关注收割机的用户。他通过调查市场发现，当时美国的绝大多数农民的购买力并没有强大到可以购买农业机械的水平，尽管他们渴望获得它们，却没有钱购买。一句话：收割机价格太贵！经过一番思考，麦考密克想出了"分期付款"这一刺激消费的措施，农民只要付个首付就能把收割机带回家使用，等用一段时间获得收益之后，再补上欠款。现在看来，这是一个微不足道的变化，但对普通农民来说，拥有农业机械终于不再是梦想了！原来不具有购买力的美国农民"一下子"有了购买力！

通过"分期付款"，同时为农民教授农业技术，收割机的销量快速增加，麦考密克随之扩大了公司的规模。很快，他的公司成了世界上最大和最著名的收割机械公司。

麦考密克发明的收割机和"分期付款"，不仅在技术上极大地推动了农业生产的机械化水平和提高了生产力，同时也降低了农产品价格，促成了收割机这一"昂贵产品"——广泛的传播和使用，让更多的农户用上了高效农业机械，让更多的人吃上了饱饭。后人评价，麦考密克的联合收割机和"分期付款"是造福人类的伟大发明。

麦考密克收割机的案例说明技术和交易方式对于一个创业企业的重要意义。实际上，一个好的交易方式能够使原来因价格高或其他原因，而无法达成的交易成为可能。从交易的角度看，企业发展史上的进步、改进和创新等，都是交易方式的改进和创新。因此，本书综合前人的研究，在国内学者魏炜和朱武祥的观点基础上，认为企业的商业模式是：将交易要素在利益相关者之间进行分配、组合、连接、运行而形成的交易结构。这个概念有以下三个要点。

(1) 交易要素。它包括产品、服务、价格、收益、成本等。

(2) 利益相关者。即和某项交易产生的利益有关的各个相关主体，如供应商、主体企业、渠道商、服务商、客户等。

(3) 交易结构。它是指由上述要素综合在一起所形成的整体结构。

(三) 商业模式构成

美国学者哈默尔(Hamel)认为，商业模式由四大要素组成，即核心战略、战略性资源、顾客界面、价值网络。这四种要素产生了三种不同的连接：即配置方式连接核心战略与战略性资源，顾客利益是核心战略与顾客界面间的媒介，企业疆界连接战略性资源与价值网络，而这些连接的本质就是使企业获得持续性盈利。

国内学者栗学思认为，商业模式必须借助有效的分析手段，并归纳和总结了企业商业模式设计的5个要素，它们是目标客户的价值需求、产品或服务的价值载体、销售和沟通的价值传递、业务运作的价值创造、战略控制活动的价值保护，企业商业模式都是以某一两个要素为核心的各要素不同形式的组合。

国内学者李东认为，任何一种商业模式都是由三类基础要素组成，即顾客价值定位、总成本结构和利润保护机制。这三大要素相互作用时能够创造价值、传递并保持价值，其中最重要的是创造价值。三大要素中的任何一个发生重大变化，都会对其他部分和整体产生影响。

国内学者原磊认为，商业模式作用的发挥，得益于企业商业模式各要素在发挥自身作用的同时还要协同发挥作用，是各单元和各要素之间协同作用的结果。需要指出的是，商业模式的形成和运行是一个动态的过程，是一个和市场变化匹配的过程，同时也是企业商业模式不断优化、完善和创新的过程，这就决定了企业商业模式结构的设计应是一个循环提升的过程，商业模式价值实现要通过反馈的方式对商业模式的其他要素的完善变革提供方向，同时其他要素的完善创新也进一步促使企业商业模式价值实现的产生。

美国学者克里斯滕森认为，商业模式构成要素包含四方面的主要内容：客户价值主张、盈利模式、关键资源、关键流程。关键资源是指向目标客户群传递价值主张所需要的人员、技术、产品、厂房、设备和品牌等资源；关键流程是指企业都有一系列的运营流程和管理流程，以确保其价值传递方式具备可重复性和扩展性。关键资源是企业在创造价值流程中的基础，关键流程则贯穿于企业利用这些关键资源之中，这两个方面相互配合，旨在为客户提供价值即满足客户价值主张。客户价值主张是指某种为客户创造价值的方法，这也是企业的实现利润的直接方式。

国内学者朱武祥、魏炜认为，商业模式体系包括企业定位、业务系统、关键资源能力、盈利模式、自由资金流结构和企业价值六个要素。这六个要素是相互作用，相互决定的，构成有机的商业模式体系。

综合学者们的研究，本书认为，商业模式的构成是一个由多要素集合成的立体、综合的系统。虽然商业模式是由多个分立的要素构成，但是作为一个整体，商业模式是由多个独立且关联的要素组成的系统，各要素之间存在有机的联系，互相支持，形成良性的循环。具体而言，商业模式由以下三大要素构成，如图2-1所示。

(1) 价值主张，即企业为客户提供的价值的具体形态、内容等。价值主张是企业和用户交互的最核心的部分，它是商业模式的基础和核心。

(2) 交易结构，即企业与其利益相关者以交易方式形成的交易系统，在这个系统中存在着资金流、物流、商流，并形成交易的循环。交易结构是企业商业模式的外在表现形式和实现方式。

(3) 交易治理，即企业和其利益相关者在复杂的交易结构中进行交易时，所遵循的合作规则、分工规则、交易规则、权利义务、惩罚机制等。交易治理是商业模式中偏"软"的方式，但它是确保商业模式正常运转的因素。

通过这些要素，可以简单勾勒出企业的整个运作流程。这对身处创业期的企业的运作尤为重要。只有架构好创业企业的商业模式构成要素及其之间的联系,并在开展业务的过程中不断测试商业模式,产生运行数据和反馈,并据此调整和修正,同时整合资源,通过不断协调商业模式中的动态关系,从而构建出合理的关系网络,才能使创业企业具有可持续运行的商业模式,进而推动创业企业发展。

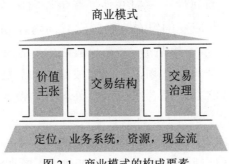

图 2-1　商业模式的构成要素

二、企业战略概述

(一) 企业战略的概念

"战略"一词主要源于军事,指军事家对战争全局的规划和指挥,或指导重大军事活动的方针、政策与方法。随着生产力水平的不断提高和社会实践内涵的不断丰富,"战略"一词逐渐被人们广泛地运用于军事以外的其他领域,从而给"战略"一词增添了许多新的含义。

1962 年,美国学者钱德勒在其《战略与结构》一书中,将战略定义为"确定企业基本长期目标、选择行动途径和为实现这些目标进行资源分配"。这标志着"战略"一词被正式引入企业经营管理领域,由此形成了企业战略的概念。此后至今,许多学者和企业高层管理者曾经分别赋予企业战略不同的含义。下面我们将企业战略概括为传统概念和现代概念两大类。

1. 企业战略的传统概念

美国哈佛大学教授波特 (Porter M.) 对战略的定义被认为是企业战略传统定义的典型代表。他认为,"……战略是公司为之奋斗的一些终点与公司为达到它们而寻求的途径的结合物。"波特的定义概括了 20 世纪 60 年代和 70 年代对企业战略的普遍认识,它强调企业战略的一方面属性:计划性、全局性和长期性。

2. 企业战略的现代概念

20 世纪 80 年代以来,由于企业外部环境变化速度加快,使得以计划为基点的传统概念受到不少批评,于是战略的现代概念受到广泛重视。

加拿大学者明茨伯格 (Mintzberg H.) 在 1989 年提出,以计划为基点将企业战略视为理性计划的产物是不正确的,企业中许多成功战略是在事先无计划的情况下产生的。他将战略定义为"一系列或整套的决策或行动方式",这套方式包括刻意安排的 (或计划性)战略和任何临时出现的(或非计划性)战略。许多学者也开始研究组织的有限理性,并将重点放在组织在不可预测的或未知的内外部因素约束下的适应性上。

从字面上看,现代概念与传统概念的主要区别在于,现代概念认为战略只包括为达到企业的终点而寻求的途径,而不包括企业终点本身;而从本质区别看,现代概念更强调战略的另一方面属性——应变性、竞争性和风险性。事实上,公司大部分战略是事先的计划和突发应变的组合。美国学者汤姆森(Tomson S.)在1998年指出,"战略既是预先性的(预谋战略),又是反应性的(适应性战略)"。换言之,战略制定的任务包括制订一个策略计划,即预谋战略,然后随着事情的进展不断对它进行调整。一个实际的战略是管理者在公司内外各种情况不断暴露的过程中不断规划和再规划的结果。

在当今瞬息万变的环境里,企业战略意味着企业要采取主动态势预测未来,影响变化,而不仅是被动对变化做出反应。企业只有在变化中不断调整战略,保持健康的发展活力,并将这种活力转变成惯性,通过有效的战略不断表达出来,才能获得并持续强化竞争优势。

(二)企业战略的功能

1. 企业战略指明了企业的发展方向

通过对经营环境的研究,企业战略将企业的成长和发展纳入到变化的环境中,为企业指明了发展方向。在企业战略的指引下,企业能够增强其经济活动对外部环境的适应性,正确地选择合适的经营领域和竞争优势,提高决策能力和水平。

同时,有了战略目标,不仅使整个企业有了清晰的发展方向,也明确了企业的各个层次、各个部门的奋斗目标。这样就使企业各方面的努力统一到企业的战略方向上来,形成合力,推进企业为实现共同的目标不断前行。

2. 企业战略是整合和优化企业资源能力的依据和动力

一方面,企业战略建立起企业目标系统,使企业能够依据战略需求对其资源和能力进行整合和优化,促使企业凝结为一个和谐一致、高效的有机整体。

另一方面,企业资源和能力的水平影响着公司经营范围和竞争优势的选择,企业战略又是整合和完善企业资源能力的动力,企业只有不断提升其资源和能力的水平,才能够保障公司面对变化莫测的经营环境选择和实施其最有效的战略。

3. 企业战略是提升企业管理效能的前提和保障

企业战略将企业长期目标和短期目标结合在一起,可以调动各级管理人员参与战略管理企业的积极性,有利于充分利用企业的各种资源并提高协同效果。企业战略重视战略的评价与更新,不只是计划"我们正走向何处",也计划如何淘汰陈旧的东西,以"计划是否继续有效"为指导重视战略的评价与更新,这就使企业管理者能不断地在新的起点上对外界环境和企业战略进行连续性探索,增强创新意识。企业战略强调战略制定与实施的结合,更加突出战略在管理实践中的指导作用,这将不断提升企业管理者的管理水平,也促使企业战略本身不断得到完善。

案例　　戴维尼珠宝公司的轻资产战略

自2006年创立以来，戴维尼（中国）科技有限公司便以飞快的速度成长，这家在线钻石销售网站，在2008年的销售额突破了1亿元。值得一提的是，戴维尼并没有任何一家门店。作为一个钻石网络直销品牌，戴维尼的所有首饰都是在网上销售的，我们可以把这种模式看作中国传统珠宝钻石行业的渠道革命。

戴维尼的成长奥秘是：通过互联网收集了大量的钻石切割商和加工商的库存信息，通过开拓市场获得消费者，然后将订单反相匹配给供应商们，大家彼此成为利益联盟，戴维尼自己也得以实现轻资产的成长。

在珠宝首饰行业，商家往往将高昂的渠道成本附加在珠宝首饰上。浙江日月首饰集团销售部总经理尹阿庚总是为如何降低专柜装修费用伤脑筋——在商场开一个80平方米左右的专柜，从租金、装修到铺货，前期至少要500万元，如果是专卖店，费用更高。日月集团在全国的专卖店和专柜一共有200多家，去年销售额达到25亿元，而在渠道上的投入接近销售额的一半，超过10亿元。

由于不需要投资实体的渠道，在戴维尼珠宝网，钻石首饰的价格是商场同类商品的50%～60%，一颗40分的钻戒，价格在8 000元～9 000元，而商场一般卖2万多元。

戴维尼珠宝网的CEO（首席执行官）聂文彪喜欢在每天上班的第一时间打开戴维尼的后台管理系统，看看前一天晚上收到了多少张网上订单。这些订单下达后，戴维尼的IT系统会将数据自动分发到钻石供应商的系统里，无论在世界哪个角落，都不妨碍他们对来自戴维尼网站订单的响应速度。那些发出璀璨光芒的钻石，不是戴维尼自己采购或拥有的，而是静静地躺在供应商的保险柜里，作为供应商的库存而存在着。戴维尼要做的事情只是将位于全球的26家钻石切割供应商及深圳的近10家钻石镶嵌商组织起来，形成一个动态却又紧密联系的价值网络，戴维尼通过互联网渠道去接触中国的钻石消费者并获取订单，再用IT系统反向分配订单。

在订单完成之前，这些钻石的所有权并不是戴维尼的，戴维尼只是它们的订单组织者或者销售渠道。不过，和专业的渠道商相比，戴维尼并不是一个渠道品牌，而是一个互联网直销的钻石品牌，这意味着，戴维尼可以通过品牌运营，获得比渠道商更高的利润空间。在这个行业，OEM（贴牌生产）是通常的操作模式，如蒂芙尼(Tiffany&Co.)、卡地亚(Cartier)等都在深圳做OEM贴牌，贴上这些世界名牌的珠宝价格往往比出厂价高出10倍以上。作为珠宝业的重要产业集群地，深圳囊括了中国市场99%的钻石加工业务。

地处中国钻石镶嵌加工的产业集群深圳，戴维尼可以便捷地组织这些镶嵌商资源。从下单到出货，只需一两天时间，数据从戴维尼流向深圳的钻石镶嵌商，抑或是海外的钻石切割商，它们作为戴维尼的上游供应商，接到订单后立刻开始加工。戴维尼几乎没有自己的钻石库存，却利用接单能力及IT系统组织了一个价值网络，令网络中的每一分子的库存变轻，并从中受益。和通常的钻石批发商不同，钻石价值网络的组织者戴维尼赚取的不仅仅是倒买倒卖的差价，最重要的是，它通过打造戴维尼这个直销钻石品牌而获取更多的利润空间。

戴维尼没有自己的钻石库存，这是基于其合作伙伴对戴维尼进行了库存数据开放。戴维尼通过互联网搭建了一个开放型的平台，这个平台具有多个接口，对接了全球 26 家钻石切割供应商的实时在线库存数据。这个充分透明和交互性极强的信息沟通机制，使得整个价值网络的成员们都能提升效率，降低库存。

顾客可以根据钻石价位和切割形状，进行二维交互式搜索，查看来自全球的不同净度、颜色的钻石，每款钻石都配有国际认证证书。同时，这个搜索引擎还以图标的形式提供了切工、颜色、净度、克拉、价格等搜索条件，以方便顾客选购。

当顾客选中一款钻石后，戴维尼网站便提供多种个性化的钻戒托架，供其选择。订单将自动发送给远在比利时、以色列或者任何一个国家的供应商，他们将以最快的速度进行加工，并用国际快递交付给戴维尼，完成这一切流程只需要 6~8 天。由于钻石是奢侈品，每一颗钻石的库存和流向都需要掌握，因此整个行业具有很高的信息化程度。

以 IT 技术为基础的资源匹配，令戴维尼和供应商合作的效率极高。通过构筑一个开放型的平台，并且以 IT 和互联网作为支撑，戴维尼将 26 家海外的钻石切割供应商及 10 多家深圳的钻石镶嵌商集结在自己周围，在双向透明的信息机制下，戴维尼通过充分的信息交互与这些价值网络成员拥有共同的商业节奏。

戴维尼的引力在于通过轻型渠道为价值网络的所有成员开启中国这个具有潜力并且正在成长的珠宝消费市场。

除了戴维尼，钻石小鸟和九钻网等企业也是珠宝首饰行业的轻公司，它们都是美国在线钻石购物网站蓝色尼罗河的模仿者，依托中国的钻石镶嵌加工的产业集群，对市场进行快速响应。

三、创业企业的战略核心是商业模式

（一）商业模式是对创业企业最本质的描述

创业企业处于企业生命周期的初期，其产品和服务不成形，适合的人员不齐备，组织结构和职能不完备，运营模式不稳定，决定了创业企业是一个不完善的商业系统。从另一角度，创业企业与成熟企业相比，最大的区别就在于成熟企业拥有一个完善的、完备的商业模式系统，其构成商业模式系统的各要素齐备，各要素的位置固定，职能明确，要素之间的关系清晰，整体系统的运转顺畅，由此产生的现金流稳定而持续。而创业企业处于商业模式系统的构建期，整个系统不完善。要么是构成商业模式系统的各个要素不齐备，例如客户价值描述模糊，甚至与实际有偏差；要么是各个要素之间的关系不明确，例如在互联网创业中，移动端 App 的收费系统入口与云服务连接不畅，导致 App 系统无法顺畅收款。

(二) 创业企业最大的风险在于商业模式

在一个完整的商业生态系统中，创业企业相当于一个"新物种"。"新物种"的出现，必然会对原有生态系统中的物种产生影响。这种影响一方面体现在"新物种"的生存习性和生存过程，要占用资源，形成和原有物种的竞争；另一方面体现在"新物种"改变了生态系统的原有秩序。"新物种"的生存习性和生存过程能否适应生态系统，是"新物种"能否生存下去的关键。

创业企业的商业模式，是对原有商业生态系统的创新，其能否适应生态系统不得而知。一旦经过试运行和调整，创业企业的商业模式始终无法形成闭环和提供维持创业企业生存下去的资源，如客户群、收入等，则创业企业就会失败。所以，创业企业最大的风险来自商业模式。

(三) 创业企业成熟的标志在于商业模式的逐步完善

对于创业企业而言，从创立到运行，三年是一个坎。这个坎主要是指在商业模式构建方面，在三年的时间里，创业企业能否把商业模式初步构建成形，并且能运转起来，即所谓的"跑通商业模式"。

商业模型系统从构建、成形到能够初步运转起来，是一个过程。创业企业最后成形的、实际的商业模式和最初的商业模式是不完全一样的。例如，携程成立之初，打算做网上的旅行社，但实际操作时，发现这个想法在当时是不可行的。携程的创业团队通过考察、学习和思考，最终把携程的业务定位到订房中心，形成了借助互联网技术、连接酒店和消费者的订房平台商业模型。从携程分化出的如家，其商业模式则是从最初设想的酒店联盟，发展到最后的经济型直营酒店连锁。而携程创始人季琦创立的汉庭酒店，其商业模式则是从最初定位的中档有限服务酒店，到最后成形的经济型酒店连锁。

案例 直播助力线上销售，线上"宠物经济"商业模式崛起

"太可爱了！""这只猫的眼睛像蓝宝石一样美"……如今，爱看宠物直播的人有不少。在蠢萌的宠物背后，隐藏着宠物经济的庞大市场。《2019年中国宠物行业白皮书》显示，2019年中国城镇宠物（犬猫）消费市场突破2 000亿元，整体规模达到2 024亿元，同比增长18.5%。宠物经济崛起，尤其是线上，宠物消费异常火爆，商业模式更加多元。

"云吸宠"流行 隔着屏幕撸猫撸狗

在北京工作的小陈表示，如今生活节奏快、压力大、陪伴少，"云吸宠"（在网上观看别人拍摄的宠物视频）能让人放松心情、打发时间。"看蠢萌的柴犬猜零食在主人的哪只手里，或者是看精力充沛的喵星人和自动发球机大战几十个来回，都很能缓解压力。"

快手大数据研究院发布的《2020快手宠物生态报告》显示，快手宠物短视频的单日最高播放量达7亿。截至2020年5月，快手上每5.4秒就有一场宠物直播，场均直播时长1小时，日均直播时长1.6万小时。宠物观众数量超1亿，活跃宠物

作者数量也达 7.5 万,"80 后""90 后"宠物作者占比达 80%。早在 2020 年 3 月,淘宝发布的《淘宝经济暖报》显示,2 月份淘宝上宠物直播的场次同比增长 375%,每天有 100 万人在淘宝直播上看宠物。

其实,不只是作为"国民团宠"的狗和猫,鸽子、观赏鱼、仓鼠、羊驼、爬虫、乌龟等宠物同样备受关注。在快手平台上,羊驼短视频日均播放量超 120 万,变色龙短视频日均播放量超 60 万。

除了卖萌搞笑,宠物的带货能力也不容小觑。2020 年"6·18"促销期间,抖音宠物主播"汪小隐严选"与宠物垂直电商 E 宠合作,直播带货金额达 208 万元,累计观看总人次近百万。

为爱宠下单 电商宠物品类火爆

天津的杨先生有 20 多年的养狗经验,他告诉记者,现在宠物经济越来越发达,产品和服务越来越细致。早先宠物可能吃剩菜剩饭,如今有狗粮猫粮,还有各种补充营养的食品;以前养狗早晚遛遛就行,现在还得买玩具逗它开心。如果要让宠物过上"精致"生活,必然需要金钱投入。

据《2019 年中国宠物行业白皮书》显示,宠物食品是宠物产业链中的重要一环。2019 年人均单只宠物犬年消费达 6 082 元,人均单只宠物猫消费金额为 4 755 元,同比增长 10.3%。如今,这些消费很大部分转移到线上。无论是日常网购消费,还是电商节日大促,为宠物下单、囤货成为新的消费热点。

2020 年 8 月举办的第 23 届亚洲宠物展上,阿里妈妈联合亚宠展、天猫宠物行业发布宠物经济系列报告,过去一年宠物行业线上销售额超过 300 亿,天猫淘宝占比超过七成,天猫平台上宠物品牌数量的增速同比超过 60%。

除了宠物食品,健康、玩乐、打扮、社交活动相关的宠物消费需求呈上升态势。在宠物出行相关消费的搜索中,宠物车载帐篷增长了三倍,宠物太空舱增长超过 200%。疫情后智能养宠兴起,自动猫砂盆增长 879%,自动饮水器增长 120%。

宠物外卖也迎来爆发。饿了么发布的《2020 宠物外卖报告》显示,2019 年,饿了么宠物外卖订单增长 135%,用户平均一单消费 125 元。目前,饿了么上宠物商品、服务超过 3 000 种。猫粮、犬粮、猫砂、罐头、零食等商品的销售增长都超过 100%。

"它"经济崛起 产业链条日益完善

以宠物为核心的"它"经济正在崛起,业内人士表示,从养宠人群的年龄段来看,"80 后""90 后"成为中国养宠"主力军",消费群体的年轻化,推动线上宠物经济走向繁荣。除了宠物买卖,宠物食品、托管、服饰、美容、摄影、医疗、殡葬、保险等细分赛道的商业模式不断推陈出新,且与产业链条紧密结合。

例如,层出不穷的线上宠物课程,单价从 1 元到数千元不等,内容涵盖宠物的日常饲养、美容造型、医疗护理,帮助用户了解宠物生活习性、读懂宠物心理、训练宠物技能;许多宠物博主通过线上的知识分享为线下的宠物美容、宠物医院、宠物寄养等服务导流宣传;也有萌宠博主将宠物打造成 IP 进行变现,如推出玩偶、钥匙坠、手机壳等周边产品来盈利。

> 据华创证券分析,近年来,在国内一二线城市,宠物正远离曾经看家护院的功能,向纯粹的情感寄托功能演变,宠物市场发展潜力巨大。当前全国家庭宠物保有率仅4.4%,最高的上海也仅为19.8%,而美国的宠物保有率达68%;就宠物平均消费金额看,中国也仅为美国的1/3,日本的1/5。预计未来五年,中国宠物行业能够保持年均15%以上的增速。

第二节 商业模式设计、构建与运作

一、商业模式设计与构建

(一) 商业模式设计

1. 确定业务范围并寻求产品在市场中的最佳定位

企业战略的核心命题就在于选定一个企业可以据为己有的位置,而定位是战略的核心,同时也是构建一个企业优秀的商业模式的起点。在设计价值定位这个构成要素的过程中,需要解决如下问题:企业的业务范围定义、目标客户的锁定。大量经营实践表明,定位(业务范围的确定和目标市场的定位)是设计商业模式的一项首要工作。比如前几年的新兴科技领域,由于市场尚未成形,顾客需求还不明确,很难发掘新技术的价值。因此,许多网络公司的商业模式,大都缺少具体的顾客需求信息,只能以网际网络科技的发展趋势,来描绘未来市场的美景。但这正是一些企业投入于新兴科技市场所遭遇的主要风险:新技术具有创造价值的高度潜力,但新事业却持续大幅亏损。

对企业业务范围的定义是成功进行价值定位的重要一步,因为业务定义会对企业所收集到的信息起过滤作用,它将告诉企业的决策层哪些机会应该抓住,哪些机会应该放弃。企业通过定义业务范围可以界定出自己的客户和竞争者、合作伙伴这些利益相关者及应该拥有的资源和能力等。

具体来讲,企业可以参照成功企业的下列几种做法来界定自己的业务范围。

① 按照企业所销售的产品或服务来定义自己的业务,如施乐公司处于复印机行业,丰田公司处于汽车制造行业,新华航空处于航空服务业。

② 针对某类客户群的某些或所有需求定义企业的业务,如通用电气的客户解决方案的业务定位,东软的软件供应商定位等。

③ 依据企业所处的行业价值链环节确定其业务,如品牌制造商、供应商、零售商等。

④ 按照企业的关键资源能力及其组合来定义其业务,如麦当劳、肯德基从事特许加盟,迪士尼从事品牌授权,如家从事连锁经营等。

2. 分析和把握顾客需求以锁定目标客户

实现成功的价值定位的另一个活动就是锁定目标客户,识别和确定企业的目标客户意味着企业必须考虑服务于哪个地理区域和进行客户细分。

分析和把握客户需求的关键是识别和满足新的或潜在的顾客需求，或者掌握客户未被满足的隐性需求，从产品创新转变到需求创新发现新的增长机会。

3. 构建打造企业独特的业务系统提高对手模仿的难度

业务系统，顾名思义就是由一系列业务活动有机构成的系统和网络，它反映的是企业与内外利益相关者之间的交易关系。业务系统的构建是商业模式设计的核心部分，商业模式的与众不同和难于模仿主要通过业务系统之间的差异来体现。业务系统主要指企业与客户、供应商及其他合作伙伴所形成的价值链网络。

企业在构建独特的业务系统时，要针对不同的利益相关者确定关系的种类及相应的交易内容和方法；在明确各利益相关者在价值链中的业务活动之后，制定出科学合理的利益分配机制，实现共赢。业务系统中利益相关者之间形成的关系网络是一套复杂的运行机制，深嵌于企业价值链中，因此不易被对手模仿。

4. 发掘企业的关键资源能力以形成核心竞争优势

业务系统决定了企业所要进行的活动，而要完成这些活动，企业需要掌握和使用一整套复杂的有形和无形资产、技术和能力。让商业模式运转所需要的相对重要的资源和能力，统称为"关键资源能力"，企业发掘和运用企业的关键资源能力，有助于形成和打造核心竞争力，获得竞争优势。商业模式中关键资源能力的确定方法是以企业内的单个能力要素为中心，寻找、构造能与该能力要素相结合的其他利益相关者，对企业内部价值链上的能力要素进行有效整合，以创造更具有竞争力的价值链产出。

5. 构建独特的盈利模式

盈利模式指企业利润来源及方式。处于相同行业的企业，定位和业务系统不同，企业的收入结构与成本结构即盈利模式也不同。即使定位和业务系统相同的企业，其盈利模式也可以千姿百态，构建科学独特的盈利模式对企业成长有重要的战略意义。

6. 提高企业价值

在商业模式的整个体系中，起点是价值定位；中间过程是价值创造活动，包括业务系统、关键资源能力，盈利模式；归宿是企业价值即投资价值。投资者最终关注的就是企业的投资价值，这是商业模式不可或缺的部分。一个企业的投资价值是指投资对象（项目/业务/企业）未来预期可以产生的自由现金流的贴现值。在影响投资价值的众多因素中，最重要的当属自由现金流及结构，因此，对于企业来说，如何优化自由现金流结构，获得较大的自由现金流是提高企业价值的关键。简单来讲，要获得较高的企业价值需要投资少、收入多、运营成本低。

从资本市场投资价值看，任何市场规模大的行业和具有持续成长能力的企业，都有可能受到资本市场的追捧。因此，企业投资价值规模小、价值实现效率低和价值增长速度慢的原因并不在于行业传统，而是源于商业模式的落后。

总之，创业者在设计商业模式体系框架时，应该注意以下几点。

第一，商业模式并非一成不变，只有在一定条件和一定环境下才能获得成功。商业模式所能创造的价值会随着旧格局的打破而不断减少。这就要求企业不能固守原有商业模式，应该不断对其审视和梳理，商业模式的内涵需要随环境变动，在执行时保持高度的弹性。主动自觉地去发现它的弱点，并适时调整、修正、创新。

第二，不能过度迷信商业模式。许多技术创新面对的是一种不确定性极高的未来环境，而市场信息也无法全部取得，因此没有一个商业模式能确保未来利润一定会被实现，也没有所谓最佳的商业模式。客观地讲，商业模式只是一种赚钱的工具和方式，它只在某种特定的条件下发生作用。

第三，不能简单模仿商业模式。不同行业和不同性质的企业生存和发展的环境不同，意味着没有哪两个企业会有着完全一样的商业模式，一个企业的商业模式应当仅仅适用于自己的企业，不可能被其他企业照搬。结合自身的资源、能力，打造出自己的商业模式。要清楚商业模式是一个有机整体，各个组成部分之间有内在联系，是一个良性循环系统，是这些部分协调发生作用的有效机制。与企业的组织结构、制度安排、组织人员和企业文化相互融合，相互配套；如果只是简单地从形式上加以模仿，那后果不堪设想。

(二) 商业模式检查

创业企业在将商业模式设计完毕后，应该将它用文字表述出来，同时认真思考、分析商业模式诸要素，提出并思考以下问题。

① 企业的客户是谁？商业模式为客户创造的价值是什么？这些价值客户是否需要？

② 企业的商业模式是否真正为客户创造了价值？是否有意义？

③ 企业商业模式中的商业伙伴各自的职责、行为和利益是什么？是否愿意参与进来？

④ 本企业在商业模式中的位置、地位和角色是什么？如何维护、保持本企业在这个商业模式中的地位和利益？

⑤ 业务独特性如何？如果本企业获得成功，大量竞争者是否很容易跟进和模仿？

通过检查反思，针对上述个别不能令人满意的问题，应对商业模式进行调整。只有在客户、企业及利益相关者、合作伙伴都将它视为一种经营产品或服务的合理方法时，这个商业模式才有意义。

二、商业模式评价指标

每个企业都有自己独特的商业模式。即使是在同一个行业中、经营同一类产品，不同企业的经营情况、获利情况也有所差异。民间俗语"有同行，无同利"指的正是在同一个行业中，在其他条件差别不大的情况下，因为商业模式的不同，而造成企业不同经营结果的现象。一个具有吸引力、成功的商业模式，通常需要具备某些能够创造价值与具有竞争优势的特点，而这些特点影响着创业企业的成功，也正是商业模式评价不可忽略的重要因素。

(一) 商业模式的适用性

商业模式的适用性也可以称为商业模式的个性，是商业模式的首要前提。

不同的创业企业，其组成和形成差异巨大，如创始人的性格、教育背景、理念、技术特征、思维、行业偏好的不同,创业企业拥有的社会资本、人力、资金的不同等。这些不同,造成了创业企业之间存在着差异。

由于创业企业自身情况千差万别,市场环境变幻莫测,创业企业的商业模式必须突出一个企业不同于其他企业的独特性。这种独特性表现在它怎样为创业企业赢得顾客、吸引投资者,以及产生收入和收益。严格地说,一个创业企业的商业模式应当仅仅适用于自己的企业,而不可能为其他企业原封不动地照搬。商业模式最终体现的是企业的制度和最终实现方式。从这个意义上说,模式没有好坏之分,只有是否适用的区别。

(二)商业模式的有效性

有效性是商业模式的关键要素。在经济全球化、信息化的今天,无论哪个行业或企业,都不可能有万能的、单一的、特定的商业模式,用来保证自己在各种条件下均获得优异的财务结果。因此,评价商业模式的好坏,根本的一条在于其有效性。可以认为,有效的商业模式是企业在一定时期、一定条件下,能够选择的为自己带来最佳效益的有效的盈利战略组合。

根据埃森哲咨询公司对数十家企业的商业模式所做的研究分析,这种盈利战略组合应当具有以下三个共同特点。

(1)它必须是能提供独特价值的。在某些时候,这个独特价值可能是新思想,而更多的时候,它往往是产品和服务独特性的组合。这种组合要么可以向客户提供额外的价值,要么使得客户能用更低的价格获得同样的利益。

(2)它必须是难以模仿的。企业通过确立自己与众不同的商业模式,来提高行业的进入门槛,从而保证利润来源不受侵犯。

(3)它必须是脚踏实地的,也就是实事求是,就是把商业模式建立在对客户行为的准确理解和把握上。

案例　　　　　红孩子商业模式的有效性

从2004年创业以来,北京红孩子信息技术有限公司从母婴目录直销市场的后来者一举成为龙头,并且一直在加速扩张——其2007年的销售额是6亿元人民币,2008年为13亿元,2009年的目标是30亿元。

这家从母婴目录销售市场起家的企业,在短短的几年时间内,通过对消费者数据的挖掘和利用,快速切入到新的市场,实现了高速成长,每年的增长率超过100%。

红孩子起初是以目录销售的模式销售知名品牌的母婴用品,"刊+网"成为红孩子的主要销售渠道。

凭着一系列独特的销售策略,比如自建物流、快速送货等,红孩子很快站稳了脚跟,2006年便成为北京市场母婴用品销售第一名,目前红孩子已经是帮宝适、惠氏、雅培、多美滋等品牌在全国最大的终端销售商,其中红孩子为雅培奶粉创造的销量占据雅培全国销量的50%。

红孩子利用自己的客户数据、供应商体系、物流体系等后台优势,从2006年底开始了新一轮的发力。

经过数据分析,红孩子发现自己的目标消费者——年轻妈妈们是家庭购物的核心,她们消费比较稳定,多以家庭消费为主。因此,红孩子决定从母婴用品销售商转型为家庭用品销售商。在母婴用品目录的基础上增加了《时尚红妆》《生活时尚馆》《健康生活馆》三本册子,产品线延伸至化妆品、保健品、家居、3C用品(计算机、通信和消费电子产品三类电子产品)等多个品类,面向老人、婴幼儿和年轻女性消费群体。

2008年下半年,红孩子开设了新的B2C(商对客)平台RedMall(红孩子分期购物网),主打3C数码、户外运动、箱包皮具等多个品类,主要针对男性消费群体。

相比于传统零售业,红孩子最重要的优势是能通过网站精确掌握消费者数据,在最贴近消费者的地方收集市场需求,并以此为核心拓展业务范围。这不同于传统零售业的商业模式。在传统零售业,大部分商场都是先招商,然后再吸引顾客群,并且对消费者群体进行分析,以提升销售额。而红孩子则是通过对既有消费者群体的深度了解和数据挖掘,反向开拓产品线,进而拓展业务范围。

这就是挖掘数据价值设计有效的商业模式,它让红孩子能迅速组织资源,以响应市场需求。这种以市场为起点的反向扩张,令红孩子拥有传统零售业难以比拟的扩张速度,最为重要的是,红孩子以数据作为引擎的扩张,提升了资本杠杆的效率。创业几年来,红孩子每年都保持着200%以上的增长,归根结底都是通过数据智能分析,设计和完善有效的商业模式,开拓新业务领域。

(三)商业模式的前瞻性

前瞻性是商业模式的灵魂所在。商业模式是与企业的经营目的相联系的,并且要和企业发展目标有机结合。商业模式就是企业为达到自己的经营目的而选择的运营机制。企业的运营机制反映了企业持续达到其主要目标的本质内在联系。企业以盈利为目的,它的运营机制必然突出确保其成功的独特能力和手段——吸引客户、雇员和投资者,在保证盈利的前提下向市场提供产品和服务。

但是,仅如此显然是不够的,因为这只是商业模式的"现在式",而商业模式的灵魂和活力则在于它的"将来式",即前瞻性。也就是说,企业必须在动态的环境中保持自身商业模式的灵活反应、及时修正、快速进步和快速适应。一句话,就是具有长久的适用性和有效性,以达到持续盈利的目的。

| 案例 | 疫情倒逼创业企业商业模式创新 |

都说写字楼是门不好做的生意,尤其2020年更加艰难。但贾凡不这么认为。

贾凡是蜜蜂科技BEEPLUS创始人兼CEO,2015年他就一头扎进"新办公"赛道,这几年在深圳、珠海等地做了好几个"新办公"空间项目。这是一个服务其他企业的生意,也是反映经济活跃程度的晴雨表。

受到新冠肺炎疫情的冲击，做这门生意的公司的压力更大了。高力国际最新发布的数据显示，截至2020年第二季度，深圳甲级写字楼的空置率为20.6%。身处其中，贾凡也坦言："焦虑感明显比往年更严重了。"

但其实截至8月底，他创办的公司经营业绩已经超过2019年全年。贾凡觉得，这得益于公司在2018年就做了轻资产化的转型，更得益于疫情以来自己和团队的主动应对，从危险中寻找机遇。

新冠肺炎疫情以来，贾凡看到不少企业从写字楼退租，寻找更灵活、有性价比的办公空间。而他带领团队建设的新办公空间，恰好满足了这些业务和收入受冲击的企业需求。从2018年开始，他就将公司的主营业务从自营式的联合办公，转向主打运营、服务的"新办公"，一方面把办公空间的装修、运营全包下来，"甚至连水杯都配好了"，企业客户可以拎包入住；另一方面也引入更多交流、分享甚至融资的资源，增强中小企业开展合作、拓展业务的机会。

"原来市场好的时候，深圳最核心区域的租金一直在上涨，闭着眼睛都有客户上门，现在才明白租金原来会掉（下来）的。"在他看来，2020年的经济形势对"服务企业的企业"来说，最深刻的教训也是最直白的道理就一条——怎么把服务做好。

目前，BEEPLUS已累计服务客户近千家。虽然眼下还没看到完全恢复的迹象，但他跟客户交流时总会强调一句：经济的本质就是信心，大家要对未来有信心。

在经济形势下行的时候，企业家的信心比黄金更值钱。即使面对外部的封锁与打压，中国企业家也自信能从中寻找到发展的机会。

2020年9月1日，科技企业科大讯飞召开了一场发布会，其轮值总裁胡郁在发布会上调侃道："我们在2019年10月8日被列入了'实体清单'，这可能是因为我们的技术太先进。"话音刚落，台下就传来了一阵掌声。

在封锁面前开玩笑，要有底气，也要有信心。作为企业家，胡郁在1999年参与创立了科大讯飞，让一个18人的小公司成长为国内语音产业的"领头羊"，还频频在各种国际技术赛事上"刷榜"。

胡郁强调，科大讯飞一直坚持源头技术自主创新，拥有的核心技术全部来自自主研发，拥有自主知识产权。"实体清单确实对我们的国际化会有一定的影响，但是对于我们进一步坚持自力更生，坚持自主研发，反而是一个推动力。"

巨大的国内市场潜力是他们的底气。半年报显示，尽管受到疫情的不利影响，但该公司上半年营收43.49亿，同比增长2.86%。其中，智慧教育和智慧医疗业务分别实现了35%和665%的增长；消费端的拳头产品翻译机，因目标客户是出国旅游群体，在上半年的销售呈现了断崖式下跌，但其他智能硬件产品销售额同比增长超过140%。

"这么大的市场，如果有很好的布局和坚持的话，能走出一条自己的道路。"在胡郁看来，国内的人工智能应用市场仍然前景广阔，还有很多机会等待"掘金"，而企业家应该要有"危中寻机"的信心和准备。

第三节 商业模式创新

一、商业模式创新的概念

商业模式创新，是指随着环境的变化，例如技术创新和应用、客户需求和偏好转移、政策规则的废止和变更，企业通过改变商业模式系统的一个或多个构成要素，或者各个要素之间的关系，或反馈作用，形成新的交易结构，促成新的现金流循环，从而在整体上表现出与原有的商业模式不同的形态和运作特征的过程。

商业模式创新的目的主要有以下三个。

第一，创新商业模式以适应变化后的新环境。

第二，创新商业模式以克服原来商业模式中不完善的组成要素、要素间的联系等，使商业模式运转更加顺畅。

第三，创新商业模式以保持竞争优势、构建新的竞争优势，促进企业持续发展。

商业模式创新，可以分为三个层次，如图2-2所示。一是基础层面的创新，即对客户、客户的价值主张和价值诉求进行重新定义、清晰描述、挖掘提炼等，使之出现一个与以往不同的新的价值点；二是运营模式层面的创新，这里主要指交易结构的创新，也就是现金流运动模式的创新；三是对交易结构动态机制层次的创新，主要指新形成的交易结构在运行中，所需要的运行机制的创新。

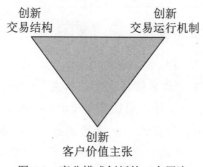

图 2-2 商业模式创新的三个层次

二、定位、价值主张和交易结构的创新

（一）定位和客户价值主张的创新

商业模式创新的核心在于定位的创新。这需要回答两个问题：企业的新业务是什么？应该向用户提供什么新的价值？

第一个问题是对业务进行创新定义。业务的创新定义就是收集环境变化的信息，尤其是社会大众行为、偏好的新变化,这些信息的背后往往预示着新的需求。在此基础上,企业要思考这些可能的新需求所可能演化出的新业务形态。企业将这个可能的新业务形态再与自身的资源和能力匹配,就可以定义出在新的环境下企业的新业务。

对业务进行创新定义的第一步是不断扫描环境,尤其是人的行为的变化。第二步是从新变化中挖掘新的需求点。第三步是按照业务形成的要件,把新的需求点和资源、能力匹配起来,勾勒出新业务的形态。58同城最开始的业务就是本地服务电话、网站大全。但随着互联网技术的渗透,借助丰富的信息便利工作和生活成为社会大众的需求。58同城捕捉到了这种需求的新变化,将自己的业务重新定义为"便利城市生活",为后续商业模式的创新打开了思路。

第二个问题是创新企业向客户提供的价值。一方面,技术的快速创新和大范围扩散,使得新技术和新产品快速走向应用。另一方面,受新技术和新产品的影响,人们的偏好变得和以往不同,催生出新的需求。这在客观上要求企业通过创新的产品和服务创造、传递新的价值。

第一种方法是质疑现有的关于谁是客户的思维定式,这可以通过问"我们的产品满足的是客户的什么需求"并探寻企业现在没有服务但有类似需求的客户来达到。第二种方法是从不同的角度开始思考。具体方法是,首先确定一个合适的客户标准,其次是用这个标准识别谁是目标客户,最后就是通过问"我们应该如何做才能吸引这些客户"来确定企业的目标客户。第三种方法是根据企业的资源和能力来选择客户。

第三个问题是企业应该向目标客户提供什么价值的产品或服务。任何企业都不可能把所有的客户作为自己的服务对象,也不可能向一个客户提供所有的产品和服务。定位需要解决的是在企业所有可提供的产品或服务中,应该将哪一种作为重点。

> **案例** 旧时饭店堂前鸭,飞入寻常百姓家——挖掘北京烤鸭的新价值
>
> 北京烤鸭历史久远,味道鲜美,常是亲朋聚会、商务宴请、旅游尝鲜等餐饮场景的必点"硬菜"。但美味的北京烤鸭也有"痛点"——传统的北京烤鸭从制作鸭坯到上桌有多达40道烦琐的工序,而任意环节的缺失都将会影响到最终的口感。
>
> 2020年新冠疫情期间,饭店关门、消费者居家自我隔离。在长时间的居家过程中,食材的短缺、烹饪技术的缺乏等,使得很多人难以忍受。尤其对于那些喜爱烤鸭的人而言,如何吃上正宗北京烤鸭成了心心念念的愿望。许多消费者在网上感叹"要是能在家吃上烤鸭就好了!"这一现象迅速被海尔食联网的张瑜所捕捉,并被迅速转化为对客户价值的洞察,随即一个引发客户价值创新的问题被顺理成章地提了出来:"北京烤鸭既然能挂在烤炉里烤,为什么不能放在烤箱里制作、在家消费呢?"
>
> 为此,海尔食联网的张瑜联合国宴大厨、养鸭场老板等烤鸭价值链上的各方,开始"革烤鸭的命"。由于疫情期间不方便出门,张瑜等人就在家中跟海尔厨电研发工程师一起研究更新烤箱程序,然后一遍遍反复实验:"一人一个烤箱,一天能烤废10只鸭子,全家人每天都吃烤鸭吃到崩溃。"

几位工程师以烤箱为触点,烤鸭大厨调制最适合家庭储藏、加工的鸭坯,物流寻找冷链环境,还有根据大厨经验编写出的预置烤制程序……一系列规范的产品创新活动的结果是,市场以 1 个月 20000 只的销售量对他们的工作做出了回应。

在家庭版烤鸭上线后,有消费者进一步提出了鸭子油脂多,且口味单一的问题。张瑜便与团队一起推出减脂烤鸭与风味烤鸭;有用户反映烤鸭烤好不会片,一整只吃不完等问题,海尔食联网又推出了"片制版北京烤鸭"。

因突发情况引发的消费者对北京烤鸭的新需求,被迅速转化为客户价值创新的出发点,其引爆的烤鸭场景不止为海尔带来了收益,价值共创的生态方也获得了丰厚的增值分享。烤鸭预制、冷链、鸭场等链条商整体收益平均增长 5%,参与的大厨个人也拿到了增值分享。

(二) 交易结构的创新

商业模式的本质是利益相关者的交易结构,其集中体现就是业务系统。

业务系统就是和交易有关的各利益主体,依据自身提供的产品(服务)或价值,与相关方进行交易,这些利益主体和这些交易的总体,构成了交易结构。

企业的利益相关者可以是产业价值链上的合作伙伴和竞争对手,例如,研发机构、制造商、供应商(又分为零部件、元器件、组件、设备等不同层级的供应商)、渠道等,还可以是企业内部的员工、金融机构等。

如何设计交易内容和交易方式,是企业运营的第一要务。业务系统直接决定了企业竞争力所在的层级。一部自行车,不管材料多么昂贵、耐用,骑车人技术多么娴熟,也不可能追上一辆由新手驾驶的汽车。从自行车到汽车,就是结构上的创新。

当现有业务系统不足以保持企业自身的竞争优势时,企业就要及时重构业务系统,抛弃原有结构,重新打造一个新的交易结构,提升竞争力层级和"维度",获取结构性竞争优势。

案例　　　　信用卡实现了交易结构的创新

在传统的消费领域,无论是去商店购买商品,还是在旅店支付服务费用,其交易结构如图 2-3 所示。

图 2-3　传统的零售交易结构

这种交易结构简单、直接,钱货两清,但也存在一个缺陷,即对于那些有着稳定工作和良好收入的顾客,如果出于某些特殊的原因,比如本月有大额支出,导致本月现金不足,则其本月的消费就无法顺利进行。而对于商家而言,按照以上的交易结构，只能等到顾客有足够的现金后，才能产生交易，不利于刺激购买、扩大市场。

正是看到以上"痛点"后，有的企业对上述交易结构进行了创新。

如图 2-4 所示，在新的交易结构中，引入了信用卡发卡企业和信用卡。一方面，信用卡发卡企业为办理了信用卡的顾客，在购物时提供信用，帮助顾客顺利地完成与商家的交易。另一方面，信用卡发卡企业与商家建立特许关系，当顾客用信用卡在某家商家购物后，在固定的时间（如月末）或通过刷卡机器，商家及时将刷卡的费用支付给信用卡发卡企业。

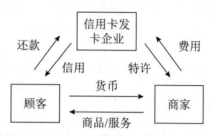

图 2-4　信用卡的引入创新传统交易结构

正是由于信用卡发卡企业的介入，使得原来只有两个利益相关者的传统消费交易，变成了一个具有三名利益相关者的新的交易结构。也正是这一交易结构上的创新，使得在原来结构下无法进行的交易得以进行。

第四节　商业模式案例解析

一、施乐：以交易方式创新带动新技术传播

（一）施乐——因商业模式创新而崛起

20 世纪 50 年代中期，美国商业复印市场上有两种成熟的复印技术，一种叫作光影湿法，另一种叫作热干法。这两种复印方法产生的复印品的质量都很差，例如总是把复印品弄得很脏，平均每台复印机每天只能复印 15～20 张复印件，复印件也不能持久保存，等等。当时复印机厂家盛行的做法是采用"一刀切"模式：以近乎成本价出售复印机设备，目的是吸引更多的客户购买，而对配件和耗材则单独收费，并且通常会在其成本之上加高价以获取高额利润。当时典型的办公用复印机的售价为 300 美元，而市场上 90%的复印机每个月的复印量都少于 100 张。

后来有一个叫作切斯特·卡尔森（Chester Carlson）的人发明了一项在当时可以称得上是令人惊奇的复印新技术，这项被叫作"静电复印术"的新技术的基本原理就是利用静电把色粉印在纸上。用这种技术复印出来的复印件是干的，页面既干净又整洁，复印的速度也非常快，每天可以达到数千张，远远高于当时采用前两种技术的复印机。卡尔森

找到了当时哈罗依德(Haloid)公司的总裁乔·威尔逊(Joe Wilson),并希望他能够将这项技术商业化。威尔逊认为这种新技术在办公复印市场上具有极大的价值和远大的发展前景,于是两人一起发明了一台利用静电复印技术复印的样机。但是,他后来发现,虽然每张复印件的可变成本与其他技术生产的复印件的可变成本(如配件成本、耗材成本等)可以保持相同,但每台复印机的生产成本却高达2 000美元。如何才能让客户为这种全新但高质量的技术支付这么贵的复印机价格呢?

经过一番思考,威尔逊决定为这台被命名为914型号的复印机寻找强有力的市场合作伙伴。其条件相当优惠:如果合作伙伴提供制造和营销服务的话,他们将以提供这种新的技术作为回报。他们向包括柯达、通用电气、IBM在内的大公司发出了邀请。有趣的是,IBM公司还为此专门委托了一家享有盛誉的咨询公司——ADL公司进行了认真负责并且具有高度专业精神的市场分析。其基本结论是:尽管静电复印技术在很多方面都很先进,但是"以更高的成本获得更好的质量"并不是一个可以取胜的诉求,"因为914型号复印机具有很多种功能,所以与其他同类设备相比,要想判断出它最适合的用途是非常困难的……也许缺乏特定用途是914型号复印机最大的缺陷,也是唯一的缺陷。"前两家公司也独立做出了相似的结论。这三家领导型公司都认为静电复印技术没有太大的商业价值,回绝了该邀请。

但是,威尔逊认为这几家公司的判断是完全错误的。经过努力,他最终设计出了一种全新的模式来开发914型号复印机的价值:为了克服复印机高昂的价格问题,Haloid公司于1959年9月26日开始以提供租赁服务的方式将914号复印机推向了市场。消费者每个月只需支付95美元就能租到一台复印机,在每个月内如果复印的张数不超过2 000张的话,则不需要再支付任何其他费用,超过2 000张以后,每张再支付4美分。Haloid公司(后来不久就改名为施乐公司)则同时提供所有必需的服务和技术支持,如果客户希望终止租约,只需提前15天通知公司即可。

令人难以置信的事情发生了:用户的办公室一旦安装了914型号复印机后,由于复印质量很高而且使用方便(不像湿法复印技术那样,会在复印品上弄上脏手印,也不像热干法那样,使用的热敏纸会慢慢变黄,甚至卷曲起来),用户每天——而不是每个月——就要复印2 000张。同时,这种用量还意味着从月租的第二天起,绝大多数复印机每多复印一张,就可以为Haloid公司带来额外的收入。在随后的十几年里,这种模式使公司的收入增长率一直保持在41%,其股权回报率(ROE)也一直长期稳定在20%左右。到了1972年,原本一家资本规模仅有3 000美元的小公司已经变成年收入高达25亿美元的商业巨头——施乐公司。

(二) 施乐的商业模式分析

1. 客户的价值主张

在公司的运营中,内部的行政性文书管理是使组织顺利运行的非常重要的一项管理活动。其中,文书、文档的复制是一项很重要的工作。这些文书、文档一方面是各种管理计划、命令、决策得以生效的凭证,另一方面记录着各种管理活动,对公司的组织管理非常重要。因此,如何能快速、低成本、大量地进行文书、文档的复制,就是公司文书管理市场的一大需求。

传统的光影湿法和热干法的主要缺点是：所复印的文档质量较差，不能长久保存，复印品表面脏污，复印速度慢等。新出现的"静电复印术"的特点是：复印品表面干净，复印的速度非常快，每天可以达到数千张。

由此可见，新的"静电复印术"比传统的复印技术在满足客户的功能需求方面具有"革命性"的提升。这种技术创新是代际的升级。因此，在满足客户价值诉求方面，"静电复印术"堪称完美。

2. 交易结构

采用传统的光影湿法和热干法，虽然所印出的复印件质量低劣，但在交易结构和价格方面却对用户非常"友好"：在销售方式方面，传统的光影湿法和热干法采用当时流行的"一刀切"模式，复印机设备和耗材分开买。在价格方面，采取设备低价、耗材高价的方式。

采用新式"静电复印术"制成的复印机，其所产生的复印件成本与传统技术下的复印件成本基本相同，但采用新式"静电复印术"所制成复印机的设备成本却高达2 000美元。如果像卖传统复印机一样卖的话，客户是绝不会接受的。

因此，新式复印技术进入市场的难点集中在：如何克服复印机设备按传统出售方式所造成的巨大的一次性采购成本。复印机的制造成本问题在短期内无法得到解决，因此，这个难题只能通过创新交易方式加以解决。

传统复印技术的交易方式是商业领域中常见的一次性货物交付方式，即卖方转移货物的全部权利（所有权、使用权等），买方按价格支付相应金额。这是一种非常古老和传统的交易方式，特点是：

- 交易一次性完成，钱货两清；
- 买卖双方只有一次交易机会，买方对价格的感知在一次性交易中发生。

新的交易方式要解决交易中复印机价格过高的问题，就需要把复印机的交易改为非一次性的、多次重复的交易，拉长交易时间，增加交易接触机会。同时，要把销售的重点放在低价的耗材上，通过耗材的使用消耗来提高交易机会，以此长期产生的收入来覆盖复印机设备的高价格。因此，新的销售方式不再是一次性的货物销售，而是着眼于客户长期使用设备的交易。由此，租机器、买/卖耗材的模式出现。

3. 交易机制

在具体的交易机制方面，施乐的做法具体如下。

第一，将昂贵的复印机一次性的交易价格，改为每月、每台复印机租金95美元，拉长交易时间和交易次数，大幅降低单次交易的价格。从用户取得设备使用权的角度，这个价格大大低于用户购买传统复印机设备的300美元的价格，从而降低用户在硬件使用方面的成本（95美元与300美元相比）。

第二，设置每月的复印张数标准，2 000张以下无须付费，超过2 000张以后，超过部分每张付4美分。如此一来，可以鼓励客户适度使用复印机复印，进一步降低客户的价格感受。由于静电复印术与传统复印术相比，有了代际的提升，质量非常好，所以客户一旦使用，就再也停不下来，不会再顾及2 000张的免费"上限"。因此，看似微不足道的额外的每张 4 美分的复印纸的价格反而成了一项巨额收入。

图 2-5 展示了施乐的商业模式，可供读者参考。

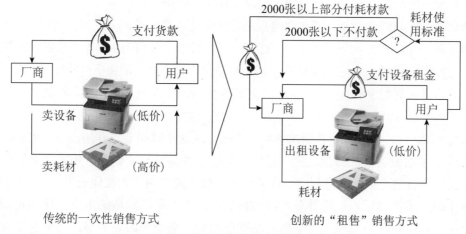

图 2-5 施乐的商业模式

二、小米：以社区商务方式创新商业模式

(一) 小米简介

小米科技有限责任公司正式成立于 2010 年 4 月。公司从成立之初，就因为独特的营销方式、新颖的运营方式和几何式增长的销售量，受到了业界的强烈关注。2018 年 7 月 9 日小米在港交所挂牌上市，公司上市的主体是"小米集团"，也就是说是小米的全部整体上市，包括了小米科技、小米金融等按业务划分的子公司，以及小米印度、小米新加坡等按地域划分的子公司，在开曼群岛注册成立，以不同投票权控制。从小米集团的财报来看，其营收主要来源是智能手机、IoT[①] 与生活消费产品、互联网服务及其他。

小米集团 2020 年第二季度的财报显示，在 2020 年上半年，小米集团总营收 1 032.4 亿元，净利润 66.6 亿元。其中第二季度营收为 535.4 亿元，同比增长 3.1%，净利润 45 亿元，同比增长 129.8%。在小米集团最为核心的手机业务板块，第二季度的收入为 316 亿元，同比下滑 1.2%，环比增长 4.3%，销量为 2 830 万部；2021 年第一季度小米手机销量则为 2 920 万部，去年同期为 3210 万部。

受优异的业绩影响，小米集团股价截至 2020 年 9 月已创自上市以来的新高。2020 年 8 月 14 日晚，恒生指数公司宣布小米集团被纳入恒生指数，权重为 2.59%。自 2020 年年初以来，小米集团的股价接近翻倍，有将近 98% 的涨幅，截至 2020 年 9 月 10 日，最新股价为 22 港元，总市值达到了 5 284 亿港币。2019 年和 2020 年小米集团连续两年进入《财富》世界 500 强排行榜，2020 年排名前进了 46 名。

---

① 小米 IoT 开发者平台，是小米面向消费类智能硬件领域的开放合作平台。

(二)小米①——社区商业模式崛起

小米自成立以来,没有建立线下的销售团队,没有去做全国的分销。在2012年12月前,从来不做广告。它没有自己的工厂,零库存,轻资产。

小米是这样介绍自己的:用互联网方式重新定义消费电子。

2011年,当雷军宣布说他们要去销售手机的时候,当时的情况是诺基亚已经江河日下,摩托罗拉要被Google(谷歌)收购。雷军从来没有过生产、销售手机的经验,这个领域的竞争是非常激烈的,所有人都认为,小米就像中国一些手机企业一样,要做一款山寨的手机。

2011年10月,小米真正开始销售智能手机。从这个时间节点开始,小米手机在短时间内爆发出了强大的成长力量。它一开始就打破传统,采用了新的营销方式。这种新的营销方式所爆发的力量,屡屡创造奇迹。小米手机被定义为"为发烧而生"。其不仅打破了品牌不能速成的神话,还通过事实告知我们,什么是品牌塑造的本质,什么是品牌构建的要害,什么是我们在现实当中创造品牌要做的。整个中国企业界,甚至包括雷军和他的合伙人,都被下面的这些事实惊呆了。

2011年10月,小米手机上市,仅上市两个月,就做到了55亿元的销售额。2012年,小米销售了719万部手机,事实上,在2012年初,雷军和他的合伙人预计能销售200万部手机就已经很不错了。

所有的商业模式都不是凭空想象的,而是需要企业依靠创新性的营销手段为顾客创造价值,不断迭代经验,进而推进自身成长。

2013年,小米销售了1 870万部手机,2013年12月当月就卖出了302.5万部,2014年上半年销售2 611万部手机,整个2014年手机出货量为6 112万部(见表2-2)。

表2-2 小米历年手机出货量(单位:万部)

	2012年	2013年	2014年	2015年	2016年	2017年	2018年	2019年
手机出货量	719	1 870	6 112	7 012	5 800	9 240	11 870	12 500

2013年10月15日,小米3手机第一轮开放购买时,仅用86秒,10万部手机就被抢购一空,瞬间产生近2亿元的销售额。很多企业发展10年,销售额都不一定达到10亿元,而小米却轻松达到几个亿。

(三)小米商业模式分析

小米成功后,社会上很多人开始研究小米的经验,总结出一个核心的观点:"打造极致的产品"。有的人认为,小米善于用社会媒体制造话题、进行炒作。雷军本人在谈到小米取得的成绩时,也用"专注极致、口碑、快"来阐述小米的成绩。雷军在联想演讲时进一步将小米的成绩归为三点:一是产品学同仁堂,品质好,还不贵;二是服务学海底

---

① 小米集团旗下有小米科技、小米香港、小米通讯、小米移动软件、珠海小米通讯、小米印度科技、重庆小米小额贷款等公司。为方便读者阅读,以下介绍简称小米。

捞，要产生口碑；三是运营学 Costco(开市客)，提高效率，低毛利率，比如小米消除了中间环节。这些观点还停留在阐述产品和运营上，属于认知的具体层面。要真正分析小米成绩的原因，还要回到商业模式所提供的概念体系上。

无论是做电子商务，还是做线下的零售店或者超市销售，最关键的是导入流量、聚客，这是商业成功最关键的一点。

1. 客户的价值主张

在 2010 年前后的中国手机市场上，以苹果、三星为代表的国外品牌价格明显偏高，价格动辄四五千元，同时还有一众国产低端的手机品牌，以一千元左右的价格在市场上销售，形成了高低分明的市场状态。国外品牌手机在外观、品质和功能等方面，远远超过国产手机，但也不是那么尽善尽美，很多功能和技术更多地照顾了国外消费者的习惯，对国内消费者考虑欠周。

在当时的高端机和低端机价格之间，存在一个相当幅度的价格区间。同时，在手机的质量、功能等方面，高端机和低端机之间也存在一个巨大的品质区间。因此，在 2010 年的中国手机市场上，存在一个明显的手机用户的价值主张。这个价值主张的主要内容可以归纳为两点：

第一，手机价格介于高端机和低端机之间；

第二，手机的外观、材料、功能、使用习惯在稳定、可靠的基础上，符合国内用户的习惯，尤其是功能和使用习惯更重要。

当时，很多人都看到了这一点，雷军也看到了。

雷军和他的团队不仅看到了以上两点，还看到了其他更深刻的价值诉求：智能手机看起来和以前的功能机差不多，但其核心不在于各种硬件(当然硬件也很重要)，就像电脑一样，手机的核心在于其操作系统。要想实现上面第二条，尤其是其中的功能和使用习惯，必须有一个优秀的手机操作系统。也就是说，手机产品的价值诉求点在于手机操作系统。

小米正是从 MIUI(米柚)操作系统做起的，实现了价值需求(第二条)的具象化和产品化，从而牢牢把握住了手机商业模式的原点——客户价值主张。

找到了手机操作系统这个价值诉求，商业模式整体的价值主张才刚刚开始。小米接下来要沿着价值诉求点向前延伸。

有人这样总结小米手机的定位理念，即"1 999 元的价格 + 顶级硬件配置 + 过得去的外观"。久而久之，这形成了小米手机"配置最好、价格很低"的产品画像。

2. 交易结构

按照中华人民共和国国家统计局发布的 2017 年《国民经济行业分类》(GB/T 4754—2017)，手机属于"制造业—计算机、通信和其他电子设备制造业—通信设备制造—通信终端设备制造"子行业。按照中国证监会发布的行业分类标准，手机被划为"制造业"中的"计算机、通信和其他电子设备制造业"。总之，手机属于典型的制造业。

图 2-6 展示了制造业传统的商业模式。其价值活动主要包括市场调研、产品设计开发、产品生产、产品分销等。

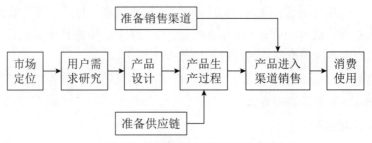

图 2-6 制造业传统的商业模式

在制造业传统的商业模式中,价值活动以线性方式沿着直线形态推进,其交易结构体现为以制造业企业为主体的线性"一维"形态。

小米则根据手机产品的特点和互联网时代社交、沟通、用户心理和行为方式的不同,对制造业传统的交易结构进行了颠覆性的改变,创立和引领了互联网时代制造业新的交易结构(见图 2-7)。

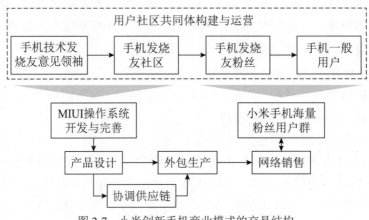

图 2-7 小米创新手机商业模式的交易结构

小米商业模式中的交易结构具有以下特点。

第一,网络化。从小米手机的交易结构形态来看,它是一个纵横交错的网络形态。从几何学的角度,纵横交错的网络形态比单一的线性形态具有更强的连接能力,而且,这种连接能力的提升是数量级的超越,而非是同一数量级中的数量增加。因此,在小米商业模式的交易结构中,它连接了更多的资源、用户和能力,其所产生的整体力量也更强。

第二,构建与用户强链接的社区,在交易结构中居于主导位置。由图 2-7 可以看出,与用户构建关系在交易结构中占了绝大部分位置,在面积上构成了交易结构图形的主体。实际上,在小米商业模式的交易结构中,与用户构建强链接的社区,创造一种崭新的"厂商—用户"社区生活方式,是整个交易结构的核心。社区就是共同体。小米与手机技术发烧友借助 MIUI 操作系统结成一个虚拟的网络共同体,共同讨论、共同改进、共同评测手机技术和功能,并将手机技术延伸到用户生活的方方面面,由此产生共同的生活方式、生活理念、生活态度和生活行为。

现实中,存在一群网络技术、手机技术的"民间高手",这些人是技术行家。他们在网络上组成了一个个的圈子,在每个圈子的顶层,都有几个"骨灰级"的技术发烧友。小米最初找到了 100 个这样的"发烧友",与他们交朋友。当然,与这些人交朋友,不是吃饭、游玩等,而是在各个技术社区开展有关技术的讨论、提问、解答、技术擂台赛、技术炫耀等。有了与技术"发烧友"的强链接,现在社会上流行的"吸粉"就变得顺理成章:以"骨灰级发烧友"为核心,按对技术的偏好程度依次减弱的方向,向周边逐步发展出了"次级技术发烧友""普通发烧友"和"技术爱好者"等群体,逐渐组成一个庞大的小米手机系统用户群。

第三,在销售端,摒弃线下实体渠道,通过网络销售把渠道缩短至极致。

第四,围绕利益相关者,搭建手机的软件生态圈。

小米手机在价格、硬件基础上,重新审视手机的利益相关者群体,经过梳理,建设起围绕自己的利益相关者的软件生态圈,提升小米手机的附加值。

一般而言,小米的"生态圈"涉及三个方面,即手机系统 MIUI、App 应用商店和社区互动。

- 手机系统 MIUI:负责开发 MIUI 的黎万强和黄江吉,负责修改 Android(安卓)源代码,进行深度美工、编码,既保证 MIUI 与 Android 软件兼容,又让 MIUI 更人性化,符合国人的习惯。
- App 应用商店:负责 App 商店的黎万强和黄江吉,将小米应用商店的网站(小米应用)嵌入其中,同时增加"小米主题"功能,供用户选择不同的手机主题。
- 社区互动:为了增加用户的黏性和参与程度,小米推出了小米论坛。在论坛上,用户可以交流手机的使用经验、手机美工和各种其他问题。

3. 交易结构的运行机制

(1) 通过技术和产品设计,将手机的功能、性能和价格匹配到最佳,让利用户的同时,保证供应链的利益。小米的目标是打造一款在品质方面高于低端机,同时价格低于国外高端品牌的好用的手机。因此,小米要同时面对企业自身、外部的手机生产供应商、广大的手机用户等三大利益相关者群体。如何在固定的价格空间里,将利益在这三者之间进行合理的分配,是考验小米"内功"的关键。

对于小米手机的粉丝用户来说,他们的利益点是:手机价格要显著低于苹果和三星;小米手机的功能数量不低于前两者,并且要有自己的特点;手机的性能可以低于前两者,但要在可忍受的范围内。

对于手机生产的供应链来说,其利益点是:加工制造难度在现有技术和设备范围内;价格合理;付款及时;订单持续而稳定。

对于小米而言,其利益点是:功能和性能方面性价比高;质量稳定;快速销售;快速回笼资金。

最终,在价格上,小米以 1 999 元为定位区间,在 1 999 元这一蓝海区间,以自己的定价(绝非低价),很好地维护了几方利益相关者的诉求。

(2) 通过预定手机,锁定用户,赢得资金的主动。2013 年 7 月底小米推出了红米手机,当时 24 小时被预订的手机数是 350 万部,72 个小时被预订的手机数是 750 万部。

预订是什么概念呢？传统企业的经营方式是先备货。备货，资金会被占压，而且厂家根本就不知道产品能否被销售出去。如果销售不完，形成库存，那么企业的利润就可能被吞噬掉。销售额越大，占用的资金就越多，风险也越大。

小米的这种经营方式是完全倒过来的，即它先有了订单再去生产，所以它能够准确地预知自己的生产量是多少。对制造业而言，这么大的生产量，供应链的生产能力是跟不上的，所以很多媒体说小米的模式是"饥饿营销"。事实不是这样的，由于现在手机供应链十分成熟，代工厂在几天内采购配件、组装生产、封装、交货，这允许小米先收款，再生产发货，缓解了资金压力。小米采用多批量、小批次的生产方式，以周为时间段，进行准时制（just in time，简称JIT）生产。

(3) 放弃自产，委托加工。小米手机在交易结构中的生产制造环节，采用"自主设计、加工外包"的方式。

在手机的设计环节，由原北京科技大学工业设计系主任林德负责手机的工业设计，设计手机的外观形状、布局和结构。

在手机的加工制造环节，由原摩托罗拉北京研发中心总监周光亚负责所有手机零部件的筛选、采购、生产线设计和代工企业的评价和筛选。小米以"为发烧友而生"为开发理念：在硬件上，元器件供应商几乎都是手机行业前三名的行业巨头，如屏幕采用LG和夏普的IPS屏（平面转换屏幕）；在外观上，采用简洁的设计，在美观和成本之间保持一种平衡。在早期，小米委托英华达以OEM方式生产手机，以实现"弱弱合作"的双赢；在用户粉丝群数量急剧扩大、市场占有率上升和品牌美誉度逐步上升后，小米同时委托英华达和富士康以OEM方式生产手机。

本章思考

1. 全聚德是一家以烤鸭为特色的连锁餐饮企业，是中国驰名商标之一、中华著名老字号，始建于1864年。全聚德主要从事以鸭坯及其他食品为主的食品研发、生产、加工、销售业务及餐饮服务。目前，其产品线形成了以真空包装原味烤鸭、入味烤鸭等为代表的预包装产品，以鸭休闲零食产品、鸭肉酥、蛋黄酥等为特色的即食休闲类产品及日常主食等系列产品。最近两年，全聚德的日子并不好过，企业出现了亏损。其他老字号，如天津狗不理包子，经营情况也不容乐观。

身处数字化时代，你认为如全聚德、狗不理包子等传统老字号餐饮企业如何通过商业模式的创新焕发新春？

2. 现实中，有很多经营成功的企业，实力雄厚，资源丰富，它们在各自的领域引领本行业的发展，但面对新的技术、新的用户价值时，它们中的很多企业不愿意进行变革，你认为原因是什么？

3. 商业模式对于创业企业很重要，但也有创业者说创业企业不要太看重商业模式。你如何理解？

第三章
创业企业公司治理

> 创业,本来就是为了做自己命运的主宰者,即使你不得不融资,也应该是:股份让多少都可以,但一定要保留投票权。
>
> ——徐小平,真格基金创始人

学习目标

1. 掌握公司治理的基本概念和基本原理
2. 掌握企业的法律形式及其特征
3. 理解股权和公司控制权的概念和原理
4. 掌握股权激励的概念和原理

案例 　　　　　　　　　　**星巴克的公司治理**

星巴克(Starbucks)是美国连锁咖啡公司,由杰夫·西格、杰里·鲍德温和戈登·波克于1971年在美国西雅图创立。星巴克在全球拥有超过32 000家门店,出售多款浓缩咖啡、冷热咖啡饮料、各式糕点、咖啡机和咖啡杯等商品。1987年,霍华德·舒尔茨买下星巴克,使星巴克由经营咖啡豆业务转型为意大利咖啡屋。1998年,星巴克进入中国。2021年8月20日,《2021胡润世界500强》排行榜发布,星巴克以9060亿元价值,位列第91名。

星巴克身处竞争已成"红海"的快速消费品行业中的即时饮料细分行业,其有效、适宜的公司治理结构支撑了公司的快速发展。星巴克公司的公司治理情况如下。

星巴克的股权分散时期

1. 股权和控制权相对集中(1971—1992年)

从1971年创立到1985年霍华德·舒尔茨离开星巴克,整个星巴克的股权和控制权几乎都掌握在同样的人手里,即股东。1987年,霍华德·舒尔茨在当地投资者的帮助下以400万美元购买了星巴克的全部股份后,公司的控制权几乎在他一个人手中。1989年,公司允许全职和兼职员工购买公司股份,这是公司股权走向分散的开始。

2. 股权和控制权分离(1992年至今)

1992年,星巴克在纳斯达克成功上市,股票代码为:SBUX,公司的股票可以在二级市场公开交易。这是公司股权结构发生变化的转折点，其后公司分别在1994年、1996年、1999年和2001年进行了四次2∶1股票分割，使得股权以很快的速度分散。由于星巴克公司很注意股权的均匀分散，防止股东掌握过多股份从而有实力干预公司经营，因此公司控制权始终掌握在高层管理者手中，初步实现了股权和控制权的分离。

1993年和1995年，公司两次发行共计24.55亿美元，利率为4.5%的可转换债券，并分别于1996年和1997年将这些可转换债券转成普通股。

2003年，公司共有股东12 000余人，其中没有一个人持有的股份超过3%。这说明现在星巴克的股权已经完全分散，拥有公司0.5%以上股权的人就可以算作大股东了，这使得公司控制权仍然牢牢掌握在高层管理者手中。

星巴克的股票期权制度

星巴克在1991年就设立了股票投资方案，允许员工以折扣价购买股票，所有员工都有机会拥有公司的股份。由于股票价格不断上涨，公司给员工的期权价值也很大。

值得注意的是，星巴克实行股权激励计划，与其人力资源政策有关。公司人力资源主管曾指出："本公司采取以员工进取心为重心的管理方式。"为了争取员工向心力，公司1991年开始实行优先购股权，1995年实行股票购买计划，让员工站在与经营者相同的立场上，真正成为企业的"合伙人"。公司约一半员工参与了其中一个或全部计划。

星巴克公司规定：只要是从4月1日到当年财政年度结束前受雇，在这期间工作时间不低于500小时，1月分配购股权时仍在公司工作的员工都可享受到优先购股权，员工获得的购股权股票数额是工资的一定百分比；任何工作90天以上，且每周至少工作20小时的雇员都能以15%的折扣购买公司股票，支付的现金从工资单中扣除。

星巴克是第一家，也是为数不多的向兼职员工授予优先购股权的私有公司。虽然实际上许多员工在拿到股票之前就离职了，但是这个一般只针对科技新贵的举动，还是对占星巴克员工2/3、收入从最低工资起跳的以小时计薪的兼职员工很具有鼓舞作用。

除了持股计划以外，公司所有雇员还享受健康、牙齿和视力保险，以及职业咨询、带薪假期和产品折扣等福利优惠。这些福利政策使得该公司在零售行业独树一帜。很多相似的公司都不愿意向兼职员工提供优厚的福利待遇，但星巴克公司认为这样做值得，因为2/3以上的雇员都是兼职雇员。这个举动不但成为管理经典，甚至惊动了美国政府。1994年，美国时任总统克林顿邀请霍华德·舒尔茨会谈，向他请教星巴克的医疗保险计划。霍华德·舒尔茨当初大概没有想到，照顾好员工的利益竟使他成为白宫的座上宾。

星巴克的人力资源管理和薪酬一体化提升了公司的文化和价值观，优先购股权计划不仅吸引到许多优秀人才，还保持着较低的离职率。现在它的年平均离职率在底开始了新一轮的发力。

经过数据分析，红孩子发现自己的目标消费者——年轻妈妈们是家庭购物的核心，她们消费比较稳定，多以家庭消费为主。因此，红孩子决定从母婴用品销售商转型为家庭用品销售商。在母婴用品目录的基础上增加了《时尚红妆》《生活时尚馆》《健康生活馆》三本册子，产品线延伸至化妆品、保健品、家居、3C用品(计算机、通信和消费电子产品三类电子产品)等多个品类，面向老人、婴幼儿和年轻女性消费群体。

2008年下半年，红孩子开设了新的B2C(商对客)平台RedMall(红孩子分期购物网)，主打3C数码、户外运动、箱包皮具等多个品类，主要针对男性消费群体。

相比于传统零售业，红孩子最重要的优势是能通过网站精确掌握消费者数据，在最贴近消费者的地方收集市场需求，并以此为核心拓展业务范围。这不同于传统零售业的商业模式。在传统零售业，大部分商场都是先招商，然后再吸引顾客群，并且对消费者群体进行分析，以提升销售额。而红孩子则是通过对既有消费者群体的深度了解和数据挖掘，反向开拓产品线，进而拓展业务范围。

这就是挖掘数据价值设计有效的商业模式,它让红孩子能迅速组织资源,以响应市场需求。这种以市场为起点的反向扩张,令红孩子拥有传统零售业难以比拟的扩张速度,最为重要的是,红孩子以数据作为引擎的扩张,提升了资本杠杆的效率。几年来,红孩子每年都保持着200%以上的增长,归根结底都是通过数据分析,设计和完善有效的商业模式,开拓新业务领域。

(二)商业模式的前瞻性

前瞻性是商业模式的灵魂所在。商业模式是与企业的经营目的相联系的,并且要和企业发展目标有机结合。商业模式就是企业为达到自己的经营目的而选择的运营机制。企业的运营机制反映了企业持续达到其主要目标的本质内在联系。企业以盈利为目的,它的运营机制必然突出确保其成功的独特能力和手段——吸引客户、雇员和投资者,在保证盈利的前提下向市场提供产品和服务。

但是,仅如此显然是不够的,因为这只是商业模式的"现在式",而商业模式的灵魂和活力则在于它的"将来式",即前瞻性。也就是说,企业必须在动态的环境中保持自身商业模式的灵活反应、及时修正、快速进步和快速适应。一句话,就是具有长久的适用性和有效性,以达到持续盈利的目的。

> **案例** 疫情倒逼创业企业商业模式创新
>
> 都说写字楼是门不好做的生意,尤其2020年更加艰难。但贾凡不这么认为。
>
> 贾凡是蜜蜂科技BEEPLUS创始人兼CEO,2015年他就一头扎进"新办公"赛道,这几年在深圳、珠海等地做了好几个"新办公"空间项目。这是一个服务其他企业的生意,也是反映经济活跃程度的晴雨表。

受到新冠肺炎疫情的冲击，做这门生意的公司的压力更大了。高力国际最新发布的数据显示，截至2020年第二季度，深圳甲级写字楼的空置率为20.6%。身处其中，贾凡也坦言："焦虑感明显比往年更严重了。"

但其实截至8月底，他创办的公司经营业绩已经超过2019年全年。贾凡觉得，这得益于公司在2018年就做了轻资产化的转型，更得益于疫情以来自己和团队的主动应对，从危险中寻找机遇。

新冠肺炎疫情以来，贾凡看到不少企业从写字楼退租，寻找更灵活、有性价比的办公空间。而他带领团队建设的新办公空间，恰好满足了这些业务和收入受冲击的企业需求。从2018年开始，他就将公司的主营业务从自营式的联合办公，转向主打运营、服务的"新办公"，一方面把办公空间的装修、运营全包下来，"甚至连水杯都配好了"，企业客户可以拎包入住；另一方面也引入更多交流、分享甚至融资的资源，增强中小企业开展合作、拓展业务的机会。

"原来市场好的时候，深圳最核心区域的租金一直在上涨，闭着眼睛都有客户上门，现在才明白租金原来会掉(下来)的。"在他看来，2020年的经济形势对"服务企业的企业"来说，最深刻的教训也是最直白的道理就一条——怎么把服务做好。

目前，BEEPLUS已累计服务客户近千家。虽然眼下还没看到完全恢复的迹象，但他跟客户交流时总会强调一句：经济的本质就是信心，大家要对未来有信心。

在经济形势下行的时候，企业家的信心比黄金更值钱。即使面对外部的打压，中国企业家也自信能从中寻找到发展的机会。

2020年9月1日，科技企业科大讯飞召开了一场发布会，其轮值总裁胡郁在发布会上调侃道："我们在2019年10月8日被列入了'实体清单'，这可能是因为我们的技术太先进。"话音刚落，台下就传来了一阵掌声。

在封锁面前开玩笑，要有底气，也要有信心。作为企业家，胡郁在1999年参与创立了科大讯飞，让一个18人的小公司成长为国内语音产业的"领头羊"，还频频在各种国际技术赛事上"刷榜"。

胡郁强调，科大讯飞一直坚持源头技术自主创新，拥有的核心技术全部来自自主研发，拥有自主知识产权。"实体清单确实对我们的国际化会有一定的影响，但是对于我们进一步坚持自力更生，坚持自主研发，反而是一个推动力。"

巨大的国内市场潜力是他们的底气。半年报显示，尽管受到疫情的不利影响，但该公司上半年营收43.49亿，同比增长2.86%。其中，智慧教育和智慧医疗业务分别实现了35%和665%的增长；消费端的拳头产品翻译机，因目标客户是出国旅游群体，在上半年的销售呈现了断崖式下跌，但其他智能硬件产品销售额同比增长超过140%。

"这么大的市场，如果有很好的布局和坚持的话，能走出一条自己的道路。"在胡郁看来，国内的人工智能应用市场仍然前景广阔，还有很多机会等待"掘金"，而企业家应该要有"危中寻机"的信心和准备。

第三节 商业模式创新

一、商业模式创新的概念

商业模式创新,是指随着环境的变化,例如技术创新和应用、客户需求和偏好转移、政策规则的废止和变更,企业通过改变商业模式系统的一个或多个构成要素,或者各个要素之间的关系,或反馈作用,形成新的交易结构,促成新的现金流循环,从而在整体上表现出与原有的商业模式不同的形态和运作特征的过程。

商业模式创新的目的主要有以下三个。

第一,创新商业模式以适应变化后的新环境。

第二,创新商业模式以克服原来商业模式中不完善的组成要素、要素间的联系等,使商业模式运转更加顺畅。

第三,创新商业模式以保持竞争优势、构建新的竞争优势,促进企业持续发展。

商业模式创新,可以分为三个层次,如图 2-2 所示。一是基础层面的创新,即对客户的价值主张和价值诉求进行重新定义、清晰描述、挖掘提炼等,使之出现一个公司的新的价值点;二是运营模式层面的创新,这里主要指交易结构的创新,也即运动模式的创新;三是对交易结构动态机制层次的创新,主要指新形成的交易运行中,所需要的运行机制的创新。

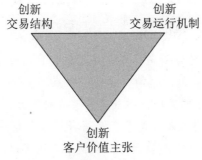

图 2-2 商业模式创新的三个层次

二、定位、价值主张和交易结构的创新

(一) 定位和客户价值主张的创新

商业模式创新的核心在于定位的创新。这需要回答两个问题:企业的新业务是什么?应该向用户提供什么新的价值?

第一个问题是对业务进行创新定义。业务的创新定义就是收集环境变化的信息,尤其是社会大众行为、偏好的新变化，这些信息的背后往往预示着新的需求。在此基础上，企业要思考这些可能的新需求所可能演化出的新业务形态。企业将这个可能的新业务形态再与自身的资源和能力匹配，就可以定义出在新的环境下企业的新业务。

对业务进行创新定义的第一步是不断扫描环境，尤其是人的行为的变化。第二步是从新变化中挖掘新的需求点。第三步是按照业务形成的要件，把新的需求点和资源、能力匹配起来，勾勒出新业务的形态。58同城最开始的业务就是本地服务电话、网站大全。但随着互联网技术的渗透，借助丰富的信息便利工作和生活成为社会大众的需求。58同城捕捉到了这种需求的新变化，将自己的业务重新定义为"便利城市生活"，为后续商业模式的创新打开了思路。

第二个问题是创新企业向客户提供的价值。一方面，技术的快速创新和大范围扩散，使得新技术和新产品快速走向应用。另一方面，受新技术和新产品的影响，人们的偏好变得和以往不同，催生出新的需求。这在客观上要求企业通过创新的产品和服务创造、传递新的价值。

第一种方法是质疑现有的关于谁是客户的思维定式，这可以通过问"我们的产品满足的是客户的什么需求"并探寻企业现在没有服务但有类似需求的客户来达到。第二种方法是从不同的角度开始思考。具体方法是，首先确定一个合适的客户标准，其次是用这个标准识别谁是目标客户，最后就是通过问"我们应该如何做才能吸引这些客户"确定企业的目标客户。第三种方法是根据企业的资源和能力来选择客户。

第三个问题是企业应该向目标客户提供什么价值的产品或服务。任何企业把所有的客户作为自己的服务对象，也不可能向一个客户提供所有的产品和服务需要解决的是在企业所有可提供的产品或服务中，应该将哪一种作为重点。

案例　旧时饭店堂前鸭，飞入寻常百姓家——挖掘北京烤鸭的新价值

北京烤鸭历史久远，味道鲜美，常是亲朋聚会、商务宴请、旅游尝鲜等餐饮场景的必点"硬菜"。但美味的北京烤鸭也有"痛点"——传统的北京烤鸭从制作鸭坯到上桌有多达40道烦琐的工序，而任意环节的缺失都将会影响到最终的口感。

2020年新冠疫情期间，饭店关门、消费者居家自我隔离。在长时间的居家过程中，食材的短缺、烹饪技术的缺乏等，使得很多人难以忍受。尤其对于那些喜爱烤鸭的人而言，如何吃上正宗北京烤鸭成了心心念念的愿望。许多消费者在网上感叹"要是能在家吃上烤鸭就好了！"这一现象迅速被海尔食联网的张瑜所捕捉，并被迅速转化为对客户价值的洞察，随即一个引发客户价值创新的问题被顺理成章地提了出来："北京烤鸭既然能挂在烤炉里烤，为什么不能放在烤箱里制作、在家消费呢？"

为此，海尔食联网的张瑜联合国宴大厨、养鸭场老板等烤鸭价值链上的各方，开始"革烤鸭的命"。由于疫情期间不方便出门，张瑜等人就在家中跟海尔厨电研发工程师一起研究更新烤箱程序，然后一遍遍反复实验："一人一个烤箱，一天能烤废10只鸭子，全家人每天都吃烤鸭吃到崩溃。"

> 几位工程师以烤箱为触点，烤鸭大厨调制最适合家庭储藏、加工的鸭坯，物流寻找冷链环境，还有根据大厨经验编写出的预置烤制程序……一系列规范的产品创新活动的结果是，市场以1个月20000只的销售量对他们的工作做出了回应。
>
> 在家庭版烤鸭上线后，有消费者进一步提出了鸭子油脂多，且口味单一的问题。张瑜便与团队一起推出减脂烤鸭与风味烤鸭；有用户反映烤鸭烤好不会片，一整只吃不完等问题，海尔食联网又推出了"片制版北京烤鸭"。
>
> 因突发情况引发的消费者对北京烤鸭的新需求，被迅速转化为客户价值创新的出发点，其引爆的烤鸭场景不止为海尔带来了收益，价值共创的生态方也获得了丰厚的增值分享。烤鸭预制、冷链、鸭场等链条商整体收益平均增长5%，参与的大厨个人也拿到了增值分享。

（二）交易结构的创新

商业模式的本质是利益相关者的交易结构，其集中体现就是业务系统。

业务系统就是和交易有关的各利益主体，依据自身提供的产品（服务）或价值，与相〔关方〕进行交易，这些利益主体和这些交易的总体，构成了交易结构。

〔这些〕的利益相关者可以是产业价值链上的合作伙伴和竞争对手，例如，研发机构、〔（〕供应商（又分为零部件、元器件、组件、设备等不同层级的供应商）、渠道等，〔以及〕企业内部的员工、金融机构等。

〔设〕计交易内容和交易方式，是企业运营的第一要务。业务系统直接决定了企业〔竞争〕所在的层级。一部自行车，不管材料多么昂贵、耐用，骑车人技术多么娴熟，也〔不〕可能追上一辆由新手驾驶的汽车。从自行车到汽车，就是结构上的创新。

当现有业务系统不足以保持企业自身的竞争优势时，企业就要及时重构业务系统，抛弃原有结构，重新打造一个新的交易结构，提升竞争力层级和"维度"，获取结构性竞争优势。

> **案例　　信用卡实现了交易结构的创新**
>
> 在传统的消费领域，无论是去商店购买商品，还是在旅店支付服务费用，其交易结构如图2-3所示。
>
>
>
> 图2-3　传统的零售交易结构
>
> 这种交易结构简单、直接，钱货两清，但也存在一个缺陷，即对于那些有着稳定工作和良好收入的顾客，如果出于某些特殊的原因，比如本月有大额支出，导致本月现金不足，则其本月的消费就无法顺利进行。而对于商家而言，按照以上的交易

结构，只能等到顾客有足够的现金后，才能产生交易，不利于刺激购买、扩大市场。

正是看到以上"痛点"后，有的企业对上述交易结构进行了创新。

如图2-4所示，在新的交易结构中，引入了信用卡发卡企业和信用卡。一方面，信用卡发卡企业为办理了信用卡的顾客，在购物时提供信用，帮助顾客顺利地完成与商家的交易。另一方面，信用卡发卡企业与商家建立特许关系，当顾客用信用卡在某家商家购物后，在固定的时间(如月末)或通过刷卡机器，商家及时将刷卡的费用支付给信用卡发卡企业。

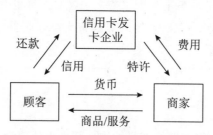

图 2-4　信用卡的引入创新传统交易结构

正是由于信用卡发卡企业的介入，使得原来只有两个利益相关者的传统消费交易，变成了一个具有三名利益相关者的新的交易结构。也正是这一交易结构上的创新，使得在原来结构下无法进行的交易得以进行。

第四节　商业模式案例解析

一、施乐：以交易方式创新带动新技术传播

(一) 施乐——因商业模式创新而崛起

20世纪50年代中期，美国商业复印市场上有两种成熟的复印技术，一种叫作光影湿法，另一种叫作热干法。这两种复印方法产生的复印品的质量都很差，例如总是把复印品弄得很脏，平均每台复印机每天只能复印15～20张复印件，复印件也不能持久保存，等等。当时复印机厂家盛行的做法是采用"一刀切"模式：以近乎成本价出售复印机设备，目的是吸引更多的客户购买，而对配件和耗材则单独收费，并且通常会在其成本之上加高价以获取高额利润。当时典型的办公用复印机的售价为300美元，而市场上90%的复印机每个月的复印量都少于100张。

后来有一个叫作切斯特·卡尔森(Chester Carlson)的人发明了一项在当时可以称得上是令人惊奇的复印新技术，这项被叫作"静电复印术"的新技术的基本原理就是利用静电把色粉印在纸上。用这种技术复印出来的复印件是干的，页面既干净又整洁，复印的速度也非常快，每天可以达到数千张，远远高于当时采用前两种技术的复印机。卡尔森

找到了当时哈罗依德(Haloid)公司的总裁乔·威尔逊(Joe Wilson),并希望他能够将这项技术商业化。威尔逊认为这种新技术在办公复印市场上具有极大的价值和远大的发展前景,于是两人一起发明了一台利用静电复印技术复印的样机。但是,他后来发现,虽然每张复印件的可变成本与其他技术生产的复印件的可变成本(如配件成本、耗材成本等)可以保持相同,但每台复印机的生产成本却高达2 000美元。如何才能让客户为这种全新但高质量的技术支付这么贵的复印机价格呢?

经过一番思考,威尔逊决定为这台被命名为914型号的复印机寻找强有力的市场合作伙伴。其条件相当优惠:如果合作伙伴提供制造和营销服务的话,他们将以提供这种新的技术作为回报。他们向包括柯达、通用电气、IBM在内的大公司发出了邀请。有趣的是,IBM公司还为此专门委托了一家享有盛誉的咨询公司——ADL公司进行了认真负责并且具有高度专业精神的市场分析。其基本结论是:尽管静电复印技术在很多方面都很先进,但是"以更高的成本获得更好的质量"并不是一个可以取胜的诉求,"因为914型号复印机具有很多种功能,所以与其他同类设备相比,要想判断出它最适合的用途是非常困难的……也许缺乏特定用途是914型号复印机最大的缺陷,也是唯一的缺陷。"前两家公司也独立做出了相似的结论。这三家领导型公司都认为静电复印技术没有太大的商业价值,回绝了该邀请。

但是,威尔逊认为这几家公司的判断是完全错误的。经过努力,他最终设计出了一套新的模式来开发914型号复印机的价值:为了克服复印机高昂的价格问题,Haloid公司9月26日开始以提供租赁服务的方式将914号复印机推向了市场。消费者需支付95美元就能租到一台复印机,在每个月内如果复印的张数不超过2 000则不需要再支付任何其他费用,超过2 000张以后,每张再支付4美分。Haloid公司(后来不久就改名为施乐公司)则同时提供所有必需的服务和技术支持,如果客户希望终止租约,只需提前15天通知公司即可。

令人难以置信的事情发生了:用户的办公室一旦安装了914型号复印机后,由于复印质量很高而且使用方便(不像湿法复印技术那样,会在复印品上弄上脏手印,也不像热干法那样,使用的热敏纸会慢慢变黄,甚至卷曲起来),用户每天——而不是每个月——就要复印2 000张。同时,这种用量还意味着从月租的第二天起,绝大多数复印机每多复印一张,就可以为Haloid公司带来额外的收入。在随后的十几年里,这种模式使公司的收入增长率一直保持在41%,其股权回报率(ROE)也一直长期稳定在20%左右。到了1972年,原本一家资本规模仅有3 000美元的小公司已经变成年收入高达25亿美元的商业巨头——施乐公司。

(二)施乐的商业模式分析

1. 客户的价值主张

在公司的运营中,内部的行政性文书管理是使组织顺利运行的非常重要的一项管理活动。其中,文书、文档的复制是一项很重要的工作。这些文书、文档一方面是各种管理计划、命令、决策得以生效的凭证,另一方面记录着各种管理活动,对公司的组织管理非常重要。因此,如何能快速、低成本、大量地进行文书、文档的复制,就是公司文书管理市场的一大需求。

传统的光影湿法和热干法的主要缺点是：所复印的文档质量较差，不能长久保存，复印品表面脏污，复印速度慢等。新出现的"静电复印术"的特点是：复印品表面干净，复印的速度非常快，每天可以达到数千张。

由此可见，新的"静电复印术"比传统的复印技术在满足客户的功能需求方面具有"革命性"的提升。这种技术创新是代际的升级。因此，在满足客户价值诉求方面，"静电复印术"堪称完美。

2. 交易结构

采用传统的光影湿法和热干法，虽然所印出的复印件质量低劣，但在交易结构和价格方面却对用户非常"友好"：在销售方式方面，传统的光影湿法和热干法采用当时流行的"一刀切"模式，复印机设备和耗材分开买。在价格方面，采取设备低价、耗材高价的方式。

采用新式"静电复印术"制成的复印机，其所产生的复印件成本与传统技术下的复印件成本基本相同，但采用新式"静电复印术"所制成复印机的设备成本却高达 2 000 美元。如果像卖传统复印机一样卖的话，客户是绝不会接受的。

因此，新式复印技术进入市场的难点集中在：如何克服复印机设备按传统出售方式所造成的巨大的一次性采购成本。复印机的制造成本问题在短期内无法得到解决，因此这个难题只能通过创新交易方式加以解决。

传统复印技术的交易方式是商业领域中常见的一次性货物交付方式，即卖物的全部权利(所有权、使用权等)，买方按价格支付相应金额。这是一种非常统的交易方式，特点是：

- 交易一次性完成，钱货两清；
- 买卖双方只有一次交易机会，买方对价格的感知在一次性交易中发生。

新的交易方式要解决交易中复印机价格过高的问题，就需要把复印机的交易改为非一次性的、多次重复的交易，拉长交易时间，增加交易接触机会。同时，要把销售的重点放在低价的耗材上，通过耗材的使用消耗来提高交易机会，以此长期产生的收入来覆盖复印机设备的高价格。因此，新的销售方式不再是一次性的货物销售，而是着眼于客户长期使用设备的交易。由此，租机器、买/卖耗材的模式出现。

3. 交易机制

在具体的交易机制方面，施乐的做法具体如下。

第一，将昂贵的复印机一次性的交易价格，改为每月、每台复印机租金 95 美元，拉长交易时间和交易次数，大幅降低单次交易的价格。从用户取得设备使用权的角度，这个价格大大低于用户购买传统复印机设备的 300 美元的价格，从而降低用户在硬件使用方面的成本(95 美元与 300 美元相比)。

第二，设置每月的复印张数标准，2 000 张以下无须付费，超过 2 000 张以后，超过部分每张付 4 美分。如此一来，可以鼓励客户适度使用复印机复印，进一步降低客户的价格感受。由于静电复印术与传统复印术相比，有了代际的提升，质量非常好，所以客户一旦使用，就再也停不下来，不会再顾及 2 000 张的免费"上限"。因此，看似微不足道的额外的每张 4 美分的复印纸的价格反而成了一项巨额收入。

图 2-5 展示了施乐的商业模式，可供读者参考。

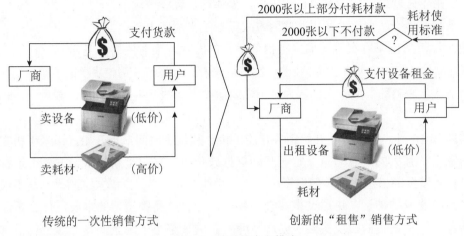

图 2-5　施乐的商业模式

二、小米：以社区商务方式创新商业模式

（一）小米简介

小米科技有限责任公司正式成立于 2010 年 4 月。公司从成立之初，就因为独特的营销方式、新颖的运营方式和几何式增长的销售量，受到了业界的强烈关注。2018 年 7 月 9 日，小米在港交所挂牌上市，公司上市的主体是"小米集团"，也就是说是小米的全部整体上市，包括了小米科技、小米金融等按业务划分的子公司，以及小米印度、小米新加坡等按地域划分的子公司，在开曼群岛注册成立，以不同投票权控制。从小米集团的财报来看，其营收主要来源是智能手机、IoT[①]与生活消费产品、互联网服务及其他。

小米集团 2020 年第二季度的财报显示，在 2020 年上半年，小米集团总营收 1 032.4 亿元，净利润 66.6 亿元。其中第二季度营收为 535.4 亿元，同比增长 3.1%，净利润 45 亿元，同比增长 129.8%。在小米集团最为核心的手机业务板块，第二季度的收入为 316 亿元，同比下滑 1.2%，环比增长 4.3%，销量为 2 830 万部；2021 年第一季度小米手机销量则为 2 920 万部，去年同期为 3210 万部。

受优异的业绩影响，小米集团股价截至 2020 年 9 月已创自上市以来的新高。2020 年 8 月 14 日晚，恒生指数公司宣布小米集团被纳入恒生指数，权重为 2.59%。自 2020 年年初以来，小米集团的股价接近翻倍，有将近 98% 的涨幅，截至 2020 年 9 月 10 日，最新股价为 22 港元，总市值达到了 5 284 亿港币。2019 年和 2020 年小米集团连续两年进入《财富》世界 500 强排行榜，2020 年排名前进了 46 名。

---

① 小米 IoT 开发者平台，是小米面向消费类智能硬件领域的开放合作平台。

（二）小米①——社区商业模式崛起

小米自成立以来，没有建立线下的销售团队，没有去做全国的分销。在2012年12月前，从来不做广告。它没有自己的工厂，零库存，轻资产。

小米是这样介绍自己的：用互联网方式重新定义消费电子。

2011年，当雷军宣布说他们要去销售手机的时候，当时的情况是诺基亚已经江河日下，摩托罗拉要被Google(谷歌)收购。雷军从来没有过生产、销售手机的经验，这个领域的竞争是非常激烈的，所有人都认为，小米就像中国一些手机企业一样，要做一款山寨的手机。

2011年10月，小米真正开始销售智能手机。从这个时间节点开始，小米手机在短时间内爆发出了强大的成长力量。它一开始就打破传统，采用了新的营销方式。这种新的营销方式所爆发的力量，屡屡创造奇迹。小米手机被定义为"为发烧而生"。其不仅打破了品牌不能速成的神话，还通过事实告知我们，什么是品牌塑造的本质，什么是品牌构建的要害，什么是我们在现实当中创造品牌要做的。整个中国企业界，甚至包括雷军和他的合伙人，都被下面的这些事实惊呆了。

2011年10月，小米手机上市，仅上市两个月，就做到了55亿元的销售额。2012年，小米销售了719万部手机，事实上，在2012年初，雷军和他的合伙人预计能销售200万部手机就已经很不错了。

所有的商业模式都不是凭空想象的，而是需要企业依靠创新性的营销手段创造价值，不断迭代经验，进而推进自身成长。

2013年，小米销售了1 870万部手机，2013年12月当月就卖出了302.5万部，2014年上半年销售2 611万部手机，整个2014年手机出货量为6 112万部（见表2-2）。

表2-2　小米历年手机出货量（单位：万部）

	2012年	2013年	2014年	2015年	2016年	2017年	2018年	2019年
手机出货量	719	1 870	6 112	7 012	5 800	9 240	11 870	12 500

2013年10月15日，小米3手机第一轮开放购买时，仅用86秒，10万部手机就被抢购一空，瞬间产生近2亿元的销售额。很多企业发展10年，销售额都不一定达到10亿元，而小米却轻松达到几个亿。

（三）小米商业模式分析

小米成功后，社会上很多人开始研究小米的经验，总结出一个核心的观点："打造极致的产品"。有的人认为，小米善于用社会媒体制造话题、进行炒作。雷军本人在谈到小米取得的成绩时，也用"专注极致、口碑、快"来阐述小米的成绩。雷军在联想演讲时进一步将小米的成绩归为三点：一是产品学同仁堂，品质好，还不贵；二是服务学海底

---

① 小米集团旗下有小米科技、小米香港、小米通讯、小米移动软件、珠海小米通讯、小米印度科技、重庆小米小额贷款等公司。为方便读者阅读，以下介绍简称小米。

捞，要产生口碑；三是运营学 Costco(开市客)，提高效率，低毛利率，比如小米消除了中间环节。这些观点还停留在阐述产品和运营上，属于认知的具体层面。要真正分析小米成绩的原因，还要回到商业模式所提供的概念体系上。

无论是做电子商务，还是做线下的零售店或者超市销售，最关键的是导入流量、聚客，这是商业成功最关键的一点。

1. 客户的价值主张

在 2010 年前后的中国手机市场上，以苹果、三星为代表的国外品牌价格明显偏高，价格动辄四五千元，同时还有一众国产低端的手机品牌，以一千元左右的价格在市场上销售，形成了高低分明的市场状态。国外品牌手机在外观、品质和功能等方面，远远超过国产手机，但也不是那么尽善尽美，很多功能和技术更多地照顾了国外消费者的习惯，对国内消费者考虑欠周。

在当时的高端机和低端机价格之间，存在一个相当幅度的价格区间。同时，在手机的质量、功能等方面，高端机和低端机之间也存在一个巨大的品质区间。因此，在 2010 年的中国手机市场上，存在一个明显的手机用户的价值主张。这个价值主张的主要内容可以归纳为两点：

第一，手机价格介于高端机和低端机之间；

第二，手机的外观、材料、功能、使用习惯在稳定、可靠的基础上，符合国内用户，尤其是功能和使用习惯更重要。

当时，很多人都看到了这一点，雷军也看到了。

雷军和他的团队不仅看到了以上两点，还看到了其他更深刻的价值诉求：智能手机未来和以前的功能机差不多，但其核心不在于各种硬件(当然硬件也很重要)，就像电脑一样，手机的核心在于其操作系统。要想实现上面第二条，尤其是其中的功能和使用习惯，必须有一个优秀的手机操作系统。也就是说，手机产品的价值诉求点在于手机操作系统。

小米正是从 MIUI(米柚) 操作系统做起的，实现了价值需求 (第二条) 的具象化和产品化，从而牢牢把握住了手机商业模式的原点——客户价值主张。

找到了手机操作系统这个价值诉求，商业模式整体的价值主张才刚刚开始。小米接下来要沿着价值诉求点向前延伸。

有人这样总结小米手机的定位理念，即 "1 999 元的价格 + 顶级硬件配置 + 过得去的外观"。久而久之，这形成了小米手机 "配置最好、价格很低" 的产品画像。

2. 交易结构

按照中华人民共和国国家统计局发布的 2017 年《国民经济行业分类》(GB/T 4754—2017)，手机属于 "制造业—计算机、通信和其他电子设备制造业—通信设备制造—通信终端设备制造" 子行业。按照中国证监会发布的行业分类标准，手机被划为 "制造业" 中的 "计算机、通信和其他电子设备制造业"。总之，手机属于典型的制造业。

图 2-6 展示了制造业传统的商业模式。其价值活动主要包括市场调研、产品设计开发、产品生产、产品分销等。

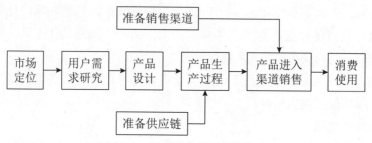

图 2-6　制造业传统的商业模式

在制造业传统的商业模式中,价值活动以线性方式沿着直线形态推进,其交易结构体现为以制造业企业为主体的线性"一维"形态。

小米则根据手机产品的特点和互联网时代社交、沟通、用户心理和行为方式的不同,对制造业传统的交易结构进行了颠覆性的改变,创立和引领了互联网时代制造业新的交易结构(见图2-7)。

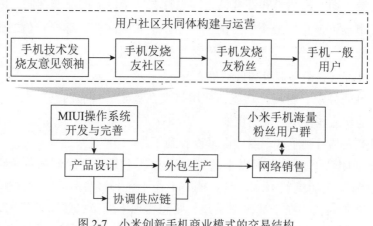

图 2-7　小米创新手机商业模式的交易结构

小米商业模式中的交易结构具有以下特点。

第一,网络化。从小米手机的交易结构形态来看,它是一个纵横交错的网络形态。从几何学的角度,纵横交错的网络形态比单一的线性形态具有更强的连接能力,而且,这种连接能力的提升是数量级的超越,而非是同一数量级中的数量增加。因此,在小米商业模式的交易结构中,它连接了更多的资源、用户和能力,其所产生的整体力量也更强。

第二,构建与用户强链接的社区,在交易结构中居于主导位置。由图2-7可以看出,与用户构建关系在交易结构中占了绝大部分位置,在面积上构成了交易结构图形的主体。实际上,在小米商业模式的交易结构中,与用户构建强链接的社区,创造一种崭新的"厂商—用户"社区生活方式,是整个交易结构的核心。社区就是共同体。小米与手机技术发烧友借助MIUI操作系统结成一个虚拟的网络共同体,共同讨论、共同改进、共同评测手机技术和功能,并将手机技术延伸到用户生活的方方面面,由此产生共同的生活方式、生活理念、生活态度和生活行为。

现实中,存在一群网络技术、手机技术的"民间高手",这些人是技术行家。他们在网络上组成了一个个的圈子,在每个圈子的顶层,都有几个"骨灰级"的技术发烧友。小米最初找到了 100 个这样的"发烧友",与他们交朋友。当然,与这些人交朋友,不是吃饭、游玩等,而是在各个技术社区开展有关技术的讨论、提问、解答、技术擂台赛、技术炫耀等。有了与技术"发烧友"的强链接,现在社会上流行的"吸粉"就变得顺理成章:以"骨灰级发烧友"为核心,按对技术的偏好程度依次减弱的方向,向周边逐步发展出了"次级技术发烧友""普通发烧友"和"技术爱好者"等群体,逐渐组成一个庞大的小米手机系统用户群。

第三,在销售端,摒弃线下实体渠道,通过网络销售把渠道缩短至极致。

第四,围绕利益相关者,搭建手机的软件生态圈。

小米手机在价格、硬件基础上,重新审视手机的利益相关者群体,经过梳理,建设起围绕自己的利益相关者的软件生态圈,提升小米手机的附加值。

一般而言,小米的"生态圈"涉及三个方面,即手机系统 MIUI、App 应用商店和社区互动。

- 手机系统 MIUI:负责开发 MIUI 的黎万强和黄江吉,负责修改 Android(安卓)源代码,进行深度美工、编码,既保证 MIUI 与 Android 软件兼容,又让 MIUI 更人性化,符合国人的习惯。

App 应用商店:负责 App 商店的黎万强和黄江吉,将小米应用商店的网站(小米应用)嵌入其中,同时增加"小米主题"功能,供用户选择不同的手机主题。

社区互动:为了增加用户的黏性和参与程度,小米推出了小米论坛。在论坛上,用户可以交流手机的使用经验、手机美工和各种其他问题。

交易结构的运行机制

(1) 通过技术和产品设计,将手机的功能、性能和价格匹配到最佳,让利用户的同时,保证供应链的利益。小米的目标是打造一款在品质方面高于低端机,同时价格低于国外高端品牌的好用的手机。因此,小米要同时面对企业自身、外部的手机生产供应商、广大的手机用户等三大利益相关者群体。如何在固定的价格空间里,将利益在这三者之间进行合理的分配,是考验小米"内功"的关键。

对于小米手机的粉丝用户来说,他们的利益点是:手机价格要显著低于苹果和三星;小米手机的功能数量不低于前两者,并且要有自己的特点;手机的性能可以低于前两者,但要在可忍受的范围内。

对于手机生产的供应链来说,其利益点是:加工制造难度在现有技术和设备范围内;价格合理;付款及时;订单持续而稳定。

对于小米而言,其利益点是:功能和性能方面性价比高;质量稳定;快速销售;快速回笼资金。

最终,在价格上,小米以 1 999 元为定位区间,在 1 999 元这一蓝海区间,以自己的定价(绝非低价),很好地维护了几方利益相关者的诉求。

(2) 通过预定手机,锁定用户,赢得资金的主动。2013 年 7 月底小米推出了红米手机,当时 24 小时被预订的手机数是 350 万部,72 个小时被预订的手机数是 750 万部。

预订是什么概念呢？传统企业的经营方式是先备货。备货，资金会被占压，而且厂家根本就不知道产品能否被销售出去。如果销售不完，形成库存，那么企业的利润就可能被吞噬掉。销售额越大，占用的资金就越多，风险也越大。

小米的这种经营方式是完全倒过来的，即它先有了订单再去生产，所以它能够准确地预知自己的生产量是多少。对制造业而言，这么大的生产量，供应链的生产能力是跟不上的，所以很多媒体说小米的模式是"饥饿营销"。事实不是这样的，由于现在手机供应链十分成熟，代工厂在几天内采购配件、组装生产、封装、交货，这允许小米先收款，再生产发货，缓解了资金压力。小米采用多批量、小批次的生产方式，以周为时间段，进行准时制（just in time，简称JIT）生产。

(3) 放弃自产，委托加工。小米手机在交易结构中的生产制造环节，采用"自主设计、加工外包"的方式。

在手机的设计环节，由原北京科技大学工业设计系主任林德负责手机的工业设计，设计手机的外观形状、布局和结构。

在手机的加工制造环节，由原摩托罗拉北京研发中心总监周光亚负责所有手机零部件的筛选、采购、生产线设计和代工企业的评价和筛选。小米以"为发烧友而生"为开发理念：在硬件上，元器件供应商几乎都是手机行业前三名的行业巨头，如屏幕采用 I 和夏普的 IPS 屏（平面转换屏幕）；在外观上，采用简洁的设计，在美观和成本之一种平衡。在早期，小米委托英华达以 OEM 方式生产手机，以实现"弱弱合作赢；在用户粉丝群数量急剧扩大、市场占有率上升和品牌美誉度逐步上升后，小委托英华达和富士康以 OEM 方式生产手机。

本章思考

1. 全聚德是一家以烤鸭为特色的连锁餐饮企业，是中国驰名商标之一、中华著名老字号，始建于1864年。全聚德主要从事以鸭坯及其他食品为主的食品研发、生产、加工、销售业务及餐饮服务。目前，其产品线形成了以真空包装原味烤鸭、入味烤鸭等为代表的预包装产品，以鸭休闲零食产品、鸭肉酥、蛋黄酥等为特色的即食休闲类产品及日常主食等系列产品。最近两年，全聚德的日子并不好过，企业出现了亏损。其他老字号，如天津狗不理包子，经营情况也不容乐观。

身处数字化时代，你认为如全聚德、狗不理包子等传统老字号餐饮企业如何通过商业模式的创新焕发新春？

2. 现实中，有很多经营成功的企业，实力雄厚，资源丰富，它们在各自的领域引领本行业的发展，但面对新的技术、新的用户价值时，它们中的很多企业不愿意进行变革，你认为原因是什么？

3. 商业模式对于创业企业很重要，但也有创业者说创业企业不要太看重商业模式。你如何理解？

第三章
创业企业公司治理

> 创业，本来就是为了做自己命运的主宰者，即使你不得不融资，也应该是：股份让多少都可以，但一定要保留投票权。
>
> ——徐小平，真格基金创始人

学习目标

1. 掌握公司治理的基本概念和基本原理
2. 掌握企业的法律形式及其特征
3. 理解股权和公司控制权的概念和原理
4. 掌握股权激励的概念和原理

案例　　　　　　　　星巴克的公司治理

星巴克(Starbucks)是美国连锁咖啡公司，由杰夫·西格、杰里·鲍德温和戈·波克于1971年在美国西雅图创立。星巴克在全球拥有超过32 000家门店，出售多款浓缩咖啡、冷热咖啡饮料、各式糕点、咖啡机和咖啡杯等商品。1987年，霍华德·舒尔茨买下星巴克，使星巴克由经营咖啡豆业务转型为意大利咖啡屋。1998年，星巴克进入中国。2021年8月20日，《2021胡润世界500强》排行榜发布，星巴克以9060亿元价值，位列第91名。

星巴克身处竞争已成"红海"的快速消费品行业中的即时饮料细分行业，其有效、适宜的公司治理结构支撑了公司的快速发展。星巴克公司的公司治理情况如下。

星巴克的股权分散时期

1. 股权和控制权相对集中 (1971—1992年)

从1971年创立到1985年霍华德·舒尔茨离开星巴克，整个星巴克的股权和控制权几乎都掌握在同样的人手里，即股东。1987年，霍华德·舒尔茨在当地投资者的帮助下以400万美元购买了星巴克的全部股份后，公司的控制权几乎在他一个人手中。1989年，公司允许全职和兼职员工购买公司股份，这是公司股权走向分散的开始。

2. 股权和控制权分离 (1992年至今)

1992年，星巴克在纳斯达克成功上市，股票代码为：SBUX，公司的股票可以在二级市场公开交易。这是公司股权结构发生变化的转折点,其后公司分别在1994年、1996年、1999年和2001年进行了四次2∶1股票分割,使得股权以很快的速度分散。由于星巴克公司很注意股权的均匀分散,防止股东掌握过多股份从而有实力干预公司经营,因此公司控制权始终掌握在高层管理者手中,初步实现了股权和控制权的分离。

1993年和1995年,公司两次发行共计24.55亿美元,利率为4.5%的可转换债券,并分别于1996年和1997年将这些可转换债券转成普通股。

2003年,公司共有股东12 000余人,其中没有一个人持有的股份超过3%。这说明现在星巴克的股权已经完全分散,拥有公司0.5%以上股权的人就可以算作大股东了,这使公司控制权仍然牢牢掌握在高层管理者手中。

星巴克的股票期权制度

星巴克在1991年就设立了股票投资方案,允许员工以折扣价购买股票,所有员工都有机会拥有公司的股份。由于股票价格不断上涨,公司给员工的期权价值也很大。

值得注意的是,星巴克实行股权激励计划,与其人力资源政策有关。公司人力资源主管曾指出:"本公司采取以员工进取心为重心的管理方式。"为了争取员工向心力,公司1991年开始实行优先购股权,1995年实行股票购买计划,让员工与经营者相同的立场上,真正成为企业的"合伙人"。公司约一半员工参与了一个或全部计划。

星巴克公司规定:只要是从4月1日到当年财政年度结束前受雇,在这期作时间不低于500小时,1月分配购股权时仍在公司工作的员工都可享受到优先股权,员工获得的购股权股票数额是工资的一定百分比;任何工作90天以上,且每周至少工作20小时的雇员都能以15%的折扣购买公司股票,支付的现金从工资单中扣除。

星巴克是第一家,也是为数不多的向兼职员工授予优先购股权的私有公司。虽然实际上许多员工在拿到股票之前就离职了,但是这个一般只针对科技新贵的举动,还是对占星巴克员工2/3、收入从最低工资起跳的以小时计薪的兼职员工很具有鼓舞作用。

除了持股计划以外,公司所有雇员还享受健康、牙齿和视力保险,以及职业咨询、带薪假期和产品折扣等福利优惠。这些福利政策使得该公司在零售行业独树一帜。很多相似的公司都不愿意向兼职员工提供优厚的福利待遇,但星巴克公司认为这样做值得,因为2/3以上的雇员都是兼职雇员。这个举动不但成为管理经典,甚至惊动了美国政府。1994年,美国时任总统克林顿邀请霍华德·舒尔茨会谈,向他请教星巴克的医疗保险计划。霍华德·舒尔茨当初大概没有想到,照顾好员工的利益竟使他成为白宫的座上宾。

星巴克的人力资源管理和薪酬一体化提升了公司的文化和价值观,优先购股权计划不仅吸引到许多优秀人才,还保持着较低的离职率。现在它的年平均离职率在

60%左右，与美国流通业或餐厅一般高达100%～400%的流通率相比，这是一个相当低的水准。对员工的多次满意度调查表明：员工非常喜欢为星巴克工作。

星巴克的董事会及其委员会

1. 董事会

星巴克董事会的结构和功能符合美国上市公司的典型特征，是单层董事会制公司治理结构。美国的股票市场对上市公司的公司治理和董事会有严格的规定，很多公司根据自身情况还制定了内部规定。

星巴克关于董事会的内部文件规定董事会成员为9～12人。现任的董事会成员有11人，其中3人是内部董事，分别任公司的首席全球战略官（董事长）、首席执行官和高级副总裁；另外8人是外部独立董事。美国的证券监管机构对上市公司董事会中的独立董事比例要求为50%以上，并且对独立董事的任职资格做了严格和清晰的规定，以保证独立董事能够真正"独立"行事及代表股东的利益。星巴克内部甚至还规定，独立董事在任职期间，必须持有公司20万美元市值的普通股票，以保证独立董事与普通股东利益的一致性。

2. 委员会

根据纳斯达克的要求，上市公司的董事会内部必须设立三个委员会：审计委员会、薪酬委员会、提名委员会。相应地，星巴克在其董事会内部设立审计和规范委员会、薪酬和管理发展委员会、提名和公司治理委员会。

为保护委员会的独立性和客观性，纳斯达克要求所有委员会的委员必须是外部独立董事。在星巴克董事会的三个委员会内，委员全部由上述的8名独立董事担当。现行三个委员会的委员人数分别是：审计和规范委员会4名，薪酬和管理发展委员会3名，提名和公司治理委员会4名。部分独立董事任职两个委员会的委员。

审计和规范委员会，其主要职责和功能包括对公司内部财会运作和财务信息进行监督、复核、沟通和报告。其中，监督职能突出对审计师独立性、内部审计、财务报表完整性和非审计业务的监督；复核职能的重点是风险管理和内部控制，其次是会计政策；沟通职能强调了全方位的沟通，如选择和终止与审计师的合同。定期举行联合或独立会议，就重要会计政策、备选会计处理方法、致管理当局函等与审计师进行讨论；报告职能主要针对股东大会和董事会报告的相关内容。

薪酬和管理发展委员会负责评估并批准公司相关的政策和计划，包括股票期权和其他奖励计划；负责提议董事会成员的薪酬，同时负责评估并批准执行委员会成员及其他重要行政人员的薪酬，并考察董事长和首席执行官的工作业绩。该委员会不定期地听取外部专家的意见，以便提出更好的建议和做出更好的决定。该委员会的另外一个职责是监督和评价企业战略的实施情况，并就此做出改进建议。

提名和公司治理委员会的主要职责是研究董事、高层管理者人员的选择标准和程序并提出建议，广泛搜寻合格的董事和高层管理者人员的人选，对董事候选人和高层管理者人选进行审查并提出建议，该委员会同时负责公司治理规范的制定和执行。

星巴克的高层管理者激励与监督

1. 高层管理者的薪酬激励

薪酬是星巴克进行公司治理的重要政策。2003年星巴克高层管理者的薪酬体系中,短期激励和长期激励是其薪酬包的主要构成,固定年薪由基本年薪和现金奖金组成,长期激励手段是指期权奖励。

星巴克对高层管理者的薪酬激励是典型的美国模式:高层管理者的期权收入占总薪酬的大部分。美国的公司相信期权是有效的长期激励手段,授予管理层大量的股票期权可以让管理层利益和股东利益保持一致,从而激励管理层创造最大的股东价值。

2. 对高层管理者人员的监督

星巴克公司对高层管理者的监督机制体现在以下4个方面。

(1) 法律监督。星巴克公司崇尚新古典经济学理念,注重资本市场在资本配置和公司治理中的作用,采取严格的法律约束和各种监督手段,严格控制内部人员利用职权和不对称信息优势牟取私利而损害股东利益的行为。

(2) 董事监督。董事会主要通过各委员会行使职权对高层管理者进行监管。

(3) 高层管理者自律。美国经理人市场发展成熟,高层管理人员如果行为不当或业绩不良,企业可以从经理人市场上寻找替代者;经理人一旦有不良记录,其在经理人市场上的声望会降低,价值也随之降低。高层管理人员处于一个成熟的经理人市场中,能感受到替代或贬值的威胁,从而自发产生自律行为。

(4) 股东监督。由于股权分散,监督经营上存在严重的"搭便车"现象,小股东参与股东大会、进行代理权竞争的积极性很小,也无力从事这些活动,进而使公司运作容易形成内部人控制或经营者主导等现象。在这种情况下,小股东主要利用退出机制和接管来约束经营者。当企业严重脱离利润最大化时,小股东就会抛售其股票,引起该公司股价下降,当下降到一定程度时,企业的价值就会被严重低估,此时就会有人以高于市场的价格收购该公司的股票,在达到控股额后改组董事会,任命新的经营者。潜在被接管的威胁,让管理人员必须努力经营,向为股东谋取最大利益的方向靠拢。

第一节 公司治理概述

一、公司治理相关概念

在"大众创业、万众创新"的时代,创业所引发的前所未有的广泛关注正日益高涨。越来越多的年轻人、白领、公司高管,甚至退休的人员,投入到创业的大潮中。与此同时,创业企业的治理问题也正在困扰越来越多的创业者,但是创业企业的公司治理问题却往往不被创业者重视,并由此引发出各种关于企业控制的矛盾、冲突,严重的甚至使创业企业失败。

企业治理制度设计和机制安排是创业企业经营管理最为重要的内部微观制度环境基础,好的公司治理是创业企业赖以生存并获得持续成功的最为重要的内部制度和机制保障,糟糕的公司治理则会使创业企业表现不佳,甚至失败,创始人团队及其他利益相关者矛盾重重,甚至分崩离析。

(一) 公司制度演进与治理问题

从企业制度发展历史看,它经历了两个发展时期:古典企业和现代企业。古典企业制度主要以业主制企业和合伙制企业为代表。现代企业制度主要以公司制企业为代表。

业主制企业 (the single proprietorship) 是企业制度最早的存在形式。业主制企业具有以下特点:一是企业归业主所有,企业剩余归业主所有,业主自己控制企业,拥有完全的自主权,享有全部的经营所得。二是业主对企业负债承担无限责任,个人资产与企业资产不存在绝对的界限。企业出现资不抵债,业主要用其全部资产来抵偿。业主制企业的缺点是规模小,业主承担无限责任,资金筹集难,企业存续受制于业主的生命。

合伙制企业 (the partnership) 是由两个或多个出资人联合组成的企业。在基本特征上,它与业主制企业并无本质区别。在合伙制企业中,企业归出资人共同所有,共同管理,并分享企业剩余或亏损,对企业债务承担无限责任。与业主制企业相比,合伙制企业的优点是扩大了资金来源,降低了经营风险。其缺点是合伙人对企业债务承担无限责任,风险较大,合伙人的退出或死亡会影响企业的生存和寿命。

公司制企业 (the corporation) 是现代经济生活中主要的企业存在形式。它使企业的创办者和企业家们在资本的供给上摆脱了对个人财富、银行和金融机构的依赖。在最简单的公司制企业中,公司由三类不同的利益主体组成:股东、公司管理者(或经营者)、雇员。与传统的企业或古典企业相比,股份公司具有三个重要特点。一是股份公司是一个独立于出资者的自然人形式的经济、法律实体。从理论上讲,股份公司有一个永续的生命。二是股份可以自由地转让。三是出资人承担有限责任。

公司制企业的产生与发展,对促进自由竞争的市场经济的发展,尤其是提高市场效率有非常积极的意义。它在很大程度上克服了业主制、合伙制企业经济上的局限性。同时,市场的扩大和生产、经营技术的复杂化,越来越需要专业化的职业经理人经营管理企业。

随着公司制企业的发展,公司表现出股权结构分散化,所有权、经营权和收益权分离,企业管理团队与股东利益不一致等特征。这些特征和现象使得公司治理问题逐渐出现,并成为制约企业发展的焦点与核心。

现代公司有一个特征就是股权结构的分散化。公司的股权结构经历了由少数人持股到社会公众持股再到机构投资者持股的历史演进过程。在公司制企业发展早期,公司只有少数的个人股东,即股权集中。但是,伴随着规模的扩大,也伴随着资本市场的发展,公司的股权结构逐步分散化,大量的公司股票分散到社会公众手中。例如,在美国,最大股东所持有的公司股份在 5% 以下的情况很常见。

公司治理又名公司管治、企业管治，即如何通过一套程序、惯例、政策、法律及治理结构带领、管理及控制公司。公司治理涉及公司内部利益相关人士及公司治理的众多目标之间的关系。主要利益相关人士包括股东、管理人员和理事。其他利益相关人士包括雇员、供应商、顾客、银行和其他贷款人、政府政策管理者、环境和整个社区。

从公司治理的产生和发展来看，公司治理可以分为狭义的公司治理和广义的公司治理两个层次。

狭义的公司治理是指所有者（主要是股东）对经营者的一种监督与制衡机制，即通过一种制度安排，来合理地界定和配置所有者与经营者之间的权利与责任关系。公司治理的目标是保证股东利益的最大化，防止经营者与所有者利益的背离。其主要特点是通过股东大会、董事会、监事会及经理层构成公司的内部治理。

广义的公司治理是指通过一整套包括正式的或非正式的、内部的或外部的制度来协调公司与所有利益相关者之间（股东、债权人、职工、潜在的投资者等）的利益关系，以保证公司决策的科学性、有效性，从而最终维护公司各方面的利益。

（二）创业企业的公司治理问题

创业企业处于企业生命周期的初始阶段，技术、产品、资金、市场、供应商、管理体系、股权设计、董事会和管理团队职责分工等都处于建设阶段，都不成熟，存在较大的不确定性和风险。其中，技术、产品、资金、市场、供应商、管理体系等属于企业运营和管理方面的问题；股权设计、董事会和管理团队职责分工等属于公司治理方面的问题。公司治理涉及创业企业最重要的几对关系：创始人之间、创始人和投资人之间、核心管理团队和董事长之间的职责权利分配，关系到创业企业组织的稳定、和谐和效率，对创业企业未来发展影响最大。

具体而言，创业企业公司治理方面的问题有：
① 如何保证核心创始人对创业企业的绝对控制；
② 创始人之间股权如何分配；
③ 创始人和外部投资人之间的股权分配；
④ 核心管理团队和董事会之间的职权分配。

二、公司治理理论

随着现代公司制企业的发展，公司治理问题逐渐显露出来，很多人对这个问题进行了研究。发展至今，有关公司治理方面的理论有以下几种。

1. 制度安排理论

我国学者费方域（1996）认为，公司治理是一种合同关系或者（对企业权力制衡关系和决策所做出的）制度安排，它为公司的各个利益相关者设立了一个关系框架。其主要功能是对经营者进行评价，以更好地对"内部人控制"现象加以控制、监督、激励和约束。斯坦福大学教授钱颖一（1995）提出，公司治理结构是一套制度安排，用于支配在企业中有重大利害关系的团体间的关系。

2. 组织结构理论

我国学者吴敬琏(1994)指出：公司治理结构是指由所有者、董事会和高级经理人员三者组成的一种组织结构。在这种结构中，上述三者形成一定的制衡关系。通过这一结构，所有者将资产交由董事会托管；董事会是公司最高决策机构，负责聘用、奖惩及解雇经理人；经理人组成董事会领导下的执行机构，在董事会授权范围内经营企业。

3. 决策机制理论

Hart(哈特)(1995)认为，公司治理分配公司非人力资本的剩余控制权，即资产使用权如果在初始合约没有详尽设定的话，公司治理将决定其如何使用。张维迎(2005)在《产权、激励与公司治理》中指出公司治理是指有关公司控制权和剩余索取权分配的一整套法律、文化和制度性安排，这些安排决定公司的目标，谁在什么状态下实施控制，如何控制，风险和收益如何在不同企业成员之间分配等问题。

4. 治理机制理论

我国学者李维安认为，公司治理可以从狭义与广义两方面理解。狭义公司治理特指股东对经营者的一种监督与制衡机制。广义公司治理不仅需要通过股东大会、董事会和监事会发挥作用的内部监控机制，还需要一系列通过证券市场、产品市场和经理市场来发挥作用的外部监控机制。公司治理应是一个动态持续的过程。

5. 代理理论

代理理论在对创业企业公司治理的研究中有广泛的应用。根据代理理论，向高层管理者分配控制权与公司所有者的激励目标是一致的。Audretsch(奥德斯)等认为，在战略创业的情境中，研究代理理论具有特殊的意义。如果从公司内部个体层面来分析战略创业的理论结构，代理理论可应用于战略创业的发展和进步等方面的研究。Markman(马克曼)、Balkin(巴尔金)和Schjoed(施乔德)运用代理理论，提出有效的治理系统能够帮助创业家和投资者在双方的利益关系上达到最好的平衡，并且建立了一个融合公司治理和创新的框架。

6. 社会网络理论

社会网络理论指出，创业企业可以通过网络关系从外部获取企业所需的关键资源。目前，基于社会网络理论的研究特别关注现有的各种网络关系如何影响企业行为。Granovetter(格兰诺维特)认为，个人的社会网络或个人所处的各种社会关系将会限制其行为。Clarysse(克莱利斯)等应用社会网络理论，提出创业企业董事会成员更有可能从现有的社会网络中聘用，而非单纯地从一个人是否拥有对企业起补充作用的人力或者社会资本来判断。

7. 资源依赖理论

资源依赖理论将企业视为一个开放的系统，强调企业的生存需要从周围环境中吸取资源，应与周围环境相互依存、相互作用。Wijbenga(维本加)认为，复杂的控制系统能够更有效地利用风险投资提供的资源，使企业在创业期更快地成长和扩张。风险投资的服务活动不仅能对创业企业复杂的控制系统产生影响，还能调节这些系统对创业企业财务业绩的影响。

第二节 公司治理体系

公司治理体系也称公司治理结构，是指为实现资源配置的有效性，所有者（股东）对公司的经营管理和业绩进行监督、激励、控制和协调的一整套制度设计和安排，它反映了决定公司发展方向和业绩的各参与方之间的关系。典型的公司治理结构是由所有者、董事会和执行经理层等形成关系框架。根据国际惯例，规模较大的公司，其内部治理结构通常由股东会、董事会、经理层和监事会组成，它们依据法律赋予的权利、责任、利益相互分工，并相互制衡。

由于创业企业处于企业发展的初创期或者早期阶段，企业人员、资产和业务规模不大，相对于成熟的大企业，其管理要简单一些。因此，创业企业的公司治理体系相对简单，主要涉及以下各方之间的关系（见图3-1）。

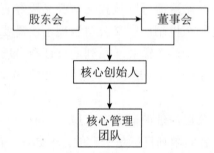

图3-1 创业企业公司治理体系中的各方之间关系

一、股东会

（一）股东会和股东大会的概念

股东是指对股份公司债务负有限或无限责任，并凭持有股票享受股息和红利的个人或单位。向股份公司出资认购股票的股东，既拥有一定权利，也承担一定义务。股东会是由全体股东共同组成的，对于有限责任公司，称为股东会；对于股份有限公司，称为股东大会。

创业企业处于企业生命周期的早期，规模小、技术和产品不成熟、市场不明确、管理体系不规范，为了设立企业和运行企业的便利，大部分企业采用有限责任公司的组织形态，有的甚至是合伙企业形式。对于有限责任公司，按《中华人民共和国公司法》（以下简称《公司法》）要求，需要设立股东会，但从实际运作的角度，股东会的作用不明显，多以董事会代替股东会，这样更有利于高效率地进行决策。同样，对于采用合伙企业形式的创业企业，按照法律规定，这类企业按照合伙协议的约定或者经全体合伙人决定，可委托一个或数个合伙人对外代表合伙企业，执行合伙事务。在实际运作中，通常由执行事务合伙人和其他核心创始人共同管理企业事务。

(二) 股东会和股东大会的相关规定

股东会或股东大会是公司制企业的最高权力机关。《公司法》规定，股东会的议事方式和表决程序，除本法另有规定的外，由公司章程规定。

同时，《公司法》对一些特定问题的讨论等也规定了一些特别的程序，主要包括：

(1) 股东会作出修改公司章程、增加或者减少注册资本的决议，以及公司合并、分立、解散或者变更公司形式的决议，必须经代表三分之二以上表决权的股东通过。

(2) 股东会会议由股东按照出资比例行使表决权。

(3) 首次股东会会议由出资最多的股东召集和主持，依照《公司法》规定行使职权。

(4) 股东会会议分为定期会议和临时会议。定期会议应当依照公司章程的规定按时召开。代表十分之一以上表决权的股东，三分之一以上的董事，监事会或者不设监事会的公司的监事提议召开临时会议的，应当召开临时会议。

(5) 有限责任公司设立董事会的，股东会会议由董事会召集，董事长主持；董事长不能履行职务或者不履行职务的，由副董事长主持；副董事长不能履行职务或者不履行职务的，由半数以上董事共同推举一名董事主持。

(6) 召开股东会会议，应当于会议召开十五日前通知全体股东。股东会应当对所议事项的决定作成会议记录，出席会议的股东应在会议记录上签名。

二、董事会

(一) 董事会的概念

董事会是公司治理的核心，对创业企业公司治理质量高低和创业企业发展的稳健影响巨大。

董事会是股东会或企业职工股东大会这一权力机关的业务执行机关，负责公司或企业和业务经营活动的指挥与管理，对公司股东会或企业职工股东大会负责并报告工作。股东会或企业职工股东大会所做的决定公司或企业重大事项的决定，董事会必须执行。

我国法律分别对有限责任公司和股份有限公司的董事人数做出了规定。《公司法》第四十四条规定，有限责任公司设董事会，其成员为三人至十三人。《公司法》第五十一条规定，股东人数较少或者规模较小的有限责任公司，可以设一至二名监事，不设监事会。《公司法》第一百零八条规定，股份有限公司设董事会，其成员为五人至十九人。

(二) 董事会的职能

董事会的职能就是公司的战略决策与监督管理，或者负有管理职责与忠诚职责。以美国为例，商业圆桌会议 (The Business Roundtable)(企业总裁协会之一) 代表美国大公司对董事会职责的描述如下。

(1) 挑选、定期评估、更换首席执行官 (如果需要的话)；决定管理层的报酬；评价权力交接计划。建立科学、公正合理的人才选聘机制,为公司选择经理等高级管理人员,这是董事会的一项重要职责。董事会还对高级管理人员的工作做出评估,以决定其报酬及奖惩。

(2) 审查、审批财务目标、公司的主要战略及发展规划。董事会掌握着企业战略决策与控制的实际权力,并且要审查公司财务状况,审批公司财务目标。这是董事会一项重要职责。

(3) 为高层管理者提供建议与咨询。董事会的职能就是公司的战略决策与监督管理。它通过向公司高层管理者提供建议来影响公司的具体经营业务。董事会决定公司高层管理者的任免、报酬与奖惩。公司高层管理者对董事会负责。

(4) 挑选董事候选人,并向股东会推荐候选人名单;评估董事会的工作绩效。董事会负责召集股东会,向股东会报告工作。如果董事会人员需要增减,要向股东会报告增减董事名单,由股东会决定。

(5) 评估公司制度与法律、法规的适应性。董事会要确保公司章程与制度符合国家的法律、法规;监督公司的活动,确保其遵守国家的法律、法规。同时,要不断熟悉国家新的法律、法规,以法律手段回避不利于本公司的法律、法规,使用有利于本公司的法律、法规,如合理避税问题。

(三) 董事会会议

对于创业公司而言,一次有效的董事会会议既是董事们在公司治理基础上的最大化公司价值的工具,又是创业者有效的达成战略目标的工具。它可以帮助初创公司发现并解决一些常见问题,加强董事们对企业发展过程的了解。

一次有效的董事会会议,应达到"治理和决议"这一最基本的目的。一般而言,董事会会议要达到以下目的:第一,通过讨论,决定公司治理与企业运营的决议事项,此目的约占85%;第二,参会者充分沟通、集思广益,此目的约占10%;第三,利用会议加强团结,增加公司凝聚力,此目的约占5%。

(四) 高效的董事会的特征

董事会对创业企业的成功运作具有重要意义,一个能强有力地掌控大局、高效的董事会,会牢牢把握创业企业发展的主线,让创业企业在正确的轨道上运行。根据研究,高效的董事会具有以下特点。

1. 选一个对的人担任董事长

对于一家创业企业而言,选对董事会的董事长是首要的,也是最重要的。如果一家公司不希望每天都处在危机四伏之中,能够在一些重要关口做出对的决策,能够正确对待董事会内部的质疑,甚至力排众议做一个艰难的决定,那必须选一个好的董事长。但很多CEO可能还没有意识到这一点。

好的董事长需要确保每个人都了解公司的战略,明白当下的形势,保证董事会会议按时召开,议题能够充分讨论。虽然这些听起来很简单,但做到很不容易。

一个高效的董事长，能够在看似"分裂"的状态下做出决定。好的董事长可以在意见不一，甚至"分裂"的状态中做出决定。只要董事会成员之间心存信任，就算拍桌子吵架中，也能达成共识。

2. 寻找匹配的独立董事

要寻找一个好的独立董事，可以先从私人网络中寻找。所谓的"私人网络"，其实是公司的投资人、管理团队和独立董事成员群体。

这些人群加起来已经是一个很大的群体了。如果还不够，可以有意识地从外部寻找和挑选。猎头也可以找到一些好的独立董事，是否从外部寻找独立董事，取决于董事会的需要。

3. 控制董事会成员人数

创业企业初创时，董事会可能就只有两三个人。随着公司规模变大和融资，将有投资方代表进入董事会，但要在符合《公司法》的前提下，将董事会人数控制在10人以内，实际上超过10个人的董事会非常少，8个董事会成员已经足够。

比如，开一个决策会议，并不需要每个创始团队成员都发言。CEO、CFO(首席财务官)应该出现在董事会上，其他人，比如销售、市场、技术负责人等也可以出现在董事会上，但是不需要他们每次都开会。一般来说，两三个创始团队成员，加上四五个独立董事和投资方，就足够了。而且，董事会人数一般是奇数，以利于投票表决。

4. 平衡多家投资方的关系

很多创始人，拿风险投资(VC)或者私募投资(PE)的时候，忘记了他们也是在做生意这个事实。当然，懂规则的投资人，不会过于干涉公司的运营。但基金都是有周期的，所以了解它们什么时候会退出很重要。如果一只基金是6~7年，在它们3~4年时就应考虑退出等安排了。

所以，在一家创业公司里，投资人如果知道里面还有其他投资人，他们会在下一轮投资来的时候决定是退出还是增加投资，等等。如果董事会席位里有2~3个其他投资人，比较容易做出决定，如果有五六个，甚至更多，或者彼此还存在竞争，那么做决定时就会乱作一团。创业者应处理好投资方之间的关系。

5. 控制董事会会议的频度

关于董事会会议的频度，至少每个季度开一次董事会会议是必要的。另外，还应该有两次会议，比如在一年开始和结束之时，讨论一下公司的战略决策等。除此之外，一年总有一些紧急事件需要讨论，6次已经是最少的了。

6. 董事会成员要流动

在公司的每一个成长阶段，都需要不同的董事会成员。当公司初创时，它所面临的挑战是未知的。此时，公司没有营收和用户，董事会需要有开创力的成员，如工程师、市场人员和公关人员等。

随后，公司开始快速成长。假设公司已经到了 Pre-IPO 阶段[①]，由于其特殊的性质，公司需要懂经营的管理人员。

---

① Pre-IPO 阶段是指企业上市之前，或者预期企业可近期上市这一时期。

当一家创业公司迈入 Pre-IPO 阶段时，可能已经运作了 7～10 年。在这个过程中，一些非执行董事总要为一些更有能力的管理者让路。如果这家公司一直处在初创时期管理层的掌控之下，那就没有惊喜可言了。

很多创业公司的创始人要么还没有意识到董事会的技巧，要么在建立董事会的过程中毫无章法，当然，还有一些创始人因为没有充分地认识公司的情况或者建立了一个低效甚至错误的董事会，而加速了创业公司的死亡。

三、核心管理团队/经理人团队

对于个人创业的企业，当企业加速发展，过了靠创始人驱动并以创始人为主的生存期时，就会产生创业者和经理人合二为一的身份融合压力。而对于团队创业的企业，从创业企业开始运作的第一天起，经理人团队就是支撑创业企业发展的关键。不管是哪种创业方式，创业企业要达到长期持续发展并最终获得收获的关键是创业者要具有或培养创业企业经理人团队的能力。

创业企业的经理人团队也称作核心管理团队。

（一）吸收加入型核心管理团队

对于由创始人个人创立企业，并在发展过程中吸收核心管理团队的情形，其团队管理的目的是，基于共同的目标，在创始人有效控制创业企业最高决策权的前提下，通过有效的组织形式，让团队里的每一个人都能发挥最大的价值，提升组织的效能。因此，吸收加入型核心管理团队需要重点关注以下 4 个方面。

(1) 培育组织共同的文化价值观，磨合核心管理团队间的关系。这对核心管理团队来说是最基础的，也是最重要的。组织有共同的目标，有共同的文化认同，会激发团队的积极主动性，自主地完成目标，降低沟通成本和管理成本。文化价值观的培育是长期的过程，不仅是耳提面命的说教，更需要一种氛围，当团队有被鼓励的行为时，需要被认同、被激励。当团队出现负面的氛围时，要及时做团建，包括和关键人员进行沟通。当然，文化价值观的培育，更需要组织的主导者发挥榜样的力量。要让文化价值观成为团队的一种思维、思考和生活方式，能指导团队学习、工作和生活。

(2) 在管理方面，要建立一系列的制度和流程，告诉团队什么可以做，什么不能做，以及如何做。在实践的过程中，要求团队按照流程执行，并做好监督和管控。

(3) 在业务方面，为了实现新业务的突破，部门负责人要深入前线，亲自打样。当业务突破后，还要重视体系的建设。项目完成了，体系就差不多建成了。业务突破了，体系框架也形成了。体系建成后，一定要严格执行，并在执行的过程中优化体系，从而完美地指导团队工作。

(4) 在团队培养方面，最基础的工作就是培养团队职业素养。其包括：给团队派任务，要明确目标；应根据执行人能力的不同，配置以不同的辅导和授权；关注工作的进展，当团队遇到问题时，要积极给予指导，协助调配资源，加强关键环节和细节的管控，及时复盘和总结。同时，要注意团队梯度的建设，明确各自的工作定位和职能。除此之外，还要建立人才梯度培养机制,包括做好周评估和月评估,做好培养规划,等等。

(二)共同创业型核心管理团队

创业企业由几名创始人共同发起成立,这样的核心管理团队就是共同创业型核心团队。在几名创始人中,有一个人居于核心地位。例如,小米创始人雷军在有了创业想法后,2010年前半年花了至少80%的时间找人,并幸运地找到了7个合伙人,包括3个本地人,5个海归人员,全都有很强的技术背景。他们平均年龄42岁,分别来自金山、谷歌、摩托罗拉、微软等知名IT企业,大都管理过超过几百人的团队,经验极其丰富。而且,由于这些创始人要么有长期的国外求学、工作经历,要么有在本土大公司的工作经历,在创业、合作、契约精神等理念方面高度一致。更重要的是,他们都充满创业热情,由此形成了小米共同创业型的核心管理团队。

共同创业型核心管理团队需要重点关注以下几个方面。

1. 强调责任感

共同创业型核心管理团队的成员,由于有过前期价值观磨合的过程,因此成员具有相当强的自驱力,此时更多强调的是对创业成功和其他创始人的责任感。例如,在小米创业初期,全员6×12小时工作坚持了将近三年,而且从来没有实行过打卡制度,也没有施行公司范围内的KPI考核制度。

强调责任感的同时,要求团队成员把别人的事当成首要做的事。例如,在小米创业初期,一位创始人的工作做完了,一定要让其他人检查一下,其他工程师再忙,也必须第一时间检查,然后再做自己的事情。小米还要求,必须要对用户价值负责。

2. 管理扁平化

管理扁平化主要基于相信共同创业的人本身就有很强的驱动力和自我管理的能力。核心管理团队都有想做最好的产品的目标,创业企业有了这样的信仰,管理就变得简单了。专注于有价值的少数事情,管理扁平化,才能把事情做到极致,才能快速成长。

小米在创业初期坚决贯彻了管理扁平化。其组织架构基本上分为三级,即7个核心创始人、部门领导、员工。这样的好处是,团队不会太大,稍微大一点就会被拆分成小团队。从小米的办公布局就能看出这种组织结构:一层产品、一层营销、一层硬件、一层电商,每层由一名创始人坐镇,能一竿子插到底地执行。大家互不干涉,都希望在各自分管的领域做到位,一起把这个事情做好。

除7个创始人有职位,其他人都没有职位,都是工程师,晋升的唯一奖励就是涨薪。不需要你考虑太多杂事和杂念,没有什么团队利益,只需一心扑在工作上。

这样的管理制度减少了层级之间互相汇报浪费的时间。

3. 透明的利益分享机制

核心管理团队中的成员会随着企业的成长、壮大,在利益分配方面也会产生不同的想法,这些想法可能与最初的创业初衷背离。此时,核心管理团队要及时进行充分地沟通,在统一价值观的基础上,在维护创业企业长期持续发展和整体利益的前提下,开诚布公地讨论利益分享和分配机制,建立起相对公平、对企业长远发展有利的分享、分配机制。

小米在创立初期，工作多、压力大，但雷军始终坚持和其他核心管理团队成员、产品经理等进行沟通。他80%的时间是参加各种会议，每周定期和MIUI、米聊、硬件和营销部门负责人举行讨论会，讨论和分享关于公司发展、利益分享和分配方面的想法、信息和做法等。

小米有一个理念，就是要和员工一起分享利益，尽可能多地分享利益。小米刚成立的时候，就推行了全员持股、全员投资的计划。小米最初的56个员工，自掏腰包共投资了1100万美元——均摊下来每人投资约20万美元。

案例　又一元老级高管离职，格力电器到底怎么了

继2020年8月公司董事、副总裁、董秘望靖东辞职后，格力电器（000651.SZ）又流失了一名元老级高管。

2月21日晚间，格力电器公告，公司董事会于2月19日收到公司董事、执行总裁黄辉的书面辞职报告，黄辉因个人原因申请辞去董事、执行总裁职务，辞职后，黄辉不再担任公司任何职务，黄辉持有公司股票7 380 000股，占公司总股本的0.12%。

公开资料显示，黄辉出生于1963年，现年58岁，研究生学历，1992年入职格力电器，入职时间仅比格力电器董事长兼总裁董明珠晚两年。黄辉2000年8月至2014年5月，任格力电器副总裁；2014年6月至2017年8月，任格力电器常务副总裁；2017年8月至离职前，任格力电器执行总裁；2007年5月至2017年8月，任格力电器总工程师；2012年5月至离职前，任格力电器董事，兼任珠海格力大金机电设备有限公司董事长、中国制冷学会副理事长等。

在格力电器工作近30年，一直做到执行总裁的职位，黄辉是格力电器的元老级员工，也是格力电器的二号人物，跟此前离职的望靖东被外界看作董明珠的左膀右臂，甚至曾被猜测过是董明珠的接班人、格力电器未来的掌舵者。

董明珠、望靖东、黄辉三人在格力电器共事时间很长，曾被外界认为是格力电器的"铁三角"，如今，往日的"铁三角"只剩下董明珠。

家电行业分析师刘步尘向经济观察网记者分析称，黄辉离职后，很有可能会出现望靖东离职后出现的情况，即格力电器找人顶上黄辉的技术岗空缺，黄辉的离职对格力电器造成的直接影响不会很大，但造成的间接影响不小："让社会公众、投资者疑惑，核心管理层不断流失，格力电器到底发生了什么？"刘步尘认为，这种疑惑，会反过来影响公司内外部利益相关者对格力电器未来发展的信心，如果信心崩盘，重建形象步履维艰。

元老高管离职

黄辉已经是格力电器半年来流失的第二名元老级高管了。2020年8月，格力电器公告公司董事、副总裁、董秘望靖东因个人原因辞职，辞职后不再担任公司任何职务。望靖东离职时已经在格力电器工作18年。

望靖东的辞职较为突然，格力电器先是安排董事张伟代行董秘职责，到了11

月,张伟代行董秘职责满3个月,格力电器还未招聘到董秘,又只能让董明珠代行董秘职责。2020年12月,格力电器聘任新董秘邓晓博,邓晓博也同时担任格力电器副总裁,邓晓博2020年11月加入格力电器,2015年7月至2020年11月任陕西煤业化工集团财务有限公司董事长。聘任邓晓博担任公司副总裁的同时,格力电器还新聘任了一名副总裁舒立志,舒立志在2019年12月加入格力电器,曾任中华人民共和国审计署武汉特派办副处长、处长。

对于刘步尘来说,黄辉离职的消息比望靖东离职的消息更让他觉得异常。一是黄辉的职位比望靖东更高,黄辉是执行总裁,望靖东是副总裁;二是黄辉的岗位比望靖东更关键,望靖东主管财务,黄辉是技术出身,曾任格力电器总工程师,董明珠一直以格力电器的技术为傲,在格力电器工作近30年的黄辉对格力电器的技术发展功不可没;三是眼下格力电器高管层更需要保持稳定以维持公众对公司的信心。

而对于格力电器内部的一些员工来说,黄辉的离职消息不如望靖东的离职消息冲击力大:"望总离职时大家很吃惊,觉得很奇怪,望总跟董总关系很好。"一名已经在格力电器工作十余年的空调领域技术人员对经济观察网记者表示,有望靖东离职事件做铺垫,黄辉离职的消息出来后,身边同事并没有感到太意外。

提起黄辉,上述格力电器技术员对其的评价是"技术过硬""掌握很核心的技术""带出来很多团队"。据该名技术员了解,黄辉离职前负责公司多个研究院的工作,例如制冷技术研究院、机电技术研究院,公司不少研究院院长、研究所所长都曾在黄辉手下工作。黄辉离职后,会不会带走或者挖走自己之前带出来的技术人员、影响公司技术团队的稳定性,是格力电器员工想到的另一个现实问题。

格力电器的未来发展

尽管不知道黄辉离职的具体原因,但刘步尘否定了黄辉离职是为高瓴资本向格力电器董事会派驻人员腾位置的猜测:"就算高瓴要进入董事会,也不需要黄辉走。"

黄辉会不会因为接棒格力电器董事长的机会渺茫而选择离职?这或许是个除黄辉本人外,其他人都难回答的问题。外界一度认为黄辉可能是接班人之一,但实际上,在董明珠掌权的日子里,黄辉非常低调,很少在公众面前发声,遑论在公众面前表达对一把手位置的渴求。

刘步尘猜测,黄辉离职是因为不认可格力电器未来的发展方向或是跟董明珠在工作关系上出现裂痕。黄辉离职后,刘步尘点评格力电器存在三大系统性风险,一是老生常谈的产业结构风险,过于依赖空调品类,尚未培育出新的营收增长点;二是治理结构风险,董明珠的个人意志对格力电器董事会决策和经营决策影响很大,还未看到新的大股东背后的高瓴资本对格力电器产生的影响;三是公众信任风险,网友、投资者对公司发展战略和领导人管理风格的质疑越演越烈。

而格力电器内部员工评价公司近年的发展时,称:"市场比较吃力,家用空调竞争太激烈了,遇到很多瓶颈,商用空调还可以,员工普遍反馈年终奖一年比一年少,也是有原因的。"

接连流失两名元老级别高管后,如何稳定内部军心、稳定外界预期,还有待格力电器交出答卷。

第三节　股权设计与激励

> **案例　创始人股权架构设计引发"西少爷"合伙人纷争**
>
> 2012年底,在一次校友会上,2009年毕业于土木工程专业、就职于风投公司的宋鑫,认识了毕业于自动化专业、就职于百度公司的孟兵,双方在交流了创业想法之后,发现均对"金融领域的搜索产品"兴趣浓厚,于是孟兵向宋鑫引荐了同在百度公司毕业于计算机专业的罗高景。2013年6月19日,宋鑫、孟兵、罗高景三人以40%、30%、30%的股份比例创立计算机科技公司,注册资本50万元,开展"金融搜索"引擎的业务。
>
> 但这个项目"十分失败",同时,这次短暂的创业经历引发了不小的矛盾。2013年5月,孟兵、宋鑫之间便开始争吵,在罗高景看来,宋鑫没有工作成果是争吵的直接原因。而业务的持续低迷,导致了孟兵、宋鑫的矛盾升级。2013年10月,由于业绩实在不佳,三人不再坚持之前的项目,开始转做肉夹馍,袁泽陆也在这时候加入,形成"西少爷"4个创始人的状态。
>
> 于是,针对肉夹馍项目,他们开始了第一次众筹。开业前期,由于《我为什么要辞职去卖肉夹馍》的文章火遍朋友圈的铺垫,奇点兄弟公司通过互联网以众筹的方式,9小时募集了来自40多位股东的50万元启动资金,第一家店顺利开业。
>
> 2014年4月8日,西少爷正式开业,披着"互联网思维"外衣的西少爷,客流、销量爆发式增长,被各家媒体争相报道,孟兵更是以创业明星的姿态接受采访及洽谈投资机构,甚至有投资机构给出4 000万元的估值。
>
> 2014年5月,西少爷进行了第二次众筹,由于新的餐饮管理公司还没有完成注册,众筹来的85万元并非进入"公司账户",而是进入各个筹到钱的股东的个人账户上。后期是否进入公司账户?也没有明确的证明。这两次众筹,也给"西少爷"埋下了"不定时炸弹"。
>
> 此时,长时间积累的股权纷争开始了。餐饮公司开业初期的分工安排是:罗高景负责店面运营,宋鑫负责产品研发、生产及整个供应体系管理,孟兵负责对外的各种工作,包括见投资方。在与投资方的洽谈中,孟兵认识到了股权架构的问题所在。因此,孟兵向其他股东提出了两个方案:方案一,CEO拥有三倍投票权;方

案二，组建VIE架构(也叫作"协议控制"，实际上是指拟上市公司为了实现在海外上市，在国外的开曼群岛或英属维尔京群岛设立一个平行的离岸公司，以这个离岸公司作为未来上市或融资的主体，然后，这个离岸公司经过一系列眼花缭乱的投资活动，最终在国内落地为一家外商投资企业)。

其实，这两个方案都不失为"解决不当股权架构"的方法。方案一就是目前阿里巴巴、京东的AB股模式，同股不同权，确保创业股东的方向能在企业的发展过程中稳定地执行下去。方案二就是腾讯、新浪的模式，同样能达到创业大股东的决策权的稳定，并铺好上市的路。

但是，宋鑫及其他股东均不同意3倍投票权的方案，并且觉得现在花钱搭建VIE模式比较浪费。这时，股东再起纷争。

2014年5月30日，奇点兄弟餐饮管理(北京)有限公司正式成立。

在没有经过股东会议、没有投票表决的情况下，孟兵"先斩后奏"，直接将3倍投票权条款加入到了投资条款中，仅通过邮件的方式告知其他股东，与两家投资公司成立了一个股权架构更加"奇葩"的公司。4个创始股东总占比居然仅有5%，而2个投资公司占了95%，这个股权架构的设计背后，还有什么"不为人知"的协议存在吗？

"3倍投票权"的事件已经成为投资条款，其他股东也唯有让步"同意"，仅剩宋鑫坚守阵地。

2014年6月，宋鑫前往西安，学习"豆花"制作技术，但被孟兵以"超过时间期限"为由，微信告知"股东表决通过'宋鑫退股离开的决议'"，并要求其即刻离开公司名下的宿舍。欲以28万元收回宋鑫名下的股份，而此时宋鑫持有"奇点兄弟计算机28.2%，奇点兄弟餐饮1.35%"的股份，这两个公司名下"西少爷"品牌估值已经达到4 000万元，这样的"回购条件"显然无法让人接受。

宋鑫离开"西少爷"后，于2014年7月注册"北京林之泉餐饮管理有限公司"，并注册"新西少"的商标，重新起步，并于同年10月，找到第一个合作伙伴。

2014年7月，孟兵注册"奇点同舟餐饮管理(北京)有限公司"，孟兵持股45%，并引入两家投资公司，将"西少爷"的商标转移到这个新公司上，意欲"空置"奇点兄弟餐饮管理(北京)有限公司。

随着宋鑫的离开，当年参加众筹的一些宋鑫的朋友，也纷纷提出要拿回当年众筹的资金，而由于当时众筹时的不规范操作，这颗"不定时炸弹"最终被彻底引爆。2014年11月13日，宋鑫在网上发布了《西少爷赖账，众筹的钱该怎么讨回来？》的公开信，西少爷的股权纷争公之于众，引发轩然大波。

股权激励是一种通过经营者获得公司股权的形式，给予企业经营者一定的经济权利，使他们能够以股东的身份参与企业决策、分享利润、承担风险，从而勤勉尽责地为公司的长期发展服务的一种激励方法。股权激励可以提高员工积极性，安抚和奖励老员工，降低人力资本的支出，为创业企业未来持续稳定发展奠定基础。

一、基本概念

（一）股权

股权，即股票持有者所具有的与其拥有的股票比例相应的权益及承担一定责任的权力。基于股东地位而可对公司主张的权利，是股权。股权的主体是股东。公司是合资而成的经济组织，无论是自然人还是法人，都可以成为股东。

股东享有以下权利：
- 成为公司的股东之后，可以获得与所持股份份额相对应的股利和其他形式的利益分配；
- 可以参加股东会议，或者委派股东代理人参加；
- 成为股东就有了表决权，这也是依照所持有的股份份额决定的；
- 可以监督公司的经营行为并提出建议或质询；
- 成为股东后对自己的股份可以进行转让、赠予或质押，需要依照法律法规及公司章程来进行；
- 成为股东后会获得关于公司的有关信息，包括在缴付成本费用后得到公司章程，并且可以查阅和复印本人持股资料、公司股本总额、股本结构、中期报告和年度报告，以及股东大会会议记录；
- 股东可以在公司终止或者清算的时候得到公司剩余的部分财产，需要根据所持股份份额进行分配；
- 另外，还涉及法律法规及公司章程中赋予的其他权利。

股东应尽以下义务：
- 成为公司的股东，需要按时足额出资，并且不可以抽逃出资；
- 股东必须要遵守相关的法律法规及公司章程；
- 成为股东后，虽享有一定权利，但不能滥用权力，做出损害公司或其他股东利益的事情；
- 成为股东后，不可以滥用公司地位和责任做出损害债权人利益的事情。

（二）股权激励

股权激励是企业拿出部分股权用来激励企业高级管理人员或优秀员工的一种方法。一般情况下，股权激励是附带条件的激励，如员工需在企业干满多少年，或完成特定的目标才予以激励，当被激励的人员满足激励条件时，即可成为公司的股东，从而享有股东权利。

创业公司发展早期，资金比较紧张，而资金不足带来的一个最大的问题就是人员流失，尤其是团队的高级管理人员、核心员工的流失，这会给创业公司造成不可估量的影响。为了提高团队凝聚力、用有限的薪资留住管理层及核心员工，企业家们绞尽脑汁、慢慢研究出了以公司股权为标的，向公司的高级管理人员及核心员工在内的其他成员进行长期激励的制度，即股权激励。

股权激励具有以下特点。

1. 长期激励

从员工薪酬结构看，股权激励是一种长期激励，员工职位越高，其对公司的业绩影响就越大。股东为了使公司持续发展，一般采用长期激励的形式，将员工利益与公司利益紧密地联系在一起，构筑利益共同体，减少代理成本，有效地发挥员工的积极性和创造性，从而达到公司目标。

2. 人才价值的回报机制

人才的价值回报不是工资、奖金能够满足的，有效的办法是直接对这些人才实施股权激励，将他们的价值回报与公司持续增值紧密联系起来，通过公司增值来回报这些人才为企业发展所做出的贡献。

3. 公司控制权激励

通过股权激励，使员工参与关系企业发展的经营管理决策，使其拥有部分公司控制权后，不仅关注公司短期业绩，更加关注公司长远发展，并真正对此负责。

股权激励的关键点包括以下 4 点。

(1) 激励模式的选择。激励模式是股权激励的核心问题，直接决定激励的效用。

(2) 激励对象的确定。股权激励是为了激励员工，平衡企业的长期目标和短期目标，特别是关注企业的长期发展和战略目标的实现，因此，确定激励对象必须以企业战略目标为导向，即选择对企业战略最具有价值的人员。

(3) 购股资金的来源。由于鼓励对象是自然人，因而资金的来源成为整个计划过程的一个关键点。

(4) 考核指标设计。股权激励行权一定与业绩挂钩，其一是企业的整体业绩条件，其二是个人业绩考核指标。

二、创业企业的股权体系设计

分配股权，即所谓"切蛋糕"，复杂微妙且考验技术。正如前面提到的，它不仅可能会对重要的创业企业投资人合作关系造成不可修复的损害，也可能将一次原本势头良好的创业机会"扼杀"。要了解怎样"切蛋糕"，应先对蛋糕本身有所知晓。股权蛋糕不像大小固定的苹果派，它会一直成长，不断变大。

有数据显示，因团队不和引发的公司治理缺陷是创业失败的前三大诱因之一；而团队不和，很大程度上是创业企业最初的股权架构设计和股权分配埋下的恶果。

对创业合伙人而言，最为核心的问题之一往往是创业企业的股权架构应该如何设计？股权应该如何分配？这也是创业企业治理最为重要的部分。实际上，创业企业的股权架构设计和股权分配事关公司的利益格局和利益分配，是创业者和创业企业必须迈过去的"生死劫"。渡不过此劫，意味着创业企业在公司治理制度安排和机制设计层面先天不足，极有可能陷入内部恶性竞争甚至散伙倒闭的境地，或者暂时成功了却留下诸多不知何时爆发而且可能致命的后遗症。

股权架构设计和股权分配失败的案例似乎远超成功的案例。比如西少爷的初始股权架构设计和股权分配已经为之后的内部纷争埋下了伏笔。

(一) 注册资本、股权与股东权利

股东出资义务更多源于股东之间的书面约定(出资时间、方式、附加条件)。《中华人民共和国公司登记管理条例》第十四条：股东的出资方式应当符合《公司法》第二十七条的规定，[①] 但是，股东不得以劳务、信用、自然人姓名、商誉、特许经营权或者设定担保的财产等作价出资。

对于未出资或抽逃出资的股东，可以被除名。《最高人民法院关于适用〈中华人民共和国公司法〉若干问题的规定(三)》第十七条："有限责任公司的股东未履行出资义务或者抽逃全部出资，经公司催告缴纳或者返还，其在合理期间内仍未缴纳或者返还出资，公司以股东会决议解除该股东的股东资格，该股东请求确认该解除行为无效的，人民法院不予支持。"对于该股东除名决议，未出资股东不具有表决权，即便该股东系控股股东。

股权指的是基于股东出资义务在工商局登记的股权。限制性股权指的是在某一方面有限制性，比如设计了股份绑定机制，兑现、转让、质押和处理等方面都会受到限制。股票期权则针对企业员工，主要是激励核心员工、高级管理人员等。

股东权利是复合型权利。《公司法》第四条，公司股东依法享有资产收益、参与重大决策和选择管理者等权利。股权可以分为自益权和共益权(控制权和收益权)。自益权主要包括股利分配、新股认购、股份转让、剩余财产分配权；共益权主要包括表决权、提案权、质询权、董事监事和清算人解任请求权。股权权能可以分离，比如可以委托他人管理。

基于股东权利，公司章程或其他相关法律文件(比如股东签署的投资协议、补充协议等)通常会列明股东共同出售权条款、优先认购权条款、优先购买权条款、提名权条款(比如阿里巴巴马云和他的合伙人制度)、优先分配权条款、反稀释条款、股东登记权条款、业绩补偿与业绩承诺条款等。

(二) 股权架构设计和股权分配的基本原则

一般而言，股权架构设计和股权分配需要遵循的基本原则如下所示。

(1) 公平原则。务必坚持并实践公平原则，创业合伙人对创业项目的贡献或潜在贡献与其持股比例显著正相关。

(2) 效率原则。股权分配需符合资产专用性原则，股权架构的设计需要充分考虑是否有助于提升公司治理效率与经营管理效率。

[①] 《公司法》第二十七条规定，股东可以用货币出资，也可以用实物、知识产权、土地使用权等可以用货币估价并可以依法转让的非货币财产作价出资；但是，法律、行政法规规定不得作为出资的财产除外。对作为出资的非货币财产应当评估作价，核实财产，不得高估或者低估作价。法律、行政法规对评估作价有规定的，从其规定。

(3) 控制原则。在初始股权架构设计和股权分配及其之后的重大变动中，需要着重考虑创始团队对创业企业的控制权安排及保障。这对于激发、维持创业团队企业家精神，提升公司治理效率与经营管理效率都相当重要。

(4) 资本运作原则。初创企业的股权架构设计和股权分配要有利于后续的融资和 IPO 安排，以便借助资本和市场的力量快速发展。

(5) 避免均等原则。尽可能杜绝糟糕的股权结构安排，比如 55 开，或者 333 之类，避免制度层面的先天不足，最好一开始就设定好。

(6) 动态原则。创业企业的股权架构设计和股权分配在后续的发展过程中要在动态的层面符合资产专用性原则，在创业企业内部引入市场机制促进合理竞争，适时调整或改进股权架构设计和股权分配，实现重要利益相关者的激励相容。

(三) 创业企业的股权架构设计和股权分配

首先，创业企业的股权架构设计和股权分配要通过创业合伙人内部协商、独立第三方、资本市场等方式给企业估值。其次，创业企业的"老大"很重要。一般而言，创业企业的 CEO 对公司有更多担当和责任。在前期，企业的发展往往与 CEO 的能力直接挂钩，同时为了保障决策效率，CEO 在创业项目中要尽量拥有多数股权，能够有效控制新创企业。再次，从资源互补、多方面综合考量其他合伙人。合伙人往往在企业发展过程中各有优势，比如资金、资源、专利、创意、技术、运营和个人品牌等，需要综合、动态地考量。最后，应该特别注意动态平衡。适时权衡各方面在各个阶段的作用与贡献，设计相应机制动态平衡、调整创始团队的股权分配。

对于后续加入、中途加入的合伙人，要注意坚持"先恋爱再结婚"的原则，以便完成真正的了解和磨合。要注意通过法律文件明确：①联合创始人的具体待遇；②待遇相关条款生效的前提条件；③待遇相关条款生效的时间 (进行股份绑定安排、股权架构和股权分配动态性)；④联合创始人退出的机制安排。

预留给新合伙人的股权往往非常必要。不是所有团队都能从刚开始的时候就很幸运地找到齐整合适的创业团队，中间必然还会引进各种各样的联合创始人。对于在不同融资阶段引进的联合创始人，需要预留 10%～20% 的股权。随着创业企业不断成长，股权的价值越来越大，给出去容易，拿回来困难异常，因此提前预留极为必要。在考虑股权这个蛋糕怎么切的时候，最先要照顾的是员工份额，留多少才能持续吸引后续的优秀人才加入？这个需要提前规划。

奇虎 360 则拿出 40% 作为股权激励池。当然，更为"彻底"而且巧妙的是我们耳熟能详的华为。目前任正非持股 1.4%，员工持有公司 98.6% 的股权，可以享受股利分红与股票增值所带来的收益，但是不能行使表决权，不能出售、拥有股票，即所谓的虚拟股权制度 (限制性股权)。员工通过股权激励获得相应的收益权 (剩余索取权) 并共同承担企业经营风险而实现激励相容，可以充分激发关键人力资本的潜力。

三、比较合理的股权结构

一般而言,比较合理的股权结构是 CEO 持股 50%~60%,联合创始人加起来不超过 30%,预留 10%~20% 的员工股权池。除此之外,其还应具备以下特点。

(1) 梯次明显。在合伙人股权分配上要有一个明显的梯次,即在避免均等的基础上,实现梯次。比如 CEO 是老大、CTO(首席技术官)是老二,按照 21、13、8、5、3、2、1(斐波拉切数列,或称为神奇数列)这种梯次分配。

(2) 动态评估。根据创业项目所处的不同阶段,不断地做评估,因为项目融资阶段不一样,企业的估值也不一样,股权需要据此进行动态分配。比如,吸纳一个联合创始人、一个非常厉害的 CTO,该给多少股份?能不能用钱来解决?种子期为 10%~20%,天使轮为 5%~10%,A 轮为 3%~5%,B 轮为 1%~3% 或者期权。

(一)股权架构与股权分配的法律设计

尽管股东协议不是一个必备的法律文件(在工商注册时会要求提交公司章程),但是其相当关键,目的是在创业项目开始时,对游戏规则进行明确化的说明,股东协议的法律价值在于:能让大家都遵守游戏规则,确保股权结构的稳定,确保每一个人现有的股权和未来可以兑现的股权是与实际付出相匹配的。

(二)股东协议所涵盖的重要机制

(1) 股权兑现机制。这是对创业者持有的公司股权设置一个时间上的兑现限制。通常的兑现安排是:创业者持有的公司的股权按照 4 年进行兑现。在风投机构对公司进行投资的时候,可以兑现其中的 25%,其余的在剩余的 4 年,按照月份平均兑现。如果创业者在约定的兑现期离开公司的话,那么公司就可以以无偿或者非常低的价格购买创业者持有的未兑现的股权。

(2) 股份收回机制。股东因各种情况离职,其所持股份须收回。首先,离职的情况包括:股东有过错离职;股东正常离职;股东因工伤、死亡等意外情况发生而离职。其次,是设定股权回购的价格。最后,设定退出的程序,即当以上情形发生时,约定好股权要如何进行回购,什么时候办理变更登记,什么时候付款等。

(3) 股权退出机制。对创业合伙人股权转让、回购、没收等进行相应的法律安排,包括退出条件、退出价格、退出程序等。

案例　　　　　　　　　　**晋商的股权激励**

晋商和徽商是明清期间我国非常有影响力的两个商帮,在流通领域活跃了 400 多年,对 16 世纪后的近世社会产生了巨大影响。其中徽商以血缘和宗族关系为基础,强调在宗族子弟中选拔经理和伙计,依赖隐含契约、族规家法治理商帮内部的代理关系。但是晋商以地缘关系为基础,整体上放弃了在宗族内部选拔经商人才,遵循避亲举乡原则选择同乡出任掌柜和伙计，晋商内部的治理难度比徽商大很多，他们除了利用正式的号规约束，还利用了接近现代股权激励意义的股俸制度激励商帮成员。

晋商的股权激励——身股

晋商的股俸激励是将商号的股份分为银股和身股。银股是财东投资商号的合约资本，对商号的盈亏负无限责任；身股是财东允许掌柜等重要伙计以人力而非资本所顶股份，可以参与分红但不对商号的亏赔负责。未顶身股的伙计只支取薪金，最多不过百两。股俸和薪金对伙计的激励效果完全不同，山西俗语称："一厘生意自家人，百两辛金(薪金)是外人。"因此，身股把伙计的个人收益与商号收益紧密联系起来，比薪金更有效地激励了伙计。身股其实就是股权激励的雏形，下面我们从以下几个方面进一步谈一下身股。

1. 身股的进入条件

身股并非轻而易举的事。一个小伙计入号，要先当三年学徒，做一些侍候掌柜之类的粗活，闲暇学习打算盘、练毛笔字，字号光管饭，不给工钱。满徒后，按月发给薪资，但还顶不上生意。起码等三个账期以后(大约需要十年)，工作勤勤恳恳，没有出现重大过失，经掌柜向东家推荐，被各股东认可后，才可以开始顶股，从一、二厘顶起，逐步增加。每次增加的股份，计入"万金账"，予以确认。能顶到七、八厘，就可能被提拔为三掌柜、二掌柜，就有了大出息。因此，在祁太平一带有谚语流行说："坐官的入了阁，不如在茶票庄当了客。"可见，当时身股有多大的诱惑力！

2. 身股分红的发放

每逢账期(一般3到4年为一个账期)结算，发放红利。但是需要提取花红，即损失赔偿准备金。山西票号总号会在每年结算后，根据纯利润的多少分给各分号掌柜一定金额的损失赔偿准备基金，称为"花红"。此花红要积存在号中，并支付一定的利息，等到分号掌柜出号时才付还。这样不仅可以增强其风险意识，而且一旦出事，分号掌柜也有一定的资金基础可用以填补损失赔偿之需。

3. 身股退出机制

身股也不是"一劳永逸"的，如果顶上股份后发生了重大过失，还可酌情扣除股份，直至开除出号。伙计去世后，其家属可以继续领取三个账期的红利，叫作故身股。这一规定充分体现了企业对员工的人文关怀，充满了人情味，所以晋商字号的员工十分珍惜身股的机会，尽心竭力地工作，报答企业的知遇之恩。

现代企业做股权激励项目，主要选取身股、银股、期权等模式，这些模式是从身股、银股及来源于西方的期权三种基本模式演化发展而来的。身股制对晋商几百年的兴盛做出了很大贡献，也为当代企业留下了很多经验。利用复杂漫长的进入条件加强对伙计能力的培养与选择，以及对忠诚度的考验；从花红的设置加强对风险的控制；而退出机制进一步保障股东利益，并增强员工的归属感与人文关怀。晋商在身股制中积累的经验值得现代企业去借鉴与学习。

第四节 核心团队管理

一、创业企业核心团队的概念

人是创业企业的核心要素,而在人的要素中,核心团队是创业企业的核心和灵魂,是影响创业企业成功运作和成长发展的最重要的因素。现实中,创业企业的成功是一个小概率现象,而在创业企业失败的各种因素中,核心团队的失败是关键因素。

创业企业中不是所有的高层管理者都是创业企业的核心管理团队成员。所谓的创业企业核心管理团队,是指共同经历了创业企业创立前的创业筹划、思想碰撞、创业憧憬等勾画创业未来,在某一方面具有明显、独特的能力和优势,并且和创业企业的核心创始人具有共同理论和信念、渴望挑战、抵抗压力的人。

二、创业企业核心团队管理的要点

1. 构建和维持真正的共识基础

创业企业核心团队管理的最关键部分,就是让核心团队成员达成共识。

共同的价值观是共同发展的基础;有了共同发展的基本认知,才可能针对业务特点展开差异化的管理;才会使组织内部更加多元化与差异化,使得组织变得更加柔性,从而可以驾驭外部的不确定性。

共同的平台支撑,是创业企业在差异化的业务管理下守护共同价值观的保障。"天"和"地"是守护共同价值的统治,中间业务的差异化是促进业务有效增长的分治。

2. 建立共同的语境

创业企业的核心团队要有共同的语境。在企业运作中,团队无法有效运作的首要原因,就是团队成员各说各话,互相无法理解对方的意思表达,怎么能够建立共同的语境?最重要的就是个人目标和组织目标要一致,只有这样,语境才是有意义的。

3. 团队成员之间能力要互补

作为一种心理和习惯,很多人可能喜欢选择与自己长处相近的人工作。但其实和跟自己差不多的人一起工作,是无法构建和维护团队的,尤其是对于像创业企业这样从零开始构建和运作一个新的组织的团队,核心团队成员的能力雷同,对创业企业而言可能是一场灾难。为什么?因为你想到的,他也会想到,你会做的,他也会做,最后你发现他们只是在跟随你。团队一定要有互补技能,才能保证创业企业在创业之路上所向披靡。

4. 传授共同的工作方法

为什么很多企业工作效率不高?就因为团队的工作方法不一致。很多管理者总是希望不费吹灰之力,就找到一个人来把事情做完了,但这往往很难。创业企业应该做的是,在更大程度上传授成员方法,帮助成员适应和胜任这项工作。

一个关键点是要学会适度授权。不做授权，就不知道成员是不是可以解决这三个问题——方向问题、价值观的约束问题、专业背景问题。建议你通过授权去培养成员在这三个问题上的一致性。除此之外，团队要经常在一起交流，以确保工作方法的一贯性。

5. 明确的分工架构

创业企业管理团队先要把创业企业运营和管理中的事项在成员之间进行明确的分工，形成清晰的分工架构。这个架构的关键是：谁在什么位置，负责什么内容，这些一定要明确。所谓"明确"的意思是：不允许两个人交叉负责；不允许集体领导；不允许有模糊的领域。

在这种架构下，一旦出了问题，大家都清楚谁应该出来承担责任。取得了成绩，谁的功劳也能分得很清楚。

6. 结果导向，重视成果

创业企业工作上的事情只有两个结果：做出成果，或者没做出成果。如果没做出成果，创业企业需要了解损失如何？是否有弥补的办法？需要什么帮助？至于为什么没有做出成果，中间有什么原因，其实是不太重要的。对于这些原因的事后汇报，其实没有太大的意义。

案例　　　　华为动态股权平台

如果说华为是中国信息通信领域最著名的高技术企业，应该不会引起非议。华为从1987年成立，发展到今天，已经成为5G领域当仁不让的引领者和主导者。在快速发展的信息产业，之前还没有任何一家中国企业取得这样的地位。华为的成功取决于多种因素，如专注于通信技术领域，在IBM帮助下导入产品开发系统，拥有规范的大公司管理体系等，但华为的动态股权平台应该是最重要的因素。因为，任正非始终认为，华为的核心资产是人才，而留住人才、发挥人才最大作用的机制是华为管理的核心。

虚拟受限股制度

与绝大多数中国公司不同，华为拥有的股权架构和相关治理机制非常特别，员工通过华为投资控股有限公司工会委员会持有98.86%的公司股权，可以获得股利分红与股票增值所带来的收益，但是没有表决权，出售、拥有股票受到限制，即虚拟受限股制度（控制权与收益权分离），公司创始人任正非所占公司股权仅为1.14%。华为发布的2018年年度报告指出，包括任正非在内的公司管理层和核心员工持有100%华为投资控股有限公司股权，华为投资控股有限公司工会委员会和任正非作为华为的股东，所组成的股东会作为公司权力机构。持股员工代表会是工会履行股东职责、行使股东权利的机构，全体持股员工代表组成持股员工代表会，行使有关权利（动态控制权激励相容），在职持股员工选举产生拥有五年任期的持股员工代表和候补持股员工代表。董事会成员共17名，由持股员工代表会选举产生并经股东会表决通过（动态经营权激励相容）。

华为每年所赚取的利润大部分分配给公司股东。在华为有"1+1+1"的说法，即员工所得工资、奖金、分红比例基本相同。随着员工年资与工作绩效增长，分红与奖金的比例将大幅超过工资收入。这种基于虚拟受限股制度的动态利润分享计划按照员工绩效和公司业绩表现，进行动态配股和动态分红，把公司的利益与员工的个人利益紧紧绑在一起，降低委托代理成本。通过动态配股与动态分红，员工借由虚拟受限股制度获得相应的剩余索取权（收益权），一起承担企业经营风险，实现动态收益权激励相容，使关键人力资本的潜力得以充分激发。

虚拟受限股制度与动态股权治理平台

华为虚拟受限股制度及相关配套制度机制设计，不是一般的利润分享计划，也不是依赖外部市场机制较为静态的员工持股计划，在某种意义上，可称为动态股权治理平台的雏形，可以初步实现收益权、控制权和经营权的动态激励相容。

与个人、团队业绩表现紧密挂钩的动态配股机制，保障华为员工可以获得相应的剩余索取权（收益权）、选举权和被选举权，让管理层和核心员工与企业共同承担经营风险而实现动态激励相容，显著降低第一类代理问题和第二类代理问题带来的不良影响。基于利益需求和人力资本动态性的虚拟受限股制度所做的制度变革和机制创新，可以长期凝聚关键人力资本，把公司利益与员工个人利益紧紧绑在一起，充分体现了"能者多劳，多劳多得"的企业精神，让华为实实在在地做到"以奋斗者为本"，激励更多的人"长期坚持艰苦奋斗"。华为颇具特色的基于动态股权治理平台的动态配股分红激励机制锻造了不一般的"员工关系"，推动并激发员工去创造不一般的"客户关系"，把"以客户为中心"的企业文化植入每个员工的DNA。

任正非所主导推行的虚拟受限股制度，极为诚实地回归了人性的基本面，把华为关键人力资本拥有者的理想、梦想和利益与华为的战略发展和持续成长紧密结合，将市场机制引入企业内部，推进合理竞争，不仅有效释放了华为员工无限的潜能，而且使得公司收益权与控制权分离。基于虚拟受限股制度的动态股权治理平台，是华为内生增长动力与内生增长能力持续不竭的重要保障。

华为虚拟受限股制度的适应性

华为以虚拟受限股制度为核心的动态股权治理平台，在现有的法律规范和公司治理框架下难以被绝大部分中国公司所运用。作为深圳经济特区的一个特例，华为实施虚拟受限股制度，尽管在现实中有效地将市场机制引入企业内部，有助于重要利益相关者实现动态激励相容，但其与"同股同权"原则相悖，这也是华为一直没有上市的重要原因。按照现有规则，华为一旦谋求在中国A股上市，就必须严格遵循《公司法》及其他相关法律，实行目前绝大多数公司奉行的一般治理机制。如此一来，意味着华为将不得不放弃特色的虚拟受限股制度，基于动态股权治理平台的动态收益权、控制权和经营权激励相容原则将难以继续实施，对华为来说将是毁灭性的。

第一，如果华为员工所持有的虚拟股权依照"同股同权"原则变革，即除了收益权之外，可以参与表决，可以出售、拥有股票。那么，任正非及其领导的管理团队对公司的控制权将不复存在，因为员工持股98.86%，而任正非只持有微不足道的1.14%；同时股权极度分散，公司非常容易遭遇"门口的野蛮人"的控制权争夺，而且员工可以出售、拥有股票，将导致股权逐步外流，控制权稀释，员工也可能因为瞬间暴富而丧失继续奋斗的动力。

第二，如果赎回员工所持有的虚拟股权，因为员工人数众多、耗资极为巨大，将是无法完成的任务，即便可以赎回，取消虚拟受限股制度，没有了基于动态股权治理平台的收益权、控制权和经营权激励相容，无法基于员工绩效和公司业绩表现进行动态配股和动态分红，那么投入关键人力资本、共同承担企业经营风险的员工无法在稳定、长期的预期下获得相应的剩余索取权（收益权）、选举权和被选举权，也就不可能真正把公司利益与员工个人利益紧紧绑在一起，结成"生命共同体"，动态激励相容无从谈起，更不可能进一步充分激发关键人力资本的潜力。

本章思考

1. 你和其他四位小伙伴一起创业，成立了一家技术公司，研发和经营能够取代汽车玻璃贴膜的涂料，这种涂料具有隔热、防水、防紫外线等功能，前景大好。其他四位伙伴都是搞技术出身的，在股份分配时，其他四人都认为应该平均分配，即每人20%的股份。对于这样的股权设计，你认为如何？如有不同见解，你如何说服其他四人？

2. (接上题) 公司开始运作后，研发长时间不见突破，此时你无意间发现行业内有一位技术"牛人"，掌握此领域最前沿的技术，正从一家大公司离职。你和伙伴们决定拉此人入伙，为确保此人能留在公司，你如何设计留人方案？

第四章
创业企业运营管理

> 管七八个人的关键是带头干。管二三十人的关键是走着干,早上问问今天的任务,下班的时候看看完成情况。管七八十人的关键是找几个能管二三十人的部门经理。
>
> ——雷军,小米创始人

> 我们不是靠人来领导这个公司,而是用规则的确定性来对付结果的不确定。"
>
> ——任正非,华为创始人

学习目标

1. 掌握公司运营管理的基本概念和基本原理
2. 掌握创业企业运营的特点
3. 掌握创业企业产品运营的概念和原理
4. 掌握创业企业组织运作的概念和原理

案例 　　　　　　　　　麦当劳的运营管理

卖汉堡的千千万,但只有麦当劳通过运营成为汉堡巨人

汉堡,也称汉堡包,是现在很常见的一种食品,被称为西方五大快餐之一。19世纪初,在一艘从欧洲开往美国的名叫"汉堡·亚美利加"的客轮上,一位美国厨师被派去为船上的德国移民做饭。因为他不了解德国人的饮食习俗,又不愿去打听,便自作主张地把船上现成的牛肉、洋葱和面包渣混在一起做成肉饼,再把它夹在面包中间送到餐厅去。

没想到德国人吃了这种从未见过的美食后赞不绝口,纷纷向这位厨师请教其制法。上岸后,德国移民又把这种食品做给一些美国人吃,美国人吃后也觉得其口味甚佳,以为它是德国人创造出来的。当人们问到这种食品叫什么名字时,德国人却回答不上来。于是,便有人以德国移民当时乘坐的轮船的名字,将其命名为"汉堡包"。1835年,查理·纳格林在美国的威斯康星州设立作坊,专门生产汉堡包,首开美国汉堡包商品化经营的先河。

19世纪,汉堡包售货亭就已在美国出现。二战后,它更是如雨后春笋般地出现在大城市的街头巷尾。

1954年,从事机械销售工作的雷·克洛克(Ray Kroc)在一次偶然的机会中,听到客户向他提到"我想要一个和加州圣伯纳迪诺的麦当劳兄弟一模一样的搅拌机"。这激发起他浓厚的兴趣,他鬼使神差般地买了一张机票,直接飞往加州,找到麦当劳兄弟的餐厅。现场的情景让他大吃一惊,他惊讶地发现那里居然同时有 8 台奶昔机在一起工作(每台奶昔机可以同时制作 5 杯)。这在 1954 年加州的一个偏僻小镇简直是不可思议的事情。

呈现在眼前的是干净卫生的店面、门口排起的长队,以及 15 美分的汉堡和 10 美分的薯条,让克洛克看到了这种快捷、物美价廉的得来速汽车餐厅(Drive-Thru)所隐藏的巨大潜力。

在他后来的自传《麦当劳之父的创业冒险》(*Grinding it Out: The Making of McDonald's*)中,他这样写道:"我做了个梦,脑海中浮现着一幅颇为壮观的画面,麦当劳餐馆在全美遍地开花……它们在高速运作的同时,也给我带来了源源不断的财富。"

和麦当劳兄弟交谈后,他立马申请成为麦当劳特许经营的代理商,获得了除加州和亚利桑那州外全国其他地区的经营权。他可以得到特许经营者销售总额的 1.9%,麦当劳兄弟从那里面拿到 0.5%。

在一个偏僻的地区通过努力,把一家主营汉堡快餐、饮料等简单食品的快餐店经营得门庭若市已经很不容易,要把这个业务做到全国,其难度可想而知!这需要极强的运营能力。雷·克洛克看重的不是一两个小店的红火,他要的是把这个业务做成快餐业的"IBM"。与这个"野心"比起来,麦当劳兄弟在加州圣伯纳迪诺的红火小店就不算什么了。

为此,雷·克洛克费尽心思,在看似简单的快餐业务中进行了艰苦而深入的研究和分析,制订了几条关键的运营变革方案。

第一,注重餐食出品的标准化问题。比如为了解决薯条出品不如加州麦当劳酥脆的问题,他和麦当劳兄弟反复确认步骤,还联系了马铃薯、洋葱协会的专家来解决问题。

第二,建立标准、开放和整洁的厨房和店面系统。他要求自己的麦当劳尽善尽美。在店面干净整洁这一点上,着重下了工夫,并且不放过任何细节。他设置了半开放式厨房,消费者能够通过玻璃窗看到厨房的卫生情况和厨师的一举一动。据说,他还经常自己动手打扫店铺。对洁净和产品标准化的高要求使得这家麦当劳不久就盈利了。

第三,打造样板店,为把业务推向全国建立标杆。雷·克洛克深刻地认识到,汉堡生意的核心是通过特许加盟的方式,把经营权卖到全国。而其中的关键就是让加盟商看到赚钱的希望。为此,于 1955 年 4 月 15 日,克洛克在美国伊利诺伊州的德斯普兰斯开了他的第一家麦当劳样板店。

第四,打造标准化的运营服务体系。他重新设计(或发明)了操作工具。1961 年,为了训练特许经营者,克洛克创立了"汉堡包大学"(Hamburger University)。1963 年,这家企业大学每年能为麦当劳培养 200～300 名经营和管理人员——这也是麦当劳标准化体系的重要组成部分。

他后来设立了一家研发试验所，研发的产品有薯条漂炸定机器和肥肉分析仪等——这些电子辅助装置使得麦当劳餐厅的出品更加统一，也提高了店面工作效率。每一块肉、每一片洋葱、每一个圆面包、每一根炸薯条大小都是一模一样的，这就是彼得·德鲁克所说的"时间精准且完全自动化的制作流程"。

第五，着手研究顾客所看重的"价值"，并将其定义为——产品的品质和可预知性、快捷的服务、绝对的干净及亲切，并根据这些要求制定出相应的标准，并按照标准进行员工的培训，同时将员工的工资收入与这些标准挂钩。这些都是先进的管理方式。

克洛克的努力正好与当时汽车的普及相契合，美国人员流动加速，导致对快餐需求的暴涨。很快，麦当劳在美国遍地开花，甚至走出国门，走向全球。麦当劳大获成功。

通过分析克洛克对麦当劳的改造可以发现，汉堡属于非常简单的快餐生意，其创业门槛非常低。事实上，全美国当时有难以计数的小商贩在街头制作、售卖汉堡。克洛克成功的关键在于，针对汉堡快餐生意的特点，用企业运营管理的思维、手段和方法改造它，使其具有成长为大企业、大生意的特质，最终成就了自己和麦当劳。

第一节 运营管理概述

一、运营管理的相关概念

（一）企业运营

运营（operation）也可称为运作或运行，是指一个组织按照一定规则正常履行其职责和实施具体业务活动的过程。组织只有通过业务运营，才能实现组织的目标。

任何机构都存在着运营的问题，包括政府机构、企业及民间社团组织等，因为这些机构都需要通过运营实现它们的目标。例如政府机构，其具有教育、医疗、公安、税务等业务管理职能，这些管理机构为了实现组织的目标，都需要开展具体的业务，这些业务虽然和企业业务不太一样，但是它的业务都需要去运营，然后产生必要的结果去支撑政府机构的使命、愿景和目标。

对企业而言，运营就是企业组织做什么。运营就是提供服务或生产产品的运作过程。运营发生在每个企业组织中。运营是企业组织的核心内容。

有的人按照业务运营模式，将企业的业务运营分为项目类业务运营和运行维护类业务运营。项目类业务运营主要是指一次性业务,即项目一次性做完并交付。在项目做完以后,这个项目的交付成果可能会被用来进行后续的业务运行和维护。如一个 IT 系统的开发项目,项目的建设是一次性的,项目完成以后交付一个 IT 系统,后面就是这个 IT 系统的运行和维护工作,即运行维护类业务运营。在该系统的运行和维护过程中,可能会对原有系统进行一些改造和升级,这又可能是一些小的项目,也是一次性的,但是原来的那个 IT 系统依然存在,在系统改造和升级的同时,会有很多的业务数据在这个 IT 系统上产生并维护,这个过程就是系统的运行和维护过程,也是 IT 系统建设完成之后必然要开展的工作。铁路的建设也是一次性的项目,项目完成时交付建设好的铁路,交付的铁路进入后续的运行和维护阶段。

对企业来讲,业务运营通常包括市场业务、销售业务、研发业务、采购和制造业务、售后服务等业务。除了这些直接与产品和服务相关的业务之外,为了支撑这些业务的有效运作和管理,企业还需要开展一些管理和支持类业务的运营,通常把这种业务称为管理和支撑业务,一般包括企业文化建设、组织与人力资源管理、绩效管理、质量与体系管理、全面风险管理、项目管理、信息化建设管理、综合行政事务等,这些业务都是为了维持企业的正常运营而存在的。

美国生产力与质量中心 (APQC) 提供了一个流程分类框架 (process classification framework),将一般企业运营的业务在流程分类框架的第一层上划分为两大部分共 13 个业务运营领域。

第一大部分为运营流程 (operating process),包括 6 个领域,分别是"开发愿景与战略""产品与服务的开发与管理""产品与服务的市场与销售""产品的交付""服务的交付"及"管理客户服务"。第二大部分为管理与支撑服务流程 (management and support service),包括 7 个领域,分别是"人力资本的开发与管理""信息技术管理""财务资源管理""资产获取、建设与管理""管理企业风险、遵从性、灾难恢复与适应性""管理外部关系"及"业务能力的开发与管理"。APQC 除了开发通用版本的流程分类框架以外,还针对不同行业特点开发了适合不同行业的流程分类框架,以指导不同行业企业的内部运营与流程体系建设。很多全球化企业(包括一些中国企业)参照 APQC 提供的框架开发和定制了各自的流程架构,并在此基础上实施流程管理体系。

从 APQC 提供的流程分类框架第一层的内容可以看出,企业的内部运营包括业务的运营与职能的运营两个方面。

(二) 运营管理

"运营管理"概念的前身是"运作管理",尤其指生产企业的市场运作,最早用于描述传统的制造业中,从工厂选址、生产线布局、流程分析和确定,到原料采购、物流,到生产制造,再到分销的全过程。后来,随着服务业,如餐饮、金融、物流服务、设计等的快速发展,把服务业中的服务设计、设施设置、服务交付、客户互动等过程也纳入了进来,形成了所谓的"运营管理"概念。随着互联网技术的发展和广泛应用,尤其是移动互联网和信息通信技术的发展,以互联网产品和服务为主的设计、交付、互动、服务等为主要内容的互联网运营逐渐流行起来。此时,"运营管理"概念进入了互联网领域。随着以物联网、大数据、云计算、人工智能等新一代信息通信技术的发展,在网络上从事企业运营成为企业运营变革的方向,因此,现代的"运营管理"概念又加入了数字化运营。

理论界认为,运营管理既是传统的现代工商企业运行、运作中普遍使用的概念,也是一个有不同含义的概念。美国运营管理学者雅各布斯认为,运营管理是对企业生产交付产品或者服务的系统进行的设计、运作及改进。他认为,运营管理是企业一项重要职能,有明确的职责,关注的是与产品生产和服务提供相关联的整体系统的管理。

也有的人认为运营管理就是对运营过程的计划、组织、实施和控制,是与产品生产和服务创造密切相关的各项管理工作的总称。从另一个角度来讲,运营管理也可以指对生产和提供公司主要的产品和服务的系统进行设计、运行、评价和改进。

在当今社会,不断发展的生产力使得大量生产要素转移到商业、交通运输、房地产、通信、公共事业、保险、金融和其他服务性行业和领域,传统的有形产品生产的概念已经不能反映和概括服务业所表现出来的生产形式。

因此,随着服务业的兴起,生产运营的概念进一步扩展,逐步容纳了非制造的服务业领域,不仅包括有形产品的制造,还包括无形服务的提供,例如生活性服务、金融服务、研发服务、软件服务、生产服务等。

实施有效的运营管理越来越重要。面对全球性的竞争压力,企业管理人员迫切需要对运营管理的一些基本关系和概念有深刻的了解,更重要的是,他们必须知道如何运用这一知识来最大程度地提高质量和生产率。

现代管理理论认为,企业管理按职能分工,其中最基本的也是最主要的职能是财务会计、技术、生产运营、市场营销和人力资源管理。这5项职能既是独立的,又是相互依赖的,正是这种相互依赖和配合才能实现企业的经营目标。企业的经营活动是这五大职能有机联系的一个循环往复的过程,企业为了达到自身的经营目的,上述五大职能缺一不可。

案例　　　　　　　　　　**航空公司的运营细节**

旅客登机的速度会在很大程度上影响航空公司的成本。西南航空公司指出,如果每趟航班的登机时间延长10分钟,则需要额外增加40架价值4 000万美元的飞机才能满足现在的飞行需求。

并不是所有的航空客运业的创新都来自西南航空。美国航空公司与亚利桑那州立大学的研究者一起,开发了一套名为"倒金字塔"的新型登机系统。首先让那些座位靠窗户且在机舱中后部的经济舱旅客登机,然后再让其他座位靠窗或者靠后的旅客进入,最后让座位靠前、靠走道的旅客登机。这与其他许多航空公司的做法——从后往前一排排地坐满不一样。

一份来自波音公司的研究报告指出,从1970年以后,旅客登机时间翻了一番。20世纪60年代中期的一份报告显示,每分钟登机旅客数为20人。而如今这一数据仅为每分钟9人——旅客们都带着巨大的行李。两大商用飞机制造商波音和空客都在研究如何减少登机时间,以作卖点。

二、企业竞争力、战略与运营

对任何一个企业来说,业务运营的内容都是从无到有、从有到优的动态变化过程,与企业所处的发展阶段、企业战略定位中的使命和愿景密切相关。对于刚刚设立不久的创业企业而言,许多的业务和管理的功能是不完善的,随着企业发展,企业需要的业务和管理功能也会逐渐增强。在创业企业通过有效的运营而初步发展壮大的过程中,会经历竞争、效率提升和战略的调整等。

(一)企业竞争力与运营

企业在市场上销售产品和服务时必定要面临竞争。竞争力是决定一家企业壮大、维持生存或失败的一个重要因素。企业通过品质、价格、客户响应、配送时间和产品或服务等方面的差异性(或者叫作差别优势)实现与对手的竞争。

运营职能通过以下方面影响企业竞争力:产品和服务设计、成本、地理位置、质量、响应时间、柔性、库存、供应链管理,以及服务。

(1) 产品和服务设计。产品和服务设计应当体现在企业许多职能部门协同工作,力争达到资金、运营能力、供应链能力与消费者需要和需求之间的匹配。另外,产品或服务的独到之处或特性也可能是影响消费者决定是否购买的一个关键因素。

(2) 成本。一个组织的成本是影响该组织的定价决策、生产率和利润的一个关键变量。降低成本通常是企业组织的不懈追求。

(3) 地理位置。地理位置就顾客的成本和便利性而言是重要的。靠近原料供应地的位置可降低投入成本,而靠近市场的地理位置可以降低运输成本和缩短交货时间。便利的位置对零售店而言尤为重要。

(4) 质量。质量与用料、做工及设计密切相关。消费者是根据产品或服务满足其目的的程度来评价质量好坏的。消费者通常愿意为他们认为质量好于其他厂家的产品或服务支付更高的价格。

(5) 响应时间。快速响应可成为一种竞争优势。一方面体现在快速将新的或改进的产品或服务推向市场;另一方面,在接到订单后可以迅速将现有产品交付给顾客,及时处理顾客的问题。

(6) 柔性。柔性是指对变化的反应能力。变化包括商品或服务设计特性的改变、顾客需求量的增减,以及由组织提供的产品或服务组合的改变等。柔性强可成为企业的一种竞争优势。

(7) 库存。管理好库存,可以使产品供应与需求有效匹配,从而取得竞争优势。

(8) 供应链管理。供应链管理涉及内外运营(购买者和供应者)的协调,以实现在整个系统内货物交付及时、成本低的目的。

(9) 服务。服务包括被顾客看作价值增值的售后活动,如货物交付、安装、保证工作、技术支持或者对顾客消费过程的格外关注(如举止礼貌、及时与顾客沟通,以及对细节的关注)。

管理者和员工是一个组织的核心。如果他们有能力且工作积极主动,那么他们就能通过他们的技巧和智慧为企业带来竞争优势。一个经常被忽视的技巧是接电话。如何处理投诉电话或信息咨询,结果大不一样。例如,如果采用自动应答,这会使一些打来电话的顾客不感兴趣。如果公司接电话的人不礼貌、回答不上来或者挂断电话,这些都会对公司产生不好的影响。相反,如果顾客电话得到及时和满意的处理,就会给公司带来良好的口碑,从而有利于提升公司的竞争优势。

很多创业企业失败或出现较大的问题,与忽视运营和竞争有很大关系。常见的差错包括:

- 忽视运营战略;
- 未能利用优势和机会,未能认识到竞争威胁;
- 过分重视短期财务绩效,要求在短时间内快速盈利;
- 强调产品和服务的设计,对客户反馈、迭代优化的重视不够;
- 内部沟通和协同效率低;
- 对客户的需求、反馈反应迟钝。

竞争成功的关键在于明确顾客需要什么,然后进行设计、执行和实施,并通过搜集顾客反馈,不断加以改进,来满足顾客期望。其中要解决三个问题:一是深化对顾客的理解,明确客户需要什么;二是洞察哪一方面能最好地满足顾客需要;三是如何超越对手。

(二) 企业战略与运营

1. 企业战略

一个组织的使命是其存在的原因。对一个企业组织来说,使命应回答这样一个问题:"我们是从事什么的?"一个组织的使命是由该组织的业务性质决定的。表4-1列举了部分中国知名企业的使命。

表4-1 中国知名企业的使命

公司	使命
华为	把数字世界带入每个人、每个家庭、每个组织,构建万物互联的智能世界
小米	始终坚持做"感动人心、价格厚道"的好产品,让全球每个人都能享受科技带来的美好生活
中芯国际	成为优质、创新、值得信赖的国际一流集成电路制造企业

使命确立了组织目标的基础。使命对目标和使命的范围做了更详尽的描述。使命和目标常常关系到一个组织希望在公众、雇员、供应商及顾客心目中树立一个什么样的形象。目标指导组织战略的形成。这些反过来又为该组织各职能部门的战略和策略制定提供了依据。

企业的战略包含企业要达到的目标,以及达成此目标的途径。战略是企业决策的核心。战略关系着组织的成功或失败。

企业基本战略包括低成本、快速响应及与竞争者的差异化。低成本是指企业在保持品质的前提下,力争达到比对手更低的成本。快速响应是指对需求变化的反应能力。差异化是指产品或服务的特性、质量、信誉、客户服务方面的不同。有些组织专注于单一战略，而其他组织则采取组合战略。京东公司就采取组合战略。该公司不但实现了低成本、快速和可靠配送，而且在客户服务方面的表现也非常优秀。

以下列出了一些可供企业选择的战略。
- 低成本：向第三世界国家外包运营业务，可利用那里廉价的劳动力。
- 规模化：用资本密集的方法获得较高的劳动生产率和较低的单位成本。
- 专业化：集中于专一产品线或有限的服务以达到较高的质量。
- 创新：集中于创新以提供新产品或服务。
- 柔性：集中于快速响应和/或定制化。
- 高质量：以取得比竞争对手更高的质量为中心。
- 服务：以服务的各个方面（如有益的、谦虚的、可靠的等）为中心。
- 可持续性：集中于环境友好和能源利用效率的运营模式。

有时候，组织在其战略中融合了上述两个或多个方面。然而，除非这些组织足够谨慎，否则它们将承担失去核心的风险，在任何方面都没有优势可言。一般来说，一个组织在制定战略时，要考虑它参与竞争的方面及对自身优劣势的把握，要充分利用它的特殊能力——一个组织拥有的、使其具有竞争优势的特性或能力。

2. 运营战略

企业战略，又称企业整体战略，是涉及一个企业整体和全局的战略。企业整体战略为企业提供了整体性方向，其涉及范围广，涵盖整个组织。同时，可将企业整体战略分解为不同的具体战略，这就涉及企业内各职能部门的职能战略。正如战略应与该组织的目标和使命相匹配一样，职能战略也应与整体战略相一致。一般而言，企业整体战略涉及企业的营销、财务和运营三个方面，相应地形成了企业的营销战略、财务战略和运营战略。

运营战略的涉及面较窄，主要涉及组织内部的运营部分。但是，运营战略很重要，因为它可以通过为职能部门提供管理方向、准则、目标和战略来指导组织的行为。

运营战略与产品、工序、方法、使用的资源、质量、成本、生产准备时间及进度安排密切相关。表 4-2 对组织的使命、组织战略、运营战略、策略和运营进行了比较。

表 4-2 使命、组织战略、运营战略、策略和运营的比较

		管理层次	时间跨度	范围	详细度	涉及内容
公司层	使命	高	长	宽	低	生存、盈利能力
	组织战略	较高	长	宽	低	增长率、市场份额
运营层	运营战略	中等	中到长期	宽	低	产品设计、选址、技术选择、更新设施
	策略	中	中	中	中	雇员人数、产量大小、设备选择、设备布置
	运营	低	短	窄	高	人员安排、产品调整、库存管理、采购

为了使运营战略确实有效，将其与组织战略联系在一起是十分重要的。这就是说，不要将这两类战略的制定独立开来。相反，组织战略的制定应考虑运营的优势和劣势，

扬长避短。同样地，运营战略必须与该组织的组织战略相一致，制定出的运营战略要服务于组织的目标。这就要求高级管理者要与各职能部门一起制定出运营战略，做到各运营战略之间及其与组织战略之间相互一致，而非相互冲突。实践中可能会见到各职能部门之间存在冲突，这对组织是不利的，因为这样使得各职能部门间相互对立，而不能把精力用在使组织更具竞争力和更好地服务顾客上。

运营战略对组织的竞争力会产生很大影响。如果运营战略制定得好，实施也顺利，那么该组织就有极大的可能获得成功；反之，如果运营战略未能制定或实施好，则组织必然失败。

在企业组织中，运营管理人员在许多运营决策中起着战略性的作用。表4-3强调了一些关键战略决策领域及其影响的范围。

表4-3 运营管理的战略决策领域及其影响的范围

决策领域	决策影响的范围
生产和服务设计	成本、质量、责任和环境问题
能力	成本构成、柔性
流程选择和设施	成本、柔性、技术水平、容量
工作设计	工作生活质量、员工安全、生产率
选址	成本、可见度
质量	满足或超越顾客期望的能力
库存	成本、缺货
维修	成本、设备可靠度、生产率
进程	柔性、效率
供应链	成本、质量、敏捷度、缺货、卖方关系
项目	成本、新产品、服务或运营系统

3. 质量战略和时间战略

企业组织的传统战略趋向于把成本最小化或产品差异化作为重点。在不放弃这些战略的同时，现在许多企业正在采取基于质量和时间的战略。质量战略和时间战略之所以很快被企业所重视，是因为它们给企业组织的运营方式带来了极大的变化。

(1) 质量战略。该战略以保持或改进组织的产品或服务质量为中心。质量通常是吸引并留住顾客的一个因素。制定基于质量的战略的动因很多，例如，为了改变留给顾客质量差这一印象所做的努力，期望赶上竞争对手，保持现有质量高的印象，或这些因素及其他一些因素的结合。基于质量的战略可能成为其他战略(如降低成本、提高生产率或缩短时间等)的一部分，所有这些都受益于较高的质量。

(2) 时间战略。该战略以减少完成各项活动所需要的时间为中心，这些活动包括开发新产品或服务并进行销售、对顾客需求变化的反应、交付产品或完成一项服务等。通过该战略的实施，企业可减少对顾客的响应时间，提高对顾客的服务水平，在竞争上取得优势。

时间战略将重点放在减少完成各项活动的时间上，尤其是减少从顾客发出需求到企业提供服务的响应时间。其理论依据是：减少花在各项活动上的时间，通常会使成本下降、生产率增大、质量趋于提高、产品创新加快和对顾客的服务得到改进。

4. 组织战略对运营战略的影响

组织战略对运营和供应链管理战略产生重大影响。例如，采取低成本、大批量战略的组织就不能为顾客提供多样性的产品或服务。结果，运营和供应链的变化受到限制。相反，提供多样性产品或服务的战略定位，或者执行定制化的工作就能够为运营和供应链带来实质的灵活性。相应地，在供应链中实现通畅的产品或服务流程就成了一个较大的挑战，从而使供应和需求达到匹配变得更加困难。在服务业，表现为增加的服务工作降低了在价格方面的竞争能力。

表 4-4 简要说明了一些组织战略对运营战略的影响。

表 4-4 组织战略对运营战略的影响

组织战略	对运营战略的影响
低价格	对产品或服务编号的要求较低，要求制造产品的流程稳定，资源的利用率高
高质量	产品或服务的生产成本、流程设计成本较高，对供应商的质量要求高
快速响应	要求运营系统的柔性高，需要有一定的能力储备，库存水平高
创新	在产品创新或改进方面的投资较高，且需要对运营和供应链流程进行调整以适应新产品或服务
产品或服务的多样性	资源需求呈现多样性，更加强调产品或服务的设计，对员工技能要求较高，成本估算较困难，需投入较多精力以保证质量，库存管理更复杂，供应和需求的匹配更困难
可持续性	影响选址、产品或服务及流程设计，需制定回收政策，设计废弃物管理等

案例　中钢集团：集成整个炼钢流程的制造服务型企业

中国中钢集团有限公司(以下称"中钢集团")是一家为钢铁企业提供全流程服务的企业。中钢集团最初是由原属于冶金部的几个贸易和生产企业合并设立而成的。

在 2004 年之前，中钢集团所属的二级公司多达 76 家，每家都有自己的专业化分工，分别为钢铁生产企业提供点对点服务。二级公司之间存在着业务交叉、相互竞争的现象。

2003 年 12 月，集团下看似孤立的公司其实有着很强的内在逻辑联系——有为钢铁生产企业提供原料的，有提供设备制造的，有提供研究设计的，有提供进出口渠道的，也有提供销售服务的，这些公司各自专业特征很明显，且都与钢铁生产有关，但又都不是钢铁生产本身。

于是，集团尝试着把这些业务串起来，使中钢集团成为一个"紧紧围绕钢铁生产，但不是钢铁生产本身，而钢铁生产企业又离不开"的企业。

整个钢铁产业链条包括资源开发、物流运输、原料供应、焦化烧结、炼铁、炼钢、连铸轧钢、产品销售、服务社会 9 个环节，在 2005 年实施并购重组战略之前，中钢集团在资源开发、物流运输、原料供应、产品销售、服务社会这 5 个环节已经初步具备服务能力，但在焦化烧结、炼铁、炼钢、连铸轧钢4个环节的服务能力尚不具备，就是说尚不能提供全链条的专业化服务。

经过2005年的并购重组，中钢集团投资控股了西安冶金机械有限公司、洛阳耐火材料集团有限公司，重组了衡阳有色冶金机械总厂、吉林炭素股份有限公司、邢台机械轧辊集团有限公司、吉林新冶设备有限公司、吉林铁合金股份有限公司，逐渐具备了在焦化烧结、炼铁、炼钢、连铸轧钢4个环节的服务能力，成为一个能够为钢铁生产企业提供全过程的综合配套、系统集成服务的全供应链生产性服务企业。

案例　罗尔斯·罗伊斯公司：制造商不卖产品卖服务

罗尔斯·罗伊斯公司是全球最大的航空发动机制造商。作为波音、空客等飞机制造企业的供货商，罗尔斯·罗伊斯公司并不直接向他们出售发动机，而以"租用服务时间"的形式出售，并承诺在对方的租用时间段内，承担一切保养、维修和服务。

发动机一旦出现故障，不是由飞机制造商或航空公司来修理，而是发动机公司在每个大型机场都驻有专人修理。这样，发动机公司得以在发动机市场上精益求精，飞机制造商也"落得轻松"。正因如此，廉价航空公司才有了发展的空间，因为它们不用专门养一批发动机维修队伍。

近年来，罗尔斯·罗伊斯公司通过改变运营模式，扩展发动机维护、发动机租赁和发动机数据分析管理等服务，通过服务合同绑定用户，增加了服务型收入。公司销售的现代喷气发动机中55%以上都签订了服务协议。公司在过去18个月中民用发动机订单有80%都含有服务协议；2007年服务收入达到公司总收入的53.7%。

三、数字化运营

（一）数字化运营的背景

随着新一代信息通信技术的发展，目前，数字化正以前所未有的速度促进着创新和变革，形成以数字信息为基础、无线连接、无限可能的智能世界。随着数字化浪潮而来的时代变革，已经从企业层面上升到了国家层面。从世界范围来看，数字化转型和升级逐渐成为各个国家的共识，几个强国之间的竞争也已经进入白热化阶段。

制造业强国德国发布了《数字化战略2025》，对数字化重点领域的目标进行了描述，并提出了相应的实施措施。美国在《国家创新战略》中提出维持创新生态系统的关键要素，强调优先发展九大战略领域：先进制造、精密医疗、大脑计划、先进汽车、智慧城市、清洁能源和节能技术、教育技术、太空探索及计算机新技术。英国出台了《英国数字化战略》(UK Digital Strategy)，设定了明确的途径以帮助英国在启动并推进数字化业务、试用新型技术或者进行先进技术研究方面占据优势地位。日本也提出了"社会5.0"战略，旨在最大限度地应用信息通信(ICT)技术，通过网络空间与物理空间(现实空间)高度融合，使人们进入"智慧社会"。

对于中国而言，经济发展已进入"新常态"阶段，因此政府对数字化转型高度重视。"十三五"时期，中国大力实施了网络强国战略、国家大数据战略、"互联网+"行动计划，拓展了网络经济空间，促进了互联网和经济社会融合发展。以创新和技术为推动的"互联网+""中国制造2025"战略及"一带一路"倡议、供给侧结构性改革等，都在指向大力推动数字化转型，即让中国的"数字经济"实现落地。数字经济即利用互联网融合创新、提升经济效益、催化新技术和新业态，既包括以云计算、基础的增量市场，也包括与传统产业转型升级相结合盘活的生产消费存量市场。中国政府明确提出了数字经济顶层国家战略，即数字经济作为一种全新的经济形态，将互联网、大数据、人工智能与传统产业融合，以跨界方式打通各行业，集成优化各个生产要素，构成链接一切的商业新生态。

数字化时代不同于以往的是，时代的特征会随着数字智能技术的发展快速改变，甚至颠覆；引用《未来简史》一书作者尤瓦尔·赫拉利的话来说，"对于未来世界，最大的不变就是变化"。任何对该时代的总结和描述都不是完整的和最新的，但我们还是有理由相信数字化可以作为当前时代的关键词。

数字化重塑了竞争格局，这不仅是一场技术变革，还是一场经营模式的变革，甚至是一场整个商业世界运行逻辑的变革。数字化转型不单单是采用物联网、人工智能、区块链等数字化技术，而是从战略、组织、人才、商业模式、运营模式、市场策略甚至到员工的工作方式等全方位的改变。

成功的数字化转型要求管理决策层共同支持全新的企业文化，确定新的数字化转型战略，明确数字化技术要实现哪些目标，并且制订涵盖人才、观念、文化、流程和组织结构的全盘计划，从而提升运营效率和降低成本在企业上下推动创新、赋予员工更多的权利，鼓励适度冒险；明确并规划清晰的目标、长远的战略规划，并切实有效地执行，才能真正冲出数字化的迷障。毫不夸张地说，这是数字化转型中最难的一步。任何企业的存活都依赖于其生长和经营的环境，变革意味着要离开原来存活的舒适区，到一个新的生态环境中重新发展，这不亚于脱胎换骨。但是当今数字化转型已经不是选择，而是唯一出路时，只有借助数字化创新，加快市场举措、运营流程、业务模式等方面的变革才是企业的明智之举。

数字化进程迅猛，新兴技术公司层出不穷，未来的企业必将是数字化企业，没有做出与时俱进的改变就意味着错过一个时代；而拥抱变化、决绝转型，则意味着凤凰涅槃、浴火重生，从此展翅高飞。因此，深谙数字经济之道的企业将获得更多的竞争优势。

数字化时代能带来新的商业模式、产品特点和生态环境，所以大多数企业都在积极开展数字化转型实践，转变战略理念与运营模式，即使是体量庞大的行业巨头也都行动敏捷地进行商业模式的变革。这些深度转型的领先企业具有如下特点：以用户至上为纲、以业务创新为驱动,构建数字运营生态体系,实现敏捷高效的数字化运营。

> **案例** **麦当劳数字化升级未来 2.0**
>
> 麦当劳将转型重点主要放在数字化、个性化和定制化服务等方面,这三点不仅体现在市场营销中,还渗透到全公司的战略上。麦当劳经过一系列的战略布局,选择运用数字化技术将经营的各环节进行改造变革,提升服务效率,优化用餐体验。为了更好地支撑数字化,在人员组织层面,麦当劳任命了第一位"数字副总裁",其作为首席数字官,加入麦当劳"全球数字团队",核心工作为"用户互动、电子商务、数字服务和内容"。
>
> 麦当劳餐厅将完成"未来2.0"升级,推出自助点餐、送餐到桌、"星厨系列"汉堡、数字化软件、移动支付、双点式柜台和电子餐牌7个创新模块,实现为用户提供从点餐到结账的全流程信息化智能服务。麦当劳"未来2.0"重新定义了顾客的点餐方式、支付方式、餐单选择及服务内容,颠覆了用户对传统快餐的印象,把更多的自由交到用户手中。
>
> 其中,动态电子菜单是一个物联网设备,同时是一个云端设备。它可以在天气很热时推荐冰激凌,这来源于和云端外部数据的结合。这种"应需而变"的标牌帮助顾客进行选择,并加深了商家与顾客的情感关系。同时,由于商家可以轻松地更新动态电子菜单展示的内容,使顾客可以顺畅地做出选择并点餐,这种"应需而变"也成了开展促销工作的理想选择。
>
> 利用科技能力全面升级店铺服务只是麦当劳智能转型的一方面。另一方面,针对企业内部运营,自助点餐机除了满足顾客的点餐需求外,还收集和分析购买数据,支持麦当劳发现顾客的需求,把不同的渠道(如线上点餐、自助点餐、手机点餐等)的数据和餐厅柜台顾客的购买记录结合在一起,从而使麦当劳更加了解顾客,进而提供更个性化的服务、优惠和菜单。现在手机支付普及后,餐饮业可以通过线下手机支付将门店销售行为和顾客的线上行为相匹配,为真正的大数据分析、应用提供可能。同时,麦当劳公众号有数量达千万级的粉丝,通过对销售数据和社交数据的分析,可以更精确地锁定不同的用户客群,比如哪些粉丝在购买,还有哪些粉丝只点赞、不下单,从而为社交媒体运作和用户转换战略战术提供更多的数据理论支持。

(二)数字化运营的特征

数字化运营的特征包括以下4点。

(1) 用户至上,提供数字化体验。用户话语权已成为现代企业最重要的资源,与用户离得越来越近、互动越来越频繁,产品连接的用户越来越多,用户的评价越来越好;并且只有为用户创造真正的价值和极致的体验,才能得到认可。因此,"用户主权""用户至上"不再是老生常谈,而是真正被切实融入企业经营的精髓,以用户的需求引导运营的方方面面,快速推动经营变革。

(2) 业务创新，构筑数字化优势。在复杂的商业环境下企业必须足够敏捷、勇于创新，方可保证持续赢利。大多数企业从局部开始，重点运用在原有业务领域积累的经验和资源，通过新的技术建立独特的优势。在引入外部跨界经验的同时，有机、渐进地建立内部的创新能力，最终在思维模式和行为模式上产生由量变到质变的革新。

(3) 平台模式，打造数字生态体系。数字化时代的平台模式是构建多主体共享的开放式协同生态体系，通过连接多个企业，实现群体需求对接，产生网络效应，从而实现多主体共赢。平台模式构建起新型的连接方式和价值分配模式。目前，平台模式的示范效应推动企业拥抱产业平台，"平台革命"已成为各行业谋求战略增长、重塑自身商业模式的重要途径。

(4) 优化运营，持续提升效能和价值。生态合作模式会导致运营复杂，对企业管理、运营和信息化能力的要求更高。唯有转变经营理念，打造全新运营模式，才能在日益激烈的商业竞争中优化服务、提高效率。很多优秀的企业通过改善运作模式来实现商业价值的最大化，他们把数字化思维方式推广到整个公司的运营中，利用云技术、移动互联技术、大数据技术、智能商业分析等数字化技术，高效、敏捷地开展协作。

> **案例** 哈雷戴维森摩托车在数字化时代的运营
>
> 哈雷戴维森（Harley-Davidson，HD）是全球闻名的摩托车厂商。在数字化时代，它在网上建立了自己的运营网站。这个网站除了展示哈雷企业的全部信息外，更重要的是，网站提供了哈雷在产的所有摩托车的详细部件、设计信息，它允许消费者通过访问网站、浏览产品参数信息，选择不同的部件组合，以定制属于自己的哈雷摩托车。顾客在一个只具有基本配置的摩托车模型上，可以自行选择袋子、电镀罩、配色方案、排气装置、足控制器、反光镜和其他配件。网站的建立使得顾客不仅可以在各种配件中进行选择，还可以让他们看到自己所配置摩托车的样子。顾客可以将他们的独特的设计与朋友和家人分享，可以打印成品图，还可以通过 E-mail 传送成品图。哈雷以这样一种人性化、个性化的方式为爱好摩托车的消费者提供定制摩托车服务。
>
> 这种新的运营方式维系了哈雷戴维森与顾客的紧密联系，加强了其与顾客的沟通，提供了与顾客交流摩托车文化的平台，同时向顾客提供了个性化的服务。

（三）数字化运营框架

数字化运营框架由战略层面和执行层面两大部分构成，在战略层面需要规划设计企业的整体数字化战略，并在此基础上制定对应的数字化运营策略。在执行层面包括以"用户为中心"开展关键要素的运营，构建数据驱动和持续优化的运营机制，整合资源，与内外部合作伙伴共同构建数字化运营生态体系。

该数字化运营框架以用户为中心，并把所有营销相关资源综合利用起来，从战略层面和操作层面构建各类能力，实现多种运营能力的数字化，运营数据共享贯通的高度一体化，从而再造数字化生产行为与市场行为，充分调动一切积极因素以达到数字化营销的目标。

1. 战略层面的运营能力构建

企业在战略层面的运营能力包括以下几点。

(1) 企业数字化战略决策能力：包括企业战略规划、数字化产业环境分析、企业价值主张等能力。

(2) 数字化战略举措应对能力：包括完备的、全状态的运营管理和分析决策，跟踪、分析、应对企业战略的能力。

(3) 市场环境和竞争应对能力：包括市场环境、竞争对手分析，数字化营销战略定位，业务发展分析、细化和举措等能力。

2. 执行层面的运营能力构建

企业应以用户为核心进行用户运营、产品设计、渠道推广、订单交付及用户服务，实施完善的用户体验运营，找到用户价值和企业受益之间的结合点。企业在执行层面的运营能力包括以下几点。

(1) 数字化运营管理能力：包括全局层面的运营流程管控、状态管控、资源管理、规则管理、资源调配与动态调整等能力。

(2) 用户运营能力：针对用户的旅程，全程提供管理、交互体验、社会化关系社群运营、用户个性化运营等能力。

(3) 产品运营能力：包括制定产品营销战略，从产品生命周期、商品结构、定价、库存管理、类目规划、分析、设计到执行、运营的能力。

(4) 渠道运营能力：包括数字化渠道构建、全渠道协同、一致用户体验、全渠道统一管理运营等能力。

(5) 营销推广能力：针对特定需求的市场营销推广活动，负责各种推广活动策划、定义、销售策划、执行、资源管理等工作，具备运营、实现和动态调整等能力。

(6) IT支撑能力：能够构建面向业务需求的支撑模式、支撑业务和运营需求，构建敏捷高效的管控模式，实现IT的有序、高效的管理。

(7) 数据驱动能力：通过大数据、人工智能技术分析和优化运营决策，实现精细化、智能化运营的能力。

(8) 持续优化能力：包括各个运营环节的持续优化能力、整体运营机制的持续优化能力、高效的质量改进、实现运营效率持续提升的能力。

(9) 内外生态构建能力：能够构建完善的企业内外部基础能力环境，例如物流、支付等，与其他部门的协作管理、与合作伙伴的价值合作运营等。

以上这些能力之间相互联系、彼此影响，共同打造企业的数字化运营。该框架重视系统化运营管理，让企业的各层次、各部门和各岗位，以及总公司、子公司、产品供应商、供应链上下游及生态体系中所有相关合作伙伴共同行动，调配各类数字化资源，协同一致，形成竞争优势。

第二节　创业企业业务运营

> **案例**　　林语堂故居的业务运营与管理
>
> 　　城市名人故居的保护、开发和发展是城市文化发展的重要内容，也是推动城市文化旅游发展的重要基础。中国台北林语堂故居由林语堂亲自设计，以中国四合院的架构模式，结合西班牙式的设计取向，兼具东、西方风格，融合了现代感与古典美，具有极高的历史、科学和旅游价值。林语堂故居的保护、开发及发展成为名人故居运营管理的核心内容。
>
> 　　1976年3月林语堂先生辞世，家属遵其遗愿将林语堂先生归葬中国台北林语堂故居。1985年，林语堂先生夫人廖翠凤女士将整个家园及林语堂先生的藏书、著作、一部分手稿及代表性遗物捐赠中国台北市政府。中国台北市文化事务主管部门有意扩充活化林语堂故居原有图书馆功能，向"名人故居"及"文学生活馆"之方向规划。1985年5月"林语堂先生纪念图书馆"成立，并向公众开放。其后，中国台北市文化事务主管部门以委外招标的方式，由佛光人文学院经营，以活化古迹，加深其人文广度，让隐遁山林的文学重现踪迹。中国台北林语堂故居于2002年3月26日开馆，门票30元，成为结合参观、艺文讲座、餐饮休憩的多元化空间，完整呈现了林语堂先生的格调思想、发明创意、生活态度与文学成就。
>
> 　　2005年10月1日，林语堂故居改由东吴大学接手，以研究为目标，活络林语堂故居。新开馆的故居内，仍完整保存大师生前规划的一草一木。当年先生使用的手稿、信笺、照片、书籍、笔、墨及座椅、眼镜、烟斗、打字机等，真实地再现了先生真朴的人生。
>
> **故居的功能设计**
>
> 　　中国台北林语堂故居的功能设计主要分为4个部分，分别为故居展示区、阅读研讨室、有不为斋、中庭露天览景平台。其中，故居展示区又分为书房展示间、生平掠影走廊、卧室展示间、客厅及餐厅展示间。最为出彩的是林语堂故居书店与咖啡厅，林语堂家的餐厅现已改作公众餐厅，因此现在把餐桌椅搬到了会客厅，林语堂手书"有不为斋"这4个大字挂于墙上。餐桌椅都是林语堂先生自己设计的，椅背上刻有甲骨文"凤"字。如今，其委外经营，开放为用餐品茗空间，名为"桌子咖啡"。这里的餐饮营业时间较展示参观时间延长4个小时，除周一休馆外，"桌子咖啡"与露天览景雅座每日上午10至晚上9时开放，提供外界精致套餐、饮料与饮茶服务。"桌子咖啡"餐点价位经济实惠，经营团队对餐点的要求极为讲究，比如德式熏烤猪脚、无锡肉骨排和林语堂先生都有渊源；此外，翡翠高丽菜卷是林夫人生前最爱的素菜色。

故居的活动策划

中国台北林语堂故居四合院的左边原来是车库,现在是一间阅读研讨室。书橱里的书约有两千多册,大多是林语堂先生曾经使用过的,和在书房中的书一样,全部有编号标签,目录储存在电脑中,便于查找借阅。这里经常举办林语堂先生的学术研讨会。每周五下午有讲座,既有阅读方面的,也有科普方面的。每周六,还有读原著学英语的活动,旨在"从阅读林先生的《京华烟云》开始,树立学习英语的正确观念,贴近林语堂的作品世界"。这里还供社会各界有偿使用,召开会议或举办讲座等。例如,其推出了"有不为斋书院讲座""邂逅作家下午茶"等文学活动,通过作品导读赏析,让民众深入了解林语堂的作品。

故居的经营收益

中国台北林语堂故居在运营中保证自给自足并产生盈利。门票每人30元,团队票每人25元,并提供租借服务,比如提供会议、座谈、聚餐等场地租借服务,每小时收取500元,对商家广告摄影每小时收取1 000元、婚纱摄影每次收取1 000元。这种租借服务为林语堂故居带来大量收入。同时,林语堂故居出售许多颇有创意的纪念品,有书包、拎包、有茶杯、咖啡杯、U盘、光盘,还有林先生爱喝的茶叶、爱吃的零食,以及林语堂式的眼镜框,当然,还少不了林语堂所著《京华烟云》等20余种著作和林语堂次女林太乙著作《林语堂传》等。

故居的人员管理

由于配备一定数量的运营、管理人员需要较高的成本,所以中国台北林语堂故居采用志愿者参与管理的方式。在一些工作难度较小的岗位(如答询服务、展区维护、现场解说等),林语堂故居采取了义工招募方式。同时,林语堂故居是东吴大学学生"勤工俭学"的基地,每年都会有来自东吴大学的学生在这里做志愿者。志愿者参与管理的方式既保证故居的正常运转,也在一定程度上让故居健康地发展。

创业企业运作的核心是业务的运营,所有的活动、机制、职能、资源配置等,都是围绕业务的运营展开的。所以,业务运营的好坏事关创业企业能否持续发展,也是判断创业企业成功与否的标志。在创业企业的业务运营中,最重要的是用户运营和产品运营。此处的产品包含了有形的产品和无形的服务,以及由产品和服务组合而成的解决方案。

一、用户运营

(一)用户运营的概念

在传统行业中,如制造业、服务业,没有用户运营的概念,只有客户服务、客户关系管理、需求管理等。随着信息通信技术的不断创新和广泛应用,传统的制造业和服务业正在进行数字化转型。数字化转型的一个关键内容就是将用户、顾客放在企业运营的核心和起点,以此拉动企业的全部运营活动。因此,在数字经济时代,用户运营已成为所有行业和企业必备的重要运营领域。

身处互联网行业内的人认为，用户运营就是"让更多的用户使用并喜欢企业的产品"。而在互联网行业中，实际从事用户管理和运营的人则认为，用户运营是一个让用户和产品、企业互相了解、发现问题、解决问题，建立和维系持久关系的过程，即用户运营是一个维系用户和产品之间关系的过程。

有的人认为，用户运营是指以网站、手机或其他端口为连接点，以产品或应用的用户的活跃、留存、付费为目标，依据用户需求，制订运营方案，甚至运营机制。一句话，围绕用户的吸引、留存、活跃、需求满足，以达到用户付费的过程和活动。

时代在变革，企业和用户之间连接和互动的方式也随之发生着根本性的变革，正如以上提到的，由于数字化技术的存在，企业能实时感知到用户，两者深度连接构成了新型合作关系，因此用户运营就显得越发重要。企业需要树立价值共创的运营理念，深入洞察用户的行为，读懂和理解用户的诉求，支撑永远在线的服务，提升用户感知体验等。

数字化时代的企业不再以生产产品和提供服务为导向，而是秉承价值共创的运营理念，重点引导用户使用产品和体验服务，贡献创意并创造价值。

(二) 数字化时代的用户特征

1. 活跃自主的连接者

在数字化时代，多屏娱乐和多元社交平台成为用户和用户间、用户和企业间新的接触点，社交媒体占据大家更多的时间，渠道也更加多样化。用户的注意力在变得专注的同时，也更加碎片化，任何屏幕都不能长时间独占用户，跨屏互动已成为用户的新特征。

人们更乐意连接线上线下渠道，创造更便捷的消费场景，通过移动化渠道快速、实时地办理业务，解决日常生活中的常见问题，并提升效率，例如家政服务、上门洗衣等。如用户可以利用手里的终端在短时间内获取各种信息，随时来一次"说做就做"的消费体验。

数字化的终端与多场景化的App已将用户的行为习惯培养得十分苛刻，他们几乎永远在线，随时随地都有可能脑洞大开，提出诉求，而且期望按照自己的想法去尝试并得到结果。用户追求的是个性、独一无二及被重视和尊重，他们需要个性化的商品，喜欢定制自己想要的商品与服务，而用户所处的环境更加数字化、智能化，这些触手可及的终端使得随时随地的想法和个性化的诉求更容易得到满足，他们也更愿意主动参与到从创意到商品诞生的全部流程中。

场景化的App已经融入生活的方方面面，使用户可以随时随地查询并发表自己的见闻，与大家互动并分享经验和感受。如果要探求他们的内心的话，他们也是乐于分享的，因为在这个过程中能够实现自我表达，获得成就感，满足利他性和趣味性的综合诉求。互动、分享已经是数字化时代用户不可忽略的特点。只要用户愿意，就有更多的途径分享自己的真实感受和想法、建议。而这种行为，跨越时间、地域的界限，已成为一种常态。

2. 群体重构：社群化

打开微信，用户有意无意地关注了由于工作关系、兴趣偏好、生活方式、子女教育等所建立的各种专题群组织，这些群所组织的活动有节日礼包，有指定地点的停车费免单或打折,或者会员日活动等。一个微信群凝聚了大量的关注者,代表了一类主题行为和主题需求。公众号也有类似的效应,在微博、BBS 及各类论坛网站中,人们因为对感兴趣的同类话题聚集在一起,形成了一个特定的群体。起初以线上的活动为主,大家针对这个话题,畅所欲言,分享相关的视频,分享自己的感受;慢慢地,大家讨论的内容渐渐扩展到更多的内容和主题,也因为这样的沟通,群内的人们彼此熟悉起来,彼此间的信任度逐渐加深,随后群里会组织活动,从线上搬到线下,同时随着各种口碑的传递,群里的人们可能发展成为朋友和合作伙伴等,例如微博的明星粉丝团等。

以上这些具有特定社会属性的群体,通常称为社群。社群是一个非常古老的概念,一开始社群的定义是按照地域划分的,为一定的边界线所圈定的范围内人类或动植物的群体。如今,更先进的技术和手段为社群的发展提供了更多的途径,为社群的概念注入了数字化的活力,让社群的概念完全打破了地域的界限,跨越了时空。

从社群的创建角度来讲,一个爱好、主题、某个人物、一次学习等太多的理由可以触发一个社群的成立,所以社群具有场景性。随着社群的发展和壮大,社群内部也有明确的组织结构,并且随着社群的逐渐成熟,社群的划分变得更加垂直。

3. 转型为运营合作伙伴

在社交媒体等多种数字化技术手段的推动下,用户由被动消费转向参与设计、介入运营和主导消费,不仅导致企业价值链的主导权从生产商、流通商转到用户手中,还使得用户广泛、实时地参与到生产和价值创造的全过程中。他们愿意参与到企业产品的研发和推广中,提出个性化的需求,发表观点和想法。

曾经有人描绘了这样一个案例:明媚的阳光从落地窗照射进来,隔着纱帘室内的阳光并不那么刺眼,张三正在专心致志地画画,绘画是张三的最大业余爱好了。而今,这个爱好已经不再是她自娱自乐的消遣,她的创造可以被更多的人关注。她的作品会发布在 Threadless 的设计官网上,随后接受人们的评判,并有可能成为一个 T 恤的图案,在全球发行。Threadless 是芝加哥一家 T 恤公司,T 恤图案的来源便是世界业余艺术家提供的作品,这些作品会在 Threadless 的官网上展出,并接受投票、评选及评论,每周都会选择投票数在前 5 名的来稿作品进入生产环节。入围的图案创作者也会拿到一定比例的提成,不仅在艺术造诣上得到人们的肯定,同时获得经济上的收益。

总之,无论是在电商网站、社交媒体中,还是在企业的互动平台中,每个用户在消费着各种内容的同时,也在创造着内容。尤其对于互联网运营商来说,用户生产的产品(UGP)、用户生产的内容 (UGC) 已经成为当代数字化产品和内容的生命力。所以,从产品的研发阶段、品牌的传播阶段、内容和产品产生阶段到产品的售后阶段,用户与企业可以实现深度的合作。数字化的技术手段和平台也为这种互动提供了强有力的平台支持,时代让用户与企业更加靠近,逐渐成为企业的合作伙伴。

(三)数字化时代的用户运营体系

1. 数字化的用户模型

数据建模是指对现实世界各类数据的抽象组织,确定数据库需管辖的范围、数据的组织形式,以及转化成现实的数据库。将经过系统分析后抽象出来的概念模型转化为物理模型后，借助 Visio 等工具建立数据库实体及各实体之间的关系。从现实世界到物理数据库要经历概念模型、逻辑模型和物理模型三个过程。

在当前数字化互联网时代，数据来源多元化、数据格式多样化，从而对数据质量的要求更高；另外，互联网企业业务变化快、业务垂直拆分等特点，使得在这个环境下数据建模有着以下不同于传统行业的特点和要求：

- 支撑高并发、高访问量的诉求；
- 支撑不定期峰值的爆款及爆红系统的稳定性；
- 支撑业务快速上线、生命周期短、快速下架的业务流程处理；
- 支撑灵活、多变、易扩展的业务需求。

对于用户管理建议，一般的初级逻辑业务模型包括与用户相关的 6 个维度，分别是用户基础信息域、用户订购域、用户交互域、会员管理域、用户服务域、用户体验管理域。不同的域描述了不同用户的不同业务逻辑和业务内涵，并从模型的角度增加了适应数字化需求的内容。

2. 数据驱动用户运营

在数字化时代，用户在浏览网页、刷微博、使用手机 App、网购的时候，用户的行为轨迹已经被关注，历次的交易信息已被记录，成为企业提供产品或服务的基础性数据。因此，基于用户行为及社交媒体所产生大量数据，经大数据和人工智能等技术的加工，已具有巨大的价值，并形成企业的资产。因此，数据驱动成为企业必须面对的战略级决策，必须基于数据进行决策和分析，从而支撑精细的数字化运营。

数据驱动用户运营需要关注用户是从哪里来的？新增用户和老用户有什么不同特点？他们如何使用产品，对于当前产品和服务的状态有什么建议？不同类型用户所关注产品和服务的差异是什么？

首先，根据专题明确需要分析的数据维度，包括如下方面。

- 用户的位置数据和行为数据。位置数据划定了用户日常活动范围和特点，结合用户经常活动区域的社会属性（如社会公共职能、市民解构、消费水平等），并根据其作息时间、活动规律等行为数据，可以对用户年龄、收入、职业做初步的分析。
- 用户近期在各种智能终端的浏览过程数据。由此可以看出该用户近期正在关注什么，对什么东西有需求。通过进一步分析浏览的次数和停留时间的长短，可以初步了解该用户对商品的品质、样式、颜色等维度的偏好。
- 用户间互动交流的情绪数据。这种数据再次表达了其喜好，情感的数据吐露的是用户对商品的褒贬。因为 AI（人工智能）技术及 AR（增强现实）、VR（虚拟现实）技术在用户到达的地方有更多的应用场景，所以与用户交互的情感数据的收集就更加实时和细致。经过几层的筛选和过滤，企业对用户偏好的商品有了一定的了解，为了给用户一定的引导性，企业还会提供与之相关的商品并推送给用户，给用户更多贴心的选择。
- 用户的购买历史数据。企业通过分析用户购买商品的历史数据，从而做出判断。对于周期性使用产品，在用户即将再次购买前，应给出及时的推送，这样一来，再次购买变现的成功率会更高。对于低频次购买的产品，则应注重分析其消费的品牌、价格等,定期给予对低频次物品配件、维修保养的提示等。对于特殊产品,如追星衍生品、被追捧的数字化产品等,应分析用户需求,按照其特点给出个性化的温馨提示和建议。

其次,进行数据分析。数据分析通常包括数据准备、预处理、数据建模、模型评估等环节。在数据分析领域,必须提到人工智能。常见的人工智能系统有专家系统、神经网络、遗传算法、智能代理。在进行数据分析和建模之前,要先明确是描述分析型、还是预测分析型。如果分析的目的是描述用户的行为模式,为用户做标签、定义用户画像,那么就采用描述分析型方法,通常使用的统计学模型有关联规则、序列规则、聚类模型等。在这个环节中,专家系统在目标用户群确定过程中也会给予更为有力的支撑。对于预测分析型,则要通过一定量的历史数据,形成一个模型,然后预测未来发生某个事件的概率。常见的预测模型有分类预测和回归预测两种。

最后,解读分析结果,并给出决策建议。做完数据分析后,需要对数据分析的结果给出合理的解读来指导运营决策,提供用户运营的具体建议。用户运营的关键在于吸引新的用户、增值和激活存量用户,杜绝用户流失。基于用户数据分析结果,我们可以对重点VIP用户给予个性化的营销和重点关怀。对于存量用户,根据其兴趣偏好,激活其积极购买和使用的兴趣,例如对不同用户群体给予特别商品的推荐或者更为适合的升级服务等。对于潜在流失用户,应该在特定的时间或日期给予维系和挽留的策略或者送上优惠的折扣,让用户在感受到被重视的同时,感受到温暖和实惠。应用前沿的数字化手段,比如VR、AR等手段,丰富用户体验的途径和经历,从中获取更多的用户行为和喜好数据,再利用人工智能、机器学习等挖掘算法,深度挖掘用户的需求。例如,有一家新生公司Growbots,利用机器学习的算法自动探测营销活动,收集与活动相关的所有公开信息,从而丰富其知识库信息,可以更为精准地发掘潜在用户、优质维系用户、流失风险用户等,并实现无微不至的用户关怀。若发现结果存在误差,数据分析专家也要敢于接受,重新对数据模型进行修正和重新验证,以确保数据驱动运营真实有效。

3. 多维连接、智能交互

要想获得竞争优势,就必须注重并优化每一次交互过程中的用户体验,确保跨渠道和跨市场营销的正常运作。用户交互管理,即构建综合的用户信息交互枢纽,利用数字化的技术构建起与用户沟通的交互渠道,识别不同的用户,并将他们按照既定的参数进行分类管理,最后建立有效的沟通关系,并适时了解其对于产品的需求信息。在整个数字化用户管理体系中,用户交互域为其他域提供数据分析和共享的支撑。提供友好的用户交互体验,需要对内建立用户交互管理体系,对外开放友好的用户交互界面。

4. 建立用户交互管理体系

在用户交互管理中,要实现全渠道用户交互行为的管理,并对交互行为数据做有效的分析和建模及辅助决策支撑,初步分析至少包括用户交互信息管理、用户交互过程统一内容管理、用户交互事件管理、用户交互行为即时分析,以及用户交互数据维护和渠道协同辅助支持,这将有效地构建起统一、即时的用户体验基础。

5. 实现友好的交互体验

从与用户建立连接那一刻开始,依赖数字化的智能终端,企业与用户的互动一直在持续，因此足够友好和智能的交互式体验，对于提升用户的使用感知有着非常重要的作用。未来交互的方向就好比现在的 VR、AR、MR(混合现实)技术，其实也是在模拟人与现实交互的一种过程。因此，友好的交互体验需要从视觉、听觉、触觉的维度来定义，即：满足视觉感受的界面提示满足听觉感受的语音交互，以及满足触觉感受的触屏技术能力所带来的友好体验等。这些交互包括所有交互的渠道、交互的内容、交互的方式及交互的反馈等。

二、产品运营

此处的产品包括有形的"硬件"产品，也包括无形的服务，以及由产品、服务、知识组合所构成的解决方案，以下统称产品或产品与服务。

(一) 数字化时代产品和服务的变化

从工业革命以来到数字化时代以前的时期，企业生产、提供的产品就是各种各样的实物，包括家用电器、洗衣液这样的最终消费品，也包括原材料这样的中间产品；既包括螺丝、螺母这样的标准零件，也包括汽车动力总成、计算机主板这样的部件。同一时期，企业还提供各种各样的服务。服务是有关时间、地点、行为等的组合。例如，为了降低出海贸易商人的风险而出现的保险业务。

随着技术的发展，产品在逐步进行数字化重构，原有的物理产品具备了更多的智能特性和连接特性，跨界合作及融合创新更加频繁。在数字化时代，用户与厂商的联系更加方便，厂商和用户的关系更加密切，用户更多地参与到产品和服务的运营中。这些变化造就了数字化时代产品和服务的新变化。

1. 产品和服务的数字化

随着信息通信技术的不断创新和快速应用，传统的有形产品在逐步进行数字化重构，原有的物理产品具备了更多的智能特性和连接特性。厂商提供的传统服务也在进行数字化的解构和重构，原有的靠人工利用各种设备进行的服务，现在逐步以程序等数字化的方式提供和使用，最典型的是银行服务。传统的银行服务场景涉及三方，即客户、银行工作人员、银行设备(见图 4-1)。

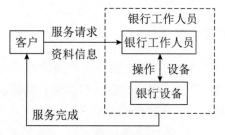

图 4-1 传统的银行服务场景

在数字化时代，同样的银行服务，可以把相应的功能集成在网络银行端或手机的 App 端，由客户通过自主操作完成。

这种创新和重构可分为以下两种情况。

(1) 在实物产品的基础上叠加数字化、智能化基因。例如，智能冰箱既保留了传统冰箱的食物储存功能，又通过冰箱门上的智能终端、内置摄像头、图像识别、手机 App 等数字化手段扩展了功能，让冰箱成为集在线购物、影音娱乐、营养推荐等功能为一体的在线服务平台。

(2) 通过颠覆式的数字化基因改造，完全改变产品的形态，实现产品的数字化。例如，腾讯新闻、今日头条等资讯网站及应用与传统的纸媒体相比，已经完全数字化了。

2. 产品和服务的共创化

传统上，产品和服务的设计、生产、物流和交付等过程，是由厂商及其供应链完成的。这个过程独立于客户。而在数字化时代，基于网络技术、移动互联网技术、3D 打印技术、大数据技术、云计算、物联网和人工智能等新型技术的应用，厂商和客户的连接变得容易、快捷和低成本，厂商可以非常方便地和客户建立起联系，如通过微博、厂商微信公众号、厂商的 App 等。厂商通过这些方式，与客户就产品和服务的各个方面进行讨论和交流，从中了解客户的需求、偏好等，最终提供给客户满意的产品和服务。在这个过程中，客户深度参与了厂商产品和服务的设计、生产和交付，厂商和客户共同创造价值。

理论界的研究认为，价值共创是指消费者共同参与企业产品生产消耗全流程，以提高企业产品的效用和价值的过程。传统价值创造理论认为，消费者不会参与商品的价值创造过程，是价值的消耗者。价值共创理论与传统基于商品交换逻辑 (good dominant logic) 的价值创造理论不同，价值共创理论认为消费者是企业创造价值各个流程中的参与者，而不是价值的消耗者。在价值共创模式中，参与价值共创的企业和顾客是价值共创的核心，以"企业—顾客"导向的价值共创决定了价值共创模式能否顺利推进和取得成功。

价值共创的参与主体，在价值共创出现的早期更多发生于企业与消费者的二元互动，但近几年随着竞争加剧和越来越多的企业采取价值共创的做法，价值共创的主体也发生了变化。随着很多企业进入到新的市场，以消费者为中心，价值的创造与获取也越来越需要生态系统中更多的参与主体，理论界对价值共创主体的研究，逐渐由企业与消费者转移到更广泛的服务系统及利益相关者之间的互动，并进而认为一切利益相关者也属于价值共创的参与者。

（二）数字化时代的产品运营体系

在数字化时代，产品数字化基因的发展导致产品的形态和特征发生了巨大的改变，这使得产品运营的范畴更加广泛，这意味着我们应该构建跨越产品全生命周期、具备应变能力的运营体系，才能顺应数字化时代的发展。

同时，数字化产品特征的改变对产品运营提出了新的要求，即产品运营需要具备应变能力。之所以这么说，是因为在数字化时代，产品的特征呈现出生命周期变短、极简与个性化需求并存、多样化、融合化等特点，这些特点对数字化产品运营的核心需求就是应变能力。例如产品生命周期变短，就对快速引入新产品及支持产品快速、有序、体系化地推出的运营支撑能力提出需求；数字化产品快速迭代的特性，需要支撑产品对版本的控制能力，构建开发运维一体化的体系；要求产品能够按需而变，同样，营销、生产等运营也要按需而变。产品的融合化要求构建打破组织壁垒的融合运营能力与机制，数字化产品的多样化要求实现多态的数字化产品管理的需求，以及多态的商品目录管理和多态灵活的订购支撑。

那么，数字化时代"跨越产品全生命周期、具备应变能力"的产品运营内涵有哪些？可以总结为两点。第一，从对外的角度来看，产品运营是能够连接产品和用户的一切手段。对于不同的业务形态、产品形态及产品生命周期阶段而言，产品和用户之间的关系是不一样的，产品的"大运营"应该协同企业市场、研发、产品、运营、商务、销售等各部门，贯穿从产品创意到产品退出的整个生命周期，建立产品与用户间的连接，与用户在多个环节进行互动，打造满足用户的想法和需求的产品。第二，从企业内部管理的角度来看，产品运营是产品的管理机制，通过该管理机制来保障敏捷、柔性、有序的产品创意、规划、设计、研发、生产、营销、交付、服务等。

1. 不同类型的产品形态有不同的运营要求

不同形态的产品（比如内容类应用产品、工具应用产品、电商应用产品、物联网应用产品、终端硬件产品、通信连接产品、平台服务产品等），其运营策略是完全不同的。产品运营的策略应该以提升内容的质量、增加内容的数量、引发内容热点讨论为重点。比如：除了通过专业编辑生成内容，运营策略还可偏向于引导用户生成优质内容并自发传播，或通过合作引入外部内容等手段来丰富内容。

2. 在不同的产品生命周期阶段，定义差异化运营目标

正如一个人在成长的不同阶段会有不同的生活状态一样，产品在不同的生命周期阶段，其运营的目标也存在差异，需要有适合其阶段的运营方式，所以在考虑运营策略时一定要结合产品的实际发展阶段。

在产品规划阶段，产品需要有与企业发展远景相匹配的、清晰明确的定位和发展路线规划。规划需要考虑解决用户的哪些核心需求？如何与用户互动获取用户的创意？需要考虑产品附加什么数字化特性来适应时代的发展和满足用户的期待？需要割舍哪些传统产品、发展哪些数字化产品，等等。

在产品研发阶段，用户不仅仅是产品的用户，更是产品创新的参与者。这个阶段的运营目标是让用户深度参与设计，持续获取用户已知的和潜在的需求。用户与企业交互，即与企业的市场营销、研发、生产等人员协同进行产品的创新。

在进入市场后，探索期的产品上线时间短，还处在快速迭代的产品打磨阶段，运营需要挖掘种子用户并让其反馈体验，贡献好的创意，推动传播，帮助产品成长；成长期的产品需求已得到验证，需要快速占领市场，跑赢竞争对手，运营要主攻用户增长，吸引新用户是关键；成熟期的产品已初步站稳市场，也获取了大批量的用户，运营要做好用户留存和维系，同时着力完成商业变现；衰退期的产品已走到生命周期的尾声，替代品出现，用户流失，运营要做好流失用户挽回和尽量延长产品生命周期。不同的市场阶段产品的运营策略要随着阶段目标而调整。

3. 基于产品需求场景制定差异化运营策略

产品的诞生是为了解决用户的某个需求痛点，运营人员需要思考这些需求会出现在哪些场景，产品和用户又会在什么场景下产生连接，在制定运营策略时可以充分考虑在既定场景下如何引导用户完成转化。例如：租车 App 包括短途周边自驾游、异地租车自驾游、旅游爱好者长途川藏青海游、商务出行、新手练车、春运回乡用车、出险替代用车等很多场景。运营人员可以基于不同的场景主推车型、营销活动等差异化运营，如全家周边游主推轿车并支持打折、赠送户外帐篷等活动。

4. 借助内容运营提升产品运营

前面提到，数字化产品包括数字内容、应用软件、实物终端、通信连接、平台服务，产品间的差异使得每一类产品都有其特有的运营内容。在这个内容为王的时代，除了内容主导型数字化产品重视内容，一些技术型产品的公司也已经开始逐步重视产品的内容运营，因为用户的时间是有限的，只有深度的内容才能吸引用户关注产品，所以运营人员巧妙地将内容准确、有效地呈现给用户，对于各类数字化产品的运营都很重要。

内容运营包括内容生产、内容入库管理、内容展现推荐、内容的热点运营。

(1) 内容生产。内容生产的来源可以大致分为三类：① UGC(user generated content)，即用户生产的内容，如小红书、知乎、简书等都是由用户生产的；② PGC(professional generated)，即专业人士(机构)生产的内容，如门户网站、视频节目、优质电台节目、大众音乐平台等内容都是由专业团队生产的；③外部转载，即通过正规渠道获得作者许可而转载一些内容。

(2) 内容入库管理。如果没有良好的结构把海量内容保存起来，则海量的内容将无法使用。与实物相同，内容同样需要入库管理。入库管理需要做到以下几步。①做内容的结构化信息处理。以音乐为例，音乐的直观表现形式是一首歌，进一步分解之后，一首歌的结构化信息有演唱者、唱片公司、专辑名称、发行日期等。②构建内容的分类体系，当内容多的时候，用户必定只选择自己感兴趣的内容来消费，分类就是提供一个选择的入口。③构建灵活的标签体系，相比分类，标签会更加灵活，就好比一本书放在一个书架上，但是可以在上面贴上若干个标签，如作者、中文、小说、当代文学等。电脑在搜索的时候，只要匹配其中一个标签，就可以找到这本书。

(3) 内容展现推荐。内容展现推荐是直面用户的一道程序，常见的推荐形态包括热门、排行榜、编辑推荐内容、个性化智能推荐等。现阶段流行的个性化推荐系统有豆瓣 FM 的"猜你喜欢"、亚马逊的"为你推荐"等，这些几乎都基于标签系统。

(4) 内容的热点运营。内容的热点运营能直接为内容带来阅读量、粉丝量、转发率，进而增加产品的下载量、用户数、商品的销售量等。做内容热点运营，先要能发现热点，热点包括可预测的热点，例如年节假日、马拉松大事件等；也可以通过百度指数、微博热门话题排行榜发现热点；还可以根据产品的用户群、不同的用户圈层来发现不同的热点，比如针对母婴类，热点主要集中在关注与孩子成长相关的内容。发现热点后如何利用热点？运营热点事件时要贴近自身产品和用户，可通过多角度拆分热点事件内涵，挖掘自身产品和用户与热点的关联，通过撰写图文资讯、微博、微信公众号、网络社区、合作媒体等渠道传播该资讯，等等。

第三节　创业企业组织运作

数字化时代，组成组织最小的单元正在发生变化，它是一场组织变革的转基因工程，正在从一个刚性的组织演变成一个"液态"的组织。

第一，从组织的边界来看，组织正在从封闭走向开放。智能组织最大的特征是可以对外部环境的变化做出实时的响应。今天，基于类似钉钉这样的移动办公平台，更容易实现企业内部跨部门、跨地域管理，以及企业与供应商、销售商、合作伙伴、客户协同管理。基于这样的云平台的技术架构体系，它正把一个封闭的组织架构迁移到一个开放的架构体系中。林清轩等品牌厂商基于钉钉正在构建一个包括客户、导购、店长、供应商在内的新协作体系和价值链网络。

第二，从组织的组建来看，从他组织走向自组织。任何一个组织都是有生命周期的，组织的创建、发展、壮大、消亡有内在的动力机制，这种动力机制决定了一个企业组织内部的活力，而文化和价值观是这一动力机制的源泉。今天，企业需要构建一个复杂的生态，组织如何自发地"涌现"，是衡量一个企业创新活力的重要标志。钉钉为企业在全产业链、全场景的复杂网络中便捷、高效地创建、运营、管理好一个组织提供了一套全新的技术支撑和运营体系。

第三，从组织的流程来看，组织从串联走向并联。钉钉为企业搭建了一个大中台、小前台的架构体系，基于以人为本的设计理念，打破了传统基于流程的模式，构建基于任务导向、场景导向的多主体协作模式，推进组织之间的协作，加快传统组织架构向"大中台＋小前端"的演进。韩都衣舍的"小组制"是对这一组织架构最好的诠释。

一、组织结构与运行机制

(一) 组织结构

1. 组织结构的概念

组织结构 (organizational structure) 是表明组织各部分排列顺序、空间位置、聚散状态、联系方式及各要素之间相互关系的一种模式，是整个管理系统的"框架"。管理者在进行组织结构设计时，必须正确考虑6个关键因素：工作专业化、部门化、命令链、控制跨度、集权与分权、正规化。其本质是为实现组织战略目标而采取的一种分工协作体系，组织结构必须随着组织重大战略的调整而调整。从管理学的角度来看，主要是为了保证有效的通信和协调。

2. 典型的组织结构

(1) 直线型组织结构，又称单线型组织结构，是最古老、最简单的组织结构类型。其特点是组织系统职权从组织上层"流向"组织基层。上下级关系是直线关系，即命令与服从的关系。

优点：结构简单，命令统一；责权明确；联系便捷，易于适应环境变化；管理成本低。

缺点：有违专业化分工的原则；权力过分集中，易导致权力的滥用。

(2) 职能型组织结构，又称多线型组织结构。其特点是采用按职能分工实行专业化的管理办法来代替直线型的全能管理者，各职能部门在分管业务范围内直接指挥下属。

优点：管理工作分工较细；由于吸收专家参与管理，可减轻上层管理者的负担。

缺点：多头领导，不利于组织的集中领导和统一指挥；各职能机构往往不能很好地配合；过分强调专业化。

(3) 直线—参谋型组织结构，又称直线—职能型组织结构。其特点是吸收了上述两种结构的优点，设置两套系统，一套是直线指挥系统，另一套是参谋系统。

优点：直线主管人员有相应的职能机构和人员作为参谋和助手，能进行更为有效的管理；可满足现代组织活动所需的统一指挥和实行严格责任制的要求。

缺点：部门间沟通少，协调工作较多；容易发生直线领导和职能部门之间的职权冲突；整个组织的适应性较差，反应不灵敏。

(4) 事业部制组织结构。其特点是在高层管理者之下，按地区或特征设置若干分部，实行"集中政策，分散经营"的集中领导下的分权管理。

优点：有利于高层管理者集中精力搞好全局及战略决策；有利于发挥事业部管理的主动权。

缺点：职能机构重叠；分权不当容易导致各分部搞独立，损伤组织整体利益；各分部横向联系和协调较难。

(5) 委员会。委员会是组织结构中的一种特殊类型，它是执行某方面管理职能并以集体活动为主要特征的组织形式。实际中的委员会常与上述组织结构相结合，可以起决策、咨询、合作和协调作用。

优点：可以集思广益；有利于集体审议与判断；防止权力过分集中；有利于沟通与协调；能够代表集体利益，容易获得群众信任；促进管理人员成长等。

缺点：责任分散；议而不决；决策成本高；少数人专制。

(二) 组织运行机制

组织结构是企业静态的"框架"，组织运行使其结构动态化。组织运行包括组织制度的建立、组织冲突的协调、运行机制的健全、运行过程的调控等。组织运行的目标要看是否实现了效率，促进了发展。组织运行依赖于人与组织的关系及组织与环境的关系。

二、组织流程

(一) 流程管理相关概念

1. 流程的概念

流程是由活动和在活动中扮演不同角色的参与者，按一定的逻辑(依赖关系)和规则连接起来完成组织目标的过程。一个流程包含两个以上的活动,构成流程的活动数量、各活动的协调方式、各活动之间的逻辑关系。复杂的流程由来自多个领域的多个参与者的活动组成。因为分布式的活动之间存在相互依赖关系,所以流程系统是一种群合作系统。

流程是为达到特定的价值目标而由不同的人共同完成的一系列活动,是通过一系列可重复、有逻辑顺序的活动,将一个或多个输入转化成明确的、可衡量的输出。流程中的活动之间不仅有严格的先后顺序,而且活动的内容、方式、责任等也都必须有明确的安排和界定,以使活动在不同岗位角色之间进行转手、交接。活动与活动之间在时间和空间上的转移可以有较大的跨度。狭义的业务流程,则认为流程仅仅是与满足客户价值相联系的一系列活动。

一般而言,企业中的流程分为业务流程和管理流程。对于业务流程,不同的学者有不同的理解。

迈克尔·哈默(Michael Hammer)与詹姆斯·钱皮(James A. Champy)对业务流程的经典定义:我们定义某一组活动为一个业务流程,这组活动有一个或多个输入,输出一个或多个结果,这些结果对客户来说是一种增值。简言之,业务流程是企业中一系列创造价值的活动的组合。

托马斯·H·达文波特认为,业务流程是一系列结构化的可测量的活动集合,并为特定的市场或特定的顾客产生特定的输出。

ISO9000 对业务流程的定义为:"业务流程是一组将输入转化为输出的相互关联或相互作用的活动。"

2. 流程的组成要素

不同的定义强调了不同的要点,但归结起来可以发现,"流程"的定义包括输入资源、活动、活动间相互作用(即结构)、输出结果、顾客、价值等 6 个要素。

(1) 输入资源。流程是一个产生预期结果的活动过程。要想取得结果,就需要投入资源。这个投入的资源包括人员、物料、设备、知识、动力等。例如,银行的 ATM 机自助存取款服务流程,输入资源包括 ATM 机、电、程序、钞票、适当的建筑及辅助设施等。

(2) 活动。活动是流程可被明显观察到的、最容易辨识的外在形式。比如,在企业报销的流程中,无论是填制纸质报销单还是电子报销单,都是一项活动。活动是指为取得一个特定结果,将取得这个结果视为一个任务,进而将这个任务分解为不同的基本的"子任务"。

(3) 活动间相互作用。组成流程的活动间存在资源共享、执行的先后顺序、同时发生和处于不同的重要等级等关系,每一种关系都可借助相应的协调机制进行解决,从而在实现各自子目标的同时,完成各项流程及其总目标。这种活动间关系的形态称为活动结构。

(4) 输出结果。任何一个流程都要有明确的、对流程设计者而言有利的结果,否则,流程就没有存在的意义。产生价值、提高效率、减少不必要的时间等是对这个结果的评价标准。例如,餐馆厨房加工菜品流程的输出结果是可供顾客享用的菜品。

(5) 顾客。顾客是流程完成后所产生成果的直接接受者,或者叫作承接流程结果的主体。这个顾客可以是企业最终的消费者,例如餐馆就餐流程成果的接受者是就餐的消费者,也可以是企业内部下一个环节的人、机器、部门等,例如制造业制造流程成果的接受者是企业的仓储部门,或在门外等待装货的客户。

(6) 价值。流程的价值是指流程输出结果对顾客的有用性、效用和意义等。流程的价值不同于流程的输出结果。一个流程的输出结果可能并不会给顾客带来价值。例如,同样是餐馆厨房菜品加工流程的输出结果,美味的产品会给顾客带来价值,而低品质的菜品对顾客则意味着灾难。能否给顾客带来价值,是评判流程优劣的根本标准。

3. 流程的特点

流程具有以下特点。

(1) 目标性。流程有明确的输出目标或任务。这个目的可以是一次满意的客户服务,可以是一次及时的产品送达,等等。

(2) 内在性。流程包含于任何事物或行为中。对于所有事物与行为,我们都可以用这样的句式来描述:"输入的是什么资源,输出了什么结果,中间的一系列活动是怎样的,输出为谁创造了怎样的价值。"

(3) 整体性。流程至少由两个活动组成。流程,顾名思义,隐含着"流转"的意思。其至少需要两个活动,才能建立结构或者关系,才能进行流转。

(4) 动态性。由一个活动到另一个活动。流程不是一个静态的概念,而是按照一定的时序关系徐徐展开。

(5) 层次性。组成流程的活动本身也可以是一个流程。流程是一个嵌套的概念,流程中的若干活动也可以看作"子流程",可以继续分解成若干活动。

(6) 结构性。流程的结构可以有多种表现形式,如串联、并联等。表现形式的不同,流程的输出效果也不同。

4. 流程管理

流程管理是指以企业发展战略需要为出发点,以价值增值(顾客愿意付钱)流程的再设计为中心,强调打破传统的职能部门界限,提倡组织改进、员工授权、顾客导向及正确地运用信息技术,建立合理的业务流程,以达到企业动态适应竞争加剧和环境变化目的的一系列管理活动。

流程管理(process management)是指一种以规范化的构造端到端的卓越业务流程为中心,以持续地提高组织业务绩效为目的的系统化方法。有时也被称为业务流程管理(business process management,BPM)。

业务流程管理是从相关的业务流程变革领域,如业务流程改进(BPI)、业务流程重组(BPR)、业务流程革新中发展起来的。流程管理技术也是从早期的工作流管理、企业应用集成(EAI)、流程自动化、流程集成、流程建模、流程优化等技术中发展起来的。

流程建设和管理是把所有人从海量的、低价值的、简单重复的工作中解放出来,任何业务活动都有明确的结构化流程来指导。从本质上来说,流程是组织创造的机制。

案例　苹果公司通过变革流程改善组织运营

苹果公司有卓越的产品和优秀的员工,但乔布斯和库克明白,在一个技术为本的行业里,像三星、黑莓和微软这样的竞争对手也能够在产品创新、服务和人才方面参与竞争。但若要在流程创新,以及在上市时间和成本方面参与竞争,则难度较大。在这种情况下,乔布斯请来了曾在康柏电脑公司负责材料采购、在 IBM 负责分销管理的蒂姆·库克。库克拆解并重构了苹果公司的供应流程,将其看作一个订单生产业务而不是备货型业务。他明白,所有的流程都包含两种类型的时间:工作促进流程的时间(我们可称之为工作本身)和流程受到干扰并阻碍工作的时间(精益倡导者将其视作浪费)。库克带着流程思想、流程思维和垃圾处理的心态改革了苹果公司业务的方方面面。

库克将主要供货商的数量从 100 家减少到 24 家,迫使他们放弃些前景不错的生意来保持现有业务,并说服众人将办公地点搬到苹果工厂附近,关闭了公司原有的 19 个仓库中的 10 个。库克通过降低导致库存积压的可能性,减少仓库数量,减少了库存。1998 年年初,乔布斯将产品库存期从 2 个月缩短为 1 个月;到同年 9 月,库存被缩短至 6 天;到了第二年的 9 月,库存被不可思议地压缩至短短 2 天。此外,他将苹果电脑的生产流程从 4 个月缩短至 2 个月。这些措施不仅节省了资金,也确保了每一台电脑配备的都是最新的零部件。

如今,苹果公司之所以具备强大的竞争优势,不仅仅是因为其擅长制造新产品,更重要的是其拥有一个能够更快接近用户、经济效益更高的流程。

(二)流程管理体系建设内容

流程管理体系建设包括流程体系规划、流程设计体制、流程实施与评审机制、流程改进体制 4 个方面。这 4 个方面一脉相承,体现了管理的 PDCA[①] 循环。

1. 流程管理体系规划

在做流程体系规划时,一是要考虑有效地规范、管理并支持企业业务发展,提升利润空间,以及企业需要哪些流程;二是为了便于流程管理,要建立分层分级的流程管理体系,明确流程之间的上下游及接口关系,识别基于阶段性战略目标的关键流程进行重点监控等。因此,流程管理体系规划可以参考下面几个原则。

(1) 完整性原则。将企业的重要活动纳入流程化管理,形成完整的文件化流程体系。

(2) 范围清晰原则。流程间的范围(起点和终点)明确,串联起来能够形成完整的业务链,既没有断点,也没有相互交叉(既没有真空地带,也没有重复管理)。给流程界定一个清晰的范围,可以避免流程活动的相互交叉,提高流程的可操作性。

(3) 层次化、结构化原则。流程体系按价值链进行结构化设计,建立分层分级的流程管理体系,使得流程之间的逻辑关系(上下游关系、支持关系)明确。

(4) 认识关键流程原则。基于企业阶段性战略目标识别企业的关键流程,便于重点跟进与管理。

2. 流程设计机制

流程设计阶段需要把握规范化和优化两个基本原则,并做到以下几点。

---

① PDCA:即 Plan(计划)、Do(执行)、Check(检查)和 Act(处理)。

第一是流程体系规划设计的规范化,确定输入和输出节点,有明确的活动规范,便于经验积累和推广。

第二是职责清晰。明确流程角色分工和职责,并设计流程绩效指标。很多企业的考核指标是从职能考核的角度设立的,应从流程的角度去建立、跟踪、考核流程的绩效。

第三是适应性。流程要适应企业的战略发展要求和实际运作要求。很多企业的流程还没有体现战略的要求,没有将战略实施的关键因素融入流程,从而变成员工的日常操作行为;有些企业没有根据战略的改变,而在流程上做出相应的调整,新的关键成功要素没有体现在流程中。

3. 流程实施与评审机制

流程建立起来后,关键在于实施,需要树立流程的权威性,以及建立流程的持续评审机制,从而牵引流程的持续优化。流程的实施评审工作,可以参考以下步骤。

(1) 流程的发布与培训执行。流程发布后,要对相关执行人员进行培训,确保流程执行人员明确在新流程中的职责,执行规范的变化,及时掌握新流程所需的操作技能。

(2) 树立流程的权威性。流程建立起来以后,必须树立流程的权威性,打造"重视流程、使用流程、管理流程"的氛围。流程要得到有效的执行,没有随意的破坏流程权威性的现象出现,企业全体员工形成按流程规定操作的习惯。

(3) 建立评审机制(计划、方法、绩效测评)并实施评审。这是保证流程持续有效的关键步骤。关键流程评审,由流程部门组织流程评审小组进行评审;其他流程评审,由流程主导部门组织相关人员进行评审。

(4) 实施奖惩措施。如何管理变革,包括流程管理变革,必须有制度作支持,否则会不了了之。需要建立起一套制度,奖励在流程实施中提出有效改进措施的行为,惩罚不按流程规定执行的行为。

4. 流程改进机制

针对流程实施与评审中收集到的流程缺陷,组织跨部门的小组进行流程的程序改进。流程改进工作可以从以下几个方面进行。

(1) 体现企业战略。流程必须能够支持企业战略的实现,这样的流程才有效,否则就是无效的,甚至会产生负面的效果。因此,流程改进目标必须体现企业战略要求。

(2) 消除管理瓶颈。流程改进目标必须消除目前的管理瓶颈。

(3) 树立标杆基准。树立行业或相关行业的标杆基准,学习业界标杆的成功经验和方法;以标杆为基准设置流程绩效目标和提升计划;对标杆基准进行跟踪研究。

(4) 做好协调平衡。流程改进时,应同时梳理和协调上下游流程和接口流程,确保流程间的协调和平衡。

(5) 持续优化流程。完成流程管理的业务体系构建后,还必须保持流程的持续优化。如按照流程管理体系要求,组织跨部门流程工作小组收集流程运行的问题,定期对流程进行评审,对问题流程持续优化,从而优化工作方法,解决管理瓶颈。只有坚持流程的持续优化,才能在运营效率上超越竞争对手,创造竞争优势。

本章思考

1. 某个创业企业打算推出一款App，公司设想App的功能主要是通过与熟人之间的小游戏（如下棋、打靶等）为各自获得积分，积分达到一定程度，可以向商家兑换小商品。请根据本章内容，帮助该公司设计运营方案。

2. 根据本章内容思考，同样是餐饮企业，全聚德和海底捞有何不同？

第五章
创业企业营销管理

> 用户喜欢你,他会用各种方式让你赚钱,不会饿着你的。你真的把东西做好了,把用户伺候好了,什么东西都不用你担心。
>
> ——雷军,小米创始人

学习目标

1. 掌握营销及相关的概念
2. 掌握社区、场景等概念
3. 理解营销是企业的职能
4. 掌握营销管理演变的过程和内容
5. 掌握创业企业营销管理的内容

案例　　构建社区营销,促进荣宝斋发展

荣宝斋至今已经有300多年的历史,是驰名中外的老字号,坐落在北京市和平门外琉璃厂西街,主营书画用纸、笔墨砚台等文房用具。

荣宝斋的前身叫作松竹斋。创办者是一个浙江人,姓张,他最初是用其在京做官的俸银开办了一家小型南纸店。后来松竹斋逐渐没落,传到第二代就已经处在破产的边缘。老板的儿媳张李氏"三顾茅庐"请来绰号"智多星"的庄虎臣负责经营。松竹斋打破了当时东家与经营者分成,东家占大"股"的惯例,按四六分成比例和东家分享经营利润,并规定东家不准无故干预店铺事务。在职业经理人庄虎臣领导下,松竹斋于1894年改名为荣宝斋,取"以文会友,荣名为宝"之意。庄虎臣说服了东家花钱给他买了一个"七品芝麻官",方便他到朝廷里去抄录官员任免名单。他把这些人的出身、怎么晋升的等信息都抄到《缙绅录》上。而且,更新速度特别快,第一天朝廷的任命,第二天《缙绅录》里就更新了,从现在的角度来看,《缙绅录》就是一本现代版的人事变动杂志。

由于资料来源为皇宫第一手,再加上制作讲究,荣宝斋印的《缙绅录》很快成为官员的抢手货。官员们慢慢都来了,荣宝斋从中发现了商业机会。来的官员,大多刚下朝,还穿着朝服,这样没法逛琉璃厂,于是庄虎臣就专门做了个茶室当作衣帽间,让他们把朝服换下来,等走的时候再穿上朝服回家。

光做这些还不够,庄虎臣发现最近光绪皇帝命令采买司的官员专门为官廷采购文房四宝。于是，庄虎臣就去结交这个人。他怎么结交的呢？

　　庄虎臣告诉采买司官员一些有关皇帝用笔的信息。使采买司官员的职责做到位。这样一来，他就要感谢庄虎臣。此时，庄虎臣再送采买司官员一些荣宝斋监制的东西让他体验。采买司官员使用后，就会知道这里的东西比别家的要好，再加上他非常感谢庄虎臣，采购自然就落到荣宝斋的头上。最后，荣宝斋的生意越做越好，而其他店铺几乎都倒闭了。为什么？荣宝斋所做的一切就是以《缙绅录》为纽带，建立了一个交流的社区。通过社区深化了与这些官员之间的关系，从而将官员需求绑定。

　　荣宝斋的这套方式和做法，在很大程度上实现了它自己建立的理念：以文会友，荣名为宝。作为在文化领域声誉卓著的百年老店，荣宝斋经历了历史和时代的漫长而剧烈的变迁，在这百余年的历史演变中，发生改变的是生产的技术和工艺，不变的是其对客人生活方式的洞察和对客人需求的敏锐把握和满足。这，铸就了企业的基业长青。

第一节　营销管理概述

　　管理学大师德鲁克认为，企业最核心的使命是创新和营销，而营销的本质是创造客户。处于初创期的创业企业，更要以为客户和社会创造价值为目标。因此，如何找到客户，与客户建立强有力的稳定关系，为客户持续提供优质的产品和服务，就是创业企业核心的任务，这构成了创业企业最重要的营销职能。

　　历史上，企业的营销方式经历了大量销售阶段、深度营销阶段和社区营销阶段。大量销售阶段的首创和典型代表是福特汽车公司。深度营销阶段的典型代表是通用汽车公司，而社区营销阶段的典型代表则是丰田汽车公司。

一、营销概念的发展演变

　　什么是营销(marketing)？许多人都认为，营销就是推销和广告。无疑，人们每天都接触大量的电视广告、报纸广告、直接邮寄广告，甚至电话推销，每时每刻都有人试图向我们推销产品。在当今时代，营销已不能再用推销和广告这种旧的概念来理解，而必须用满足顾客需要这种新的观念来理解。如果营销人员能够深刻地理解顾客的需要，开发出超价值的产品，并有效地定价、分销和促销，要卖掉这些产品可以说是易如反掌的。众所周知，当索尼公司(Sony)推出第一批便携式收录机时，以及福特公司(Ford)推出第一批T型车时，订单多得简直无法满足。这两家公司设计了适当的产品，这些产品为顾客提供了全新的利益，从而大大增加了市场的需求。正如管理学大师彼得·德鲁克(Peter

F. Drucker)所说,"营销的目的就是要增加需求。为此,就要深入地了解顾客,以便产品和服务具有适用性,并由自身产生销售。"

在20世纪20年代以前,美国就有了市场学(market)的概念,研究的是市场行情、销路与需求,以及相应的对策和方法,比如分销、推销、广告等。

大约在1900年以后,美国管理学理论界开始构建"销售"方面的课程,加州大学的教授西蒙·李特曼(Simonlitman)走访了旧金山的一些商人,以及对两名德国人的相关著作进行了研究,并于1903年形成了"商业和贸易的技巧——对商业组织、机构、商业形式及实践的研究"的课程。后来,他转入伊利诺伊大学继续讲授该课程。俄亥俄大学的教授詹姆斯·E.海杰蒂(James E. Hagerty),从1900年开始,通过问卷调查和走访,了解了许多商人的商业经历并悉心钻研了当时在这方面为数不多的文章,尤其是费城商业博物馆收集的一些贸易期刊上的文章,以及联邦工业委员会的报告;他于1905年开设了"产品销售学"课程,后来更名为"分销与管理产业"课程。

1932年,美国的克拉克和韦尔达写了一本书《美国农副产品营销》,也许这是最早使用"营销"这个概念的书。这是一个独创的概念——"营销",不是"分销",也不是"推销"。

这个概念很可能来自"市场"(market),强调要把农副产品的流通过程组织起来,按照市场的"流向、流量和流速",有效地流转起来,准确地到达每一个消费者手中。

具体的组织方式如下:第一,集中(根据终端消费者的需求信息,从分散的农户那里收购农副产品);第二,平衡(随时根据供需状况,调节农副产品的流向、流量和流速,维持供需平衡);第三,分散(及时准确地把农副产品分别推送到千家万户,推送到消费者手中,实现有效销售)。

1953年尼尔·鲍敦(Neilborden)在美国市场营销协会(AMA)主席的就职演说中提出,企业可以从12个方面入手,采取优化组合的手段,刺激或影响目标市场的需求。当时他罗列的12个方面是:产品、定价、品牌或商标、分销渠道、人员销售、广告、营业推广、包装、售点展示、售后服务、物流管理、市场调研与分析。从现在的眼光看,这12个方面,都是企业商务活动领域的资源、条件和活动事项,而且绝大多数与销售活动事项有关。由此而论,鲍敦讲的是从这12个方面入手促进销售业绩的提高。

1957年,霍华德(Johna Howard)借用"营销"这个词提出,要依靠"营销策略",强化企业对外部环境的适应性。这也许是后人误把营销当作一种策略,把4P当作营销策略的根源。

1960年,毕业于美国西北大学的麦卡锡(E. J. McCarthy)在《基础营销》(*Basic-Marketing*)一书中,把企业所要影响的消费者,称作"目标市场",设计了一组策略,命名为"市场营销组合策略"。这就是后来风靡全球的4P组合营销策略的由来。所谓4P,就是产品(product)、价格(price)、渠道(place)和促销(promoting)这4大营销组合策略。据说这种策略分类的原创,来自麦卡锡的博士生导师克鲁维(Richard Clewett)。值得注意的是,麦卡锡采用的方法是"命名",所谓"命名(naming)",就是对一个"本体(noumenon)"进行冠名,使"名称"与"实体"两者对应起来。而不是依据"本体"的特性，进行"定义(definition)"。可以说，营销界绝大多数概念，都是被任意冠名的，都没有依据事物的本质特征进行严格定义。至此，营销界与企业界已经不再关心"企业—客户"关系层面上的事情了，而在"产品—货币"转换层面上做文章。

1960年美国市场营销协会(AMA)的营销定义是"引导货物和劳务，从生产者流转到消费者或用户所进行的一切企业活动"。1985年，美国市场营销协会的营销定义是，"对思想、产品及劳务进行设计、定价、促销及分销的计划和实施的过程，从而产生满足个人和组织目标的交换"。在营销界，在营销专业人士的头脑中，所谓营销，就是一种促进销售的策略、招数和计谋。营销大师，就是点子大王、策略大师和公关杀手。

直到2001年，艾略特·艾登伯格(Elliott Ettenberg)在"关系营销"(relationship marketing)思想基础上，提出4R，即关联(relativity)、反应(reaction)、关系(relation)和回报(return)，也就是把企业与顾客视同一个共同体，在更长的时间跨度内和更大的空间范围内，依靠响应顾客的需求及其预期的变化，强化企业的商务模式，强化为顾客创造价值的能力及其企业自身的盈利能力，并依靠不断提高与扩大的共同利益基础及其预期，维持共同体的存续及其长期合作关系。

2004年，美国市场营销协会彻底转变观念，明确"营销是一种组织职能和一套流程，用来以为顾客创造、沟通和交付价值，以及以有益于组织及其利益相关者的方式来管理与顾客的关系"，明确营销是一项组织职能及其流程，而不是一种观念，不是基于市场导向观念所做的事情。营销的本体或营销活动事项，就是对企业与顾客之间的关系进行管理。应该指出，做任何事情都需要策略，用于销售活动的就是销售策略，用于市场活动的就是市场策略，用于营销活动的就是营销策略。策略、工具或手段，本身不具有性质，策略的性质是由事情的性质决定的。步枪可以用来打仗，也可以用来比赛。比赛用枪是体育用品，打仗用枪是兵器、武器或凶器。对于相同的工具，用途不同，则性质不同。

二、营销的概念

市场的概念最终使得营销概念形成了一个完整的循环。营销就是要管理市场，促成满足人们欲望和需要的交换。因此，营销是通过创造和交换产品与价值，从而使个人或群体满足欲望和需要的过程。

交换过程涉及多项活动。卖者必须寻找买者，确认其欲望，为其设计适当的产品或服务，确定价格、促销、储存和运输。营销的核心内容包括产品的研究与开发、沟通、分销、定价及服务等。尽管人们通常都认为，营销活动是由卖者进行的，但实际上，买者也进行营销活动。例如，当消费者在寻找所需产品的时候，就是进行营销活动。同样，当采购代理商寻找卖者并与卖者讨价还价的时候，也是在进行营销活动。

在通常情况下，营销涉及竞争者和最终用户。本公司的营销者和竞争者都把产品信息直接或通过营销中介间接传给最终用户。在这个系统中，所有成员都受环境因素的影响（包括统计因素、经济因素、物理因素、技术因素、政治因素和法律因素，以及社会因素和文化因素）。

系统中的每一个参与者都附加一个价值到下一个参与者。因此，一个公司是否成功不仅取决于自己的工作，还取决于整个价值链对最终用户需要的满足程度。例如，物美超市不可能单独保证出售低价格的商品，除非供应商也提供低成本的货物。同样，北汽集团公司不能单独保证向购买者提供高质量的汽车，除非它的代理商也能提供高质量的服务。

因此，营销是在企业价值链和外部所在的产业链上进行整体、协同活动的集合。本书认为，营销就是依靠组织起来的管理手段，在供应商、渠道商和零售商之间，构建一体化的关系体系，打通生产领域、流通领域、交换领域与消费领域的联系，有效地为最终消费者做贡献。

三、营销职能与营销管理

(一) 营销职能

1. 什么是企业

亚当·斯密1776年写的《国富论》，对国民财富和性质及其原因进行了研究，其中最重要的内容是讲了"分工"。他认为一个国家的财富应该通过生产活动领域提高劳动生产率获得增加，而不是通过买卖。这刷新了买卖贸易的理论、重商主义的理论。亚当·斯密认为，通过劳动生产效率的提高来创造更多的财富，然后进行交换，彼此之间的财富就会更多。为了论证这一点，他讲了一个案例。有一个生产大头针的工厂，过去一个工人手工劳动一天只能生产20枚针，但是把制针的过程分成18道工序分给10个工人去分担，一天能够生产4.8万枚针，人均每天生产4 800枚针，与之前相比劳动生产率提高了240倍。

分工之后如何变成一个整体，如何结成一体化的关系，使人与人之间有一个稳定的关系？这是一个难题，因此而形成的整体称之为组织。所谓企业就是分工基础上的组织。没有分工就没有企业。分工是企业的起点，企业的定义就是"分工基础上的组织"，这不是简单"组织"的概念。

2. 专业职能

专业职能，又称"参谋职能"，主要是指"人财物"等要素方面的职能。最常见的有人力资源管理部门，财务管理部门和物资(固定资产)管理部门。与"人财物"专业职能所对应的，是"产供销"的职能，最常见的有生产部门、采购部门和销售部门。人们习惯上把它称为"业务职能"或"经营职能"。顾名思义，"专业职能部门"必须要有明确的专业、技术与知识，以及专业团队乃至于专家级的人才团队。这样才能成为价值创造流程中的参谋机构或辅助决策机构，否则，就是一个从事行政事务的打杂部门，甚至成为一个听差的部门，而不是一个智囊部门。

作为参谋或辅助决策机构，它是围绕着目标、任务、责任和实践体系展开或设置的。在经营管理的各个层面上，在高层、中层和基层的经营管理层面上，当好责任主管的参谋，辅助责任主管"选择正确的事情去做，并把事情做正确"。

具言之，收集、整理、分析企业内外的情报、数据和信息。制定相关的政策、策略、制度、规范、计划和行动的提案，以及跟踪检查各项决策事项的落实情况。在有条件的情况下，专业职能部门的专家团队还可以深入实践，帮助具体的责任部门落实决策事项与纠正偏差工作，完成从"知识"到"行动"的转换。

持续这个过程，可以使专业职能部门融入目标、任务、责任体系之中去，和经营职能部门结合起来，形成相互作用、相互依存的一体化的关系。减免两种职能部门的"两张皮"，减免相互扯皮的现象。

在企业实践中，经常能看到的现象是，专业职能部门与经营职能部门相互看不起，在彼此的眼中不是"笨蛋"（没脑子）就是"傻瓜"（书呆子）。

专业职能部门在高层、中层和基层设有相应的机构，形成垂直的指挥和命令、报告和请示的关系。因此，每一个专业职能人员都有两个直接的上司。在专业上和制度规范上，接受上一级专业职能机构的管辖。在具体的行动上，听从所在经营管理层面上责任者的指挥与命令。

在实践中，经常或者容易出现偏差的地方是，专业职能部门自上而下形成独立王国，俗称"职能王国"。

解决问题的办法是，强化各级经营管理层责任者的关键权限（如对于专业职能部门人员的考核决定权和人事任命决定权），让专业职能人员的立场更加贴近价值创造流程的客观需求。

3. 营销是创业企业的基本职能

(1) 营销不是一种策略。一说到营销，大家一般都会将其理解为4P，即产品策略、价格策略、渠道策略和促销策略，认为营销就是如何促进产品的销售，提高销售业绩。而作为一个从事营销的人员，他可能立刻想到的是如何策划一场活动，炒作市场，"轰炸"消费者，以把销售业绩搞上去。而一旦在炒作和"轰炸"下销售量和销售额有所提升，就认定营销成功。这种观念有问题。

任何事情都应该有存在的价值和理由，做任何事情都应该有目的性。既然销售的目的是提高销售业绩，那么营销的目的就不是提高销售业绩。不能认为销售业绩提高了，就是营销成功了，或称作"成功营销"。销售业绩提高了，只能说销售这件事情做得好，只能是"成功销售"。

(2) 营销不是一种观念。科特勒提出营销是一种观念，一种市场导向的观念，即"营销观"。问题还是没有得到解决，营销到底是一件什么事情？学者到底是学者，居然可以这样蒙混过关，用一堆似是而非的话语，含含糊糊地把这个"元命题"掩盖下来了。让人们误以为，营销就是在"市场导向观念"指导下做的任何事情，比如"按需生产"或"按需研发"。遗憾的是，谁也没有意识到这是不对的，谁也没有深究过其中的错误。

如果我今天想"市场需求导向"，那么我今天就是一个营销人员；明天想"销售业绩导向"，那么我就成了销售人员。同样的，如果这个部门今天想"市场需求导向"，那么这个部门今天就是一个"营销部门"；明天想"销售业绩导向"，那么就成了"销售部门"。也就是说，企业中各个部门及各类人员的性质，是由他们的观念所决定的，而不是由他们所做事情的性质决定的。

"市场营销是如此基本，以致不能把它看成是一项单独的职能……从它的最终结果来看，也就是从顾客的观点来看，市场营销是整个企业的活动。"

德鲁克一是强调营销是一项职能活动；二是强调"满足顾客需求"是整个企业的事情，不是单独一个职能部门的事情。问题还在于科特勒，他把满足顾客需求，说成是营销或营销观。

殊不知，满足顾客需求，是企业的目的。按照德鲁克的说法，企业只有一个恰当的定义，这就是创造顾客。创造顾客是企业的目的，是企业存在的价值和理由，是企业各项职能活动的总和。即便要把"满足顾客需求"当作一种理念，也应该是企业的至高理念，而不是营销理念或营销观。

作为企业的一种至高理念，有一个恰当的概念，这就是宗旨，企业的宗旨。作为宗旨，企业中任何人、任何部门都必须遵守。因此，宗旨也可以理解为组织原则，而不是什么观念、理念或价值观。一个企业要想形成一个整体，所谓"利出一孔"，必须确立自己的宗旨；一个企业要想获得可持续发展，必须使自己的宗旨建立在不言而喻的真理基础上。把不言而喻的真理当作企业的宗旨，当作企业的组织原则。

(3) 营销是创业企业最重要的职能。职能，是指人、事物、机构所应有的职责与功能(作用)。在自然科学和社会科学中，亦译称功能。在生物学上所使用的功能是指"生物中竞相达到同一目标的共同积极属性"。更准确地说，功能就是机体的某个组成部分所做的贡献。社会学家，从斯宾塞起，把生物学家在有机体范畴里确定出来的这一概念用到分析集体和集团方面。其基本点是将有机组织的概念同社会组织的概念融合在一起。认为一种体系的各个部分都要对整个体系履行某种功能或职能，任何体系都是功能的统一体。马林诺夫斯基认为"对任何一种活动来讲，它的功能就是指这个社会生活中它应承担的角色，因而也是它在维持结构的连续性上所起的作用"。

企业职能，是指企业作为一个系统，为了达成其整体目标而需要完成一系列活动或任务，这些活动或任务按照一定的标准，分成了不同的类别，每一个活动或任务类别就构成了企业的一项职能。例如，制造业企业的职能包括研发设计、供应采购、生产制造、仓储物流、营销、售后服务等职能。

营销职能——即企业按照社会和顾客的需要，有效配置资源，形成"功能性"的活动或业务活动，并把各项业务活动整合起来，形成系统的经营模式，有效地为社会和顾客做贡献。市场营销的职能，就是引导企业内部，按照市场需求或顾客的要求组织起来，形成分工协作的体系或经营模式。

（二）营销管理

所谓营销管理(marketing management)，是指为了实现组织目标而设计的各种分析、计划、实施和控制活动，以便建立和维持与目标顾客的互惠交换关系。因此，营销管理涉及对需求的管理，以及对顾客关系的管理。

1. 需求管理

许多人认为,营销管理就是要为公司当前的产品找出足够数量的顾客。这种观点有很大的局限性,因为任何组织对于其产品都有一种适当的需求水平。在不同的时点上,需求水平是不同的,有时可能没有需求,有时可能有适当的需求,有时可能有被动的需求或过量的需求。营销管理必须找出适当的方式来处理各种不同的需求状态,因而,它不仅仅涉及寻找和增加需求的问题,也涉及改变需求甚至减少需求的问题。例如,金门桥(Golden Gate Bridge)有时承受过量的负载,超过了安全界限;约斯米特国家公园(Yosemite National Park)在夏季过于拥挤;电力公司在用电高峰期要满足需求会导致电力系统出现很多故障。在这些过度需求的例子中,营销管理需做的工作就是暂时地或永久地减少需求。这种情况可以称为"减需求营销"(demarketing)。减需求营销并不是要破坏需求,而是减少或改变需求。营销管理就是要寻求适当的方式来影响需求水平、需求的时间和性质,以实现组织目标。

2. 建立企业与客户的关系

需求管理实际上也是顾客管理。一个公司的需求无非来自两个群体:新顾客群体和重复采购的老顾客群体。传统的营销理论把注意力放在新顾客群体方面。然而,目前的形势已经发生了变化,需求管理除了要制定出吸引新顾客并与之达成交换的策略外,还要尽一切努力维持原有的顾客并与之建立长期的互惠关系。

为什么要强调维持原有的顾客?过去,公司面对的是迅速增长的经济和不断膨胀的市场,因此可以用"漏篮子"(Leaky-buket)的方法进行营销。膨胀的市场意味着存在许多新顾客,公司能够用新顾客填满营销的篮子"而不必担心原有的顾客从篮子底下漏出去"。但是今天,营销环境已经变了,人口构成发生了变化,经济增长速度放慢,竞争者更为精明。许多产业的生产能力过剩,所有这一切都意味着公司的新顾客越来越少。为了在低增长甚至负增长的市场获取一块份额,许多公司都在尽力吸引新顾客。这就导致了很高的成本。调查数据显示,在美国,吸引一个新顾客的成本要比维持一个老顾客满意的成本高四倍。一些公司还意识到,失去一个老顾客不仅是失去了一次销售,而是失去了该顾客以后的全部采购。例如,对通用汽车公司或福特汽车公司来说,一个顾客的生命周期价值(The customer lifecycle value)超过34万美元。因此,维护原有顾客具有非常重要的意义。一个公司可能在一次交易中蒙受损失,但却能从长期的顾客关系中获得巨大的收益。

到目前为止,吸引新顾客仍然是营销管理的主要任务之一。这里所要强调的是,营销管理的焦点正在向维持老顾客并与之建立长期的互惠关系转变。其中的关键就是要向顾客提供超价值的和高满意度的产品或服务。也正因如此,许多公司都重点强调使"顾客"满意。

案例   营销职能——让不起眼的小生意做出大买卖

王永庆,被誉为中国台湾经营之神,他只有小学文化,却创办了中国台湾岛内最大的企业集团——台塑集团。台塑集团旗下有30多家分公司与海外公司,2010

年总营收2万1 850亿台币约折合人民币4 540亿元，为中国台湾第二大民营企业，在中国台湾石化界及整个企业界具有举足轻重的地位。王永庆的业务不仅限于中国台湾，他还在美国投资数十亿美元，建立了庞大的石化工业基础。

被称为"经营之神"的王永庆，事业起步于毫不起眼的米店生意，并且用他独到的眼光和智慧，以营销职能的充分发挥，把这个"小生意"做得有声有色。

卖米是典型的小本买卖，门槛低，竞争激烈。当时，经营一天，仅能卖一包12斗米，获利微薄。面对这种情况，大多数人都会放弃努力，对经营好一个米店不抱希望。但善于思考、肯吃苦的王永庆相信，即使是看似不能再简单的卖米生意，也会有"赢"的道理。

那时候，稻米加工非常粗糙，大米里有不少糠谷、沙粒。这种现象非常普遍，买家卖家都习以为常，见怪不怪。同时，在服务方面，当时还没有送货上门这一说。

王永庆却在这里找到了出口，他和米店帮工的两个弟弟每天晚上在打烊之后，继续挑灯工作，将夹杂在大米里的糠谷、沙粒统统清理干净。这样一来，他店里的米质比其他米店要高一个档次，既为客户提供了便利，又获得了客户的好感。大家买米时都愿意来他店里看看。

当时，年轻人每天都忙于上班做工，来买米的都是家里的老人，王永庆观察到这个特点，利用和客户结成的良好关系，提出为客户送米，无论天晴下雨，无论远近，只要顾客叫一声，他立马送到，视路程远近他只收很少的钱，或者免费。

王永庆给顾客送米，并非送到就算。每次送米，他都先帮人家将旧米倒出来，将米缸刷干净，然后将新米倒进去，将旧米放在上层。这样，米就不至于因陈放过久而变质。他这个小小的举动，令不少顾客深受感动，铁了心专买他的米。

服务做到这，还没完。把米放好后，王永庆会掏出一个小本本，很自然地问客人家里多少人、大人小孩各多少人，以估算下次送米的时间。有了这些信息后，王永庆每次都能在每家每户的米快吃完、要买新米的时候，把米送到。

不过，由于他所在的中国台湾嘉义地区大多数家庭都靠做工为生，收入微薄，少有闲钱，主动送米上门，如果马上收钱，碰到顾客手头紧，会弄得双方都很尴尬。因此，每次送米，王永庆并不急于收钱。他把全体顾客，按发薪日期分门别类，登记在册，等顾客领了薪水，再去一拨儿一拨儿地收米钱，每次都十分顺利，从无拖欠现象。有过两三次这样"愉悦"的买米经历后，这些家里的老人就不再自己到王永庆的店里买米了，而是指定让他长期送米。

几番"组合拳"下来，王永庆处处替顾客设想的做法，被大家一传十，十传百，传到整个嘉义地区：有一个心眼特别好的年轻老板王永庆，他把卖米做成了大生意……

思考：

1. 人们通常认为米店是小生意而看不上、不认真做，这个"小"指什么？
2. 王永庆采取了哪些措施去改进米店生意？

3. 这些措施各自的具体效果是什么？总体的效果又是什么？
4. 采取这些措施后，王永庆与客人的关系，和其他米店与客人的关系有何不同？
5. 接受王永庆服务的客人，他们的体验与在其他米店获得的体验有何不同？

第二节 营销环境分析

一、营销环境的概念

创业企业的运作是在一定的"土壤中"进行的。那些成功的创业企业，例如小米，靠高性价比的手机、智能家居产品系列赢得了广大用户的青睐和良好的口碑，这个成功一方面依赖于企业自身的能力，另一方面依赖于创业企业和环境的良好互动。环境——构成创业企业成长、发展直至成功的重要影响因素。因此，创业企业的营销管理需要研究环境、管理环境。

创业企业的营销环境(marketing environment)由在营销之外的影响营销管理能力的所有因素构成，而营销管理能力是指成功地发展和维持同目标用户关系的能力。营销环境既提供机遇又带来风险。成功的公司懂得要不断监测和适应变化着的环境。然而，不幸的是，有太多的公司不注意这一点。它们忽视了一些重要的环境变化，等到它们认识到这一点的时候，已经太迟了；它们的战略、结构、系统和文化总是跟不上环境的变化。

创业企业的营销人员对识别环境变化负有主要责任。营销部门要比其他部门更好地把握趋势、寻求机遇。尽管在一个组织中，各部门经理都需要观察外部环境，但营销经理需要有专门的能力——营销信息系统和营销研究，即收集营销环境信息的能力；营销部门还要比其他部门花更多的时间来了解用户环境和竞争环境。正是通过系统的环境研究，营销部门能够不断地修正营销策略，以适应市场上出现的新的挑战和机遇。营销环境可以分为微观环境和宏观环境两类。微观环境(micro environment)由那些影响公司为用户提供服务能力的因素构成，包括公司自身、供应商、中间商、用户市场、竞争者和公众。宏观环境(macro environment)由那些较大的影响整个微观环境的社会因素构成，包括人口统计的、经济的、自然的、技术的、政治的和文化的因素构成。

(一) 创业企业的微观环境

创业企业的营销管理工作就是通过创造用户价值和满意度来建立公司同用户的关系。然而，企业的营销部门和营销经理不可能单独完成这项工作，他们能否取得成功还取决于公司微观环境的其他要素，如企业内部的其他部门、供应商、中间商、用户、竞争者和公众等。

顾客因素：顾客是整个市场作用的中心，它可以决定一个企业能否走向成功。而对于企业来说，挑战就在于如何去识别自己未覆盖到的顾客需求并想方设法得到这些顾客。

分销商因素：有一些企业在市场中有自己独立的分销商，而另外的一些企业则直接面向自己的顾客进行销售（比如一些电商企业）。分销商的发展对制造商的业绩有着重要的影响，举个例子，随着沃尔玛在食品零售行业的影响力和话语权不断壮大，很多以它作为主要分销渠道的食品制造商的利润都被压缩了。

供应商因素：供应链可以很简单也可以很复杂。复杂的情形比如一辆成品车由大约15000个零部件组成，这些零部件都由来自不同国家的供应商提供。就像分销商一样，一个具有很大话语权的供应商能够通过控制一些重要部件的供应来与生产商进行谈判，从而影响生产企业的盈利。反之，一些实力很强的生产商对供应商也有着很大的议价空间，从而降低自身的生产成本和时间成本。

竞争者因素：在一些行业存在很多的竞争者并且已经有了几个重要的行业领导者，所以竞争激烈，入行门槛高，企业的盈利空间较小。而在另外的一些行业，由于竞争者稀少，入行门槛低，并且有可观的潜在利润。想要在市场上获得成功，企业不仅需要解决顾客的需求和问题，还要发掘出自己相对于竞争者而言的不同优势和特点。

(二) 创业企业的宏观环境

创业企业及所有的利益相关者都是在一种更大的宏观环境中活动的，这种环境既提供机遇，也存在威胁。创业企业在宏观环境中存在以下五种主要因素。在本章其余部分，将对这些因素做一一考察，以便了解它们如何对营销计划产生影响。

1. 人口统计环境

人口统计是指根据人口的规模、密度、地理位置、年龄、性别、种族、职业和其他一些统计量所进行的研究。由于人口统计环境与人相关，而且是与构成市场的人们相关，所以这是营销者重点关注的方面。人口变化对工商业活动的主要影响在于，不断增长的人口带动了产品和服务需求的持续增长。从购买力角度考虑，它意味着不断增长的市场机遇。因而，营销者要紧紧跟踪国内外人口变化的趋势及市场的发展，即跟踪人口年龄、家庭结构、人口数量、教育特点和人口密度的变化趋势。

2. 经济环境

市场需要具有购买力的人。经济环境就是由影响消费者购买力和消费方式的因素构成的。不同国家和国内不同地区在收入水平和收入分布方面差别很大。例如，在国内经济欠发达的西北地区，人们因收入不高，消费能力会很有限，主要消费的是基本生活用品和简单的工业产品。而在经济发达的中国东南沿海地区，普遍的高收入为各种各样的产品，从基本产品到高端用品，从生活用品到工业产品，都提供了巨大的市场。创业企业的营销人员必须密切注意购买力变化的主要趋势和人们的消费方式。

3. 技术环境

技术环境或许是影响消费者和创业企业的最具有颠覆性的力量。在技术发展的历史上，技术进步创造了如抗生素、器官移植和笔记本电脑这样的奇迹，也带来了如新能源汽车、移动互联网、电子商务及电子支付这样的全新产品和服务。新技术创造新市场和新机遇。尤其在现在,新一代信息和通信技术的不断创新和快速扩散,使人们的生活方式和工作方式发生巨大变化,这无疑给营销带来巨大影响。

4. 政治法律环境

政治法律环境包括法律、政府部门和社会机构,其影响和制约着各类组织和个人,同时影响着企业的营销决策。

5. 文化环境

文化环境由机构和其他力量所构成,它们影响到社会的基本价值观、理解、偏好和行为。人们在一个特定的社会中长大,该社会使他们形成了基本的信仰和价值观。例如,大多数人都相信要工作、结婚、爱国、有同情心和诚实守信等。这些信仰和行为信念又形成了日常生活中更多的态度和行为。核心的信仰通过父母传递给孩子,通过学校、工商业和政府得到强化。

二、营销分析工具

创业企业的营销分析活动,如果能通过工具加以完成,即可很大程度上提高分析的效果和效率。

(一) PEST 分析

PEST 分析是指宏观环境的分析,其中:P(politics) 是指政治环境,E(economy) 是指经济环境,S(society) 是指社会环境,T(technology) 是指技术环境。在分析一个企业集团所处的背景时,通常通过这 4 个因素来分析企业集团所面临的状况。

1. 政治环境

政治环境,是指一个国家或地区的政治制度、体制、方针政策、法律法规等方面。这些因素常常影响着企业的经营行为,尤其是对企业长期的投资行为有着较大的影响。一旦政策有变,公司的业务也要随之变化。国家政策支持的要大力开展,不允许的要坚决抵制。

因而,很多商业人士都会关注新闻、各种时事,有些受政策影响很大的行业(如煤炭、互联网金融、医疗等),还会有专人来研究国家领导的讲话,研究各个政策对行业的影响,为高层决策提供方向性指导。

作为分析人员,除了自己关注外,也可以向做宏观环境分析的同事了解情况,或多与领导沟通了解政策的情况。

2. 经济环境

经济环境,是指企业在制定战略过程中须考虑的国内外经济条件、宏观经济政策、经济发展水平等多种因素。我们一般从宏观、微观两个方面观察经济发展趋势。

宏观是指从国民收入、GDP(国民生产总值)、CPI(居民消费价格指数)等关键指标的变化,了解国家经济发展水平和发展速度。

微观是指目标群体的收入、消费、储蓄情况所体现的经济环境变化。如果同一个行业的所有企业同步表现出营收下滑,企业内部各业务线的营收也是下滑的,那么营收的下滑很有可能是经济环境造成的。这个时候可以观察 GDP 的走势，看其走势是否与行业、企业的营收走势一致。如果 GDP 一直是上涨的，而企业的营收一直下滑，那么就要挖掘原因，找出问题点，以为决策提供依据。

3. 社会环境

社会环境，主要是指组织所在社会中成员的民族特征、文化传统、价值观念、宗教信仰、教育水平及风俗习惯等因素。构成社会环境的要素包括人口规模、年龄结构、种族结构、收入分布、消费结构和水平、人口流动性等。其中，人口规模直接影响着一个国家或地区市场的容量，年龄结构则决定消费品的种类及推广方式。

比如目前社会上比较常见的消费升级现象，从表面上看，是大家收入增加后，会追求高品质的产品和服务；从数据分析上看，则是客户群体的变化会造成客单价发生相应的改变。

通过对社会环境的研究，我们可以对现有环境的客群做出精准的认识和定位，从而研发适合的产品，实现精准推送，提高转化。

4. 技术环境

技术环境，是指企业业务所涉及国家和地区的技术水平、技术政策、新产品开发能力及技术发展的动态等。其中，渠道、资源的智能整合受其影响最大。从公司层面来说，其需要通过新技术的变革来评估公司的成本，选择相应的技术来控制成本。

比如渠道，原来是通过实体店来销售，受地理位置及资源的限制较大，现在因技术的发展，可以在网上店铺进行销售，大大减少了实体店的房租水电的支出，节约的成本可以用到更需要的地方；另外，原来基于电视、实体位置（如地铁站、公交车站等）安放的广告，因为技术的革新，可以通过 App 上的横幅广告、自媒体、Wi-Fi 热点的连接等做推广，使得成本的宣传效应最大化。

再比如资源的智能整合，在所有医疗基础知识全面、病例数据完备的情况下，可利用 AI 技术把所有的病种对应的常规症状及相应的建议等设置成智能化的语音、文字问答，以最低的成本、最快的速度服务于更多的人。

（二）SWOT 分析

1. SWOT 介绍

SWOT 分析法，即态势分析，就是综合分析与概括研究对象的各种主要内部优势、劣势和外部的机会和威胁等因素，通过系统分析的思想，把各种因素综合分析，总结出一系列具有一定决策性的结论。运用这种方法，可以对研究对象所处的情景进行全面、系统、准确的研究，从而根据研究结果制订相应的发展战略、计划及对策等。因此，SWOT 分析法常常被用于制定集团发展战略和分析竞争对手情况，是战略分析中最常用的方法之一。

S(strengths) 是优势，W(weaknesses) 是劣势，O(opportunities) 是机会，T(threats) 是威胁。按照企业竞争战略的完整概念，战略应是一个企业"能够做的"（即组织的强项和弱项）和"可能做的"（即环境的机会和威胁）之间的有机组合。SWOT 分析方法从某种意义上来说隶属于企业内部分析方法，即根据企业自身的既定内在条件进行分析。SWOT 分析有其形成的基础。著名的竞争战略专家迈克尔·波特提出的竞争理论从产业结构入手对一个企业"可能做的"方面进行了透彻的分析和说明，而能力学派管理学家则运用价值链解构企业的价值创造过程，注重对公司的资源和能力的分析。

2. SW 分析

企业作为整体，具有竞争优势来源的广泛性，在做企业优劣势分析时必须从整个价值链的每个环节，与企业竞争对手做详细的对比，如产品特性、制造工艺、销售渠道及价格等因素。如果一个企业在某一方面或几个方面的优势正是该行业企业应具备的关键成功要素，那么该企业的综合竞争优势就会强一些。衡量一个企业及其产品是否具有竞争优势，只能从现有潜在客户角度分析，而不是站在企业自身角度。

3. OT 分析

以当前社会上流行的盗版威胁为例。盗版替代品限定了公司产品的最高价，替代品对公司不仅有威胁，也可能带来机会。企业必须两面分析：替代品给公司的产品或服务带来的是"灭顶之灾"呢，还是提供了更高的利润或价值；从消费者转而购买替代品的转移成本考虑，公司可以采取什么措施来降低成本或增加附加值来降低消费者购买盗版替代品的风险。

4. 整体分析

从整体上看，SWOT 可以分为两部分：SW，主要用来分析内部条件；OT，主要用来分析外部条件。通过 SWOT 矩阵分析找出对自己有利的、值得发挥的因素，以及对自己不利的、要避开的因素，发现固有问题，探究解决办法，明确发展方向。将问题按时间点和重要性进行分类，把握节点和关键事物，分析战略上的障碍和战术上的问题，逐一列举研究对象，搭建矩阵结构，利用系统分析方法，把各种因素综合分析，总结出具有一定决策性的结论，有利于领导者和管理者做出较正确的决策和规划。

5. SWOT 分析方法应用

SWOT 分析方法是一种很有效的问题分析工具，可以通过搭建简单的分析模型，处理非常复杂的事情，因此常被用于制定公司发展战略、竞争对手分析、产品市场定位、个人职业规划等方面。进行 SWOT 分析时，主要有以下几个方面的内容：

(1) 分析环境因素。运用调查研究方法分析公司所处的内外部环境因素。外部环境因素属于客观因素，包括机会因素和威胁因素，指外部环境对公司发展直接有影响的有利和不利因素；内部环境属主观因素，包括优势因素和劣势因素，指公司在其发展中自身存在的积极和消极因素。在调查分析这些因素时，不仅要考虑到历史与现状，更要考虑未来发展问题。SWOT 分析方法的优点在于考虑问题全面，是一种系统思维，而且可以把对问题的分析和处理紧密结合在一起，条理清楚，便于检验。

(2) 构造 SWOT 矩阵。将调查得到的各种因素根据轻重缓急或影响程度等排序方式，构造 SWOT 矩阵。在此过程中，将那些对公司发展有直接的、重要的、大量的、迫切的、久远的影响因素优先排列出来，而将那些间接的、次要的、少许的、不急迫的、短暂的影响因素排列在后面。

(3) 制订营销战略计划。在完成环境因素分析和 SWOT 矩阵的构造后，便可以制订出相应的战略计划。制订计划的基本思路是：发挥优势因素，克服劣势因素，利用机会因素，化解威胁因素；考虑过去，立足当前，着眼未来。运用系统分析的综合分析方法，将排列与各种环境因素综合分析，得出一系列公司未来发展的可选择对策。

SWOT 分析只是战略发展的第一步，企业需要进一步找到内部要素与外部环境的结合点，有效调整内部各要素，以吻合或超过外部环境的变化，获取竞争优势。通过矩阵模型分析，将内部要素与外部环境结合起来，将优劣势与机会威胁进行分割，可以得出企业应对环境变化的 4 个主要战略。

（三）STP 分析

STP 即市场细分 (market segmentation)、目标市场 (target market)、市场定位 (market positioning)，营销战略的核心三要素。STP 分析是指针对客户的市场定位进行的分析。它是 20 世纪 50 年代由温德尔·史密斯提出的。在细分市场的基础上，确定市场目标和市场定位，然后根据目标顾客的特点和价值等重要的市场构成要素制定市场营销战略。

1. 市场细分

市场细分是指营销者通过市场调研，依据消费者的需要和欲望、购买行为和购买习惯的差异，把某一产品的市场，整体划分为若干消费者群的市场分类过程。每一个消费者群就是一个细分市场，每个细分市场都是具有类似需求倾向的消费者构成的群体。

举一个形象的例子，假如市场是块蛋糕的话，那这个蛋糕对应的是上面这段话中的"某一产品的市场"。如果这个"蛋糕"是教育市场，你想切最大最厚的一块的话，那可以考虑选择 K12 领域；如果你想切富含奶油的那一块，或许你可以选择留学考试这个领域。

如果这个"蛋糕"没那么大，只是对应"职业培训"这个领域，那你可以选择 IT 培训，或选择这一块里更小块的"Java 培训"。这个"蛋糕"是有魔法的，它可大可小，要根据自身的实力，来想象蛋糕的大小。有句话说得好，一口气吃不成一个胖子，记住：市场细分，别贪大。

市场细分的前提是做好市场调研。市场调研的核心则是消费者研究与洞察，包括对顾客需求的差异性的分析等。

2. 目标市场

市场细分揭示了企业找到子市场的机会，现在企业需要评估各种各样的子市场，并确定哪些是值得进入的目标市场。

评估不同的子市场的时候，企业必须注意三个因素：子市场的规模与发展，子市场的结构优势，以及公司的目标和资源。

公司必须先收集分析相关数据，包括目前子市场的销售情况、增长率和期望利润。一个子市场可能具备理想的规模和发展，但就盈利而言，它可能缺乏优势。公司必须检验多个长期影响子市场优势的主要的结构因素。例如，一个子市场如果已经有许多强大和势头很猛的竞争者时，就缺乏优势了。即便子市场有适当的规模和发展并且具有结构优势，公司还是要考虑自身的目标和资源情况。许多有优势的子市场很快就被抛弃，就是因为与公司的长期目标不一致。这样的子市场可能本身具有吸引力，但它会分散公司的注意力和资源，使公司偏离目标。

评估不同的子市场后，公司就需要决定究竟为几个子市场服务，这实际上是选择目标市场的问题。目标市场是一个消费者群体，这个群体里的消费者有共同的需要或特点，公司正是为这些需要而服务的。创业企业可以选择以下三种市场覆盖策略中的任意一种：即无差异性营销、差异性营销和集中式营销。

3. 市场定位

一旦公司决定进入市场的哪部分子市场，就必须决定在这些子市场中的定位。市场定位的范围包含很广，重点包括：品牌定位、市场竞争战略定位，以及产品定位。

产品定位是指消费者根据产品的重要属性定义产品的方法，或者说是相对竞争中的其他产品而言，产品在消费者心目中所占有的位置。在汽车市场，斯巴鲁牌汽车定位为经济车；奔驰牌和卡迪拉克牌汽车定位为豪华型车；保时捷牌汽车定位为高性能车；沃尔沃牌汽车定位为安全车。

市场营销人员可以使用以下定位策略。①产品可以根据产品属性、产品用途、产品使用的时机来定位。②产品也可以直接针对竞争者来定位。例如，百事可乐定位为面向年轻人的时尚饮品，而"七喜"饮料在很多年里定位自己是"非可乐"饮品，是和可口可乐和百事可乐不同的、新鲜解渴饮料。③产品还可以根据产品类别来定位。例如，宝洁的舒肤佳香皂定位为去除细菌、保护全家健康的产品，而海飞丝定位为去屑、止痒的洗发水。

（四）价值链分析

1. 价值链相关概念

价值链的概念首先由哈佛大学教授迈克尔·波特于1985年提出。波特所指的价值链主要是针对垂直一体化公司的，强调单个企业的竞争优势。随着国际外包业务的开展，波特于1998年进一步提出了价值体系的概念，将研究视角扩展到不同的公司之间。之后，寇伽特也提出了价值链的概念，他的观点比波特的观点更能反映价值链的垂直分离和全球空间再配置之间的关系。2001年，格里芬在分析全球范围内国际分工与产业联系问题时，提出了全球价值链概念。全球价值链概念提供了一种基于网络、用来分析国际性生产的地理和组织特征的分析方法，揭示了全球产业的动态性特征。

波特认为，每一个企业都是用来进行设计、生产、营销、交货及对产品起辅助作用的各种活动的集合。所有这些活动都可以用价值链表示出来。一个企业的价值链和它所从事的单个活动的方式反映了其历史、战略、推行战略的途径及这些活动本身的根本经济效益。

随着研究的深入，管理学者阿德里安·斯莱沃斯基在《利润区》一书中首次提出价值网的概念。他指出，由于顾客的需求增加、国际互联网的冲击及市场高度竞争，企业应改变事业设计，将传统的供应链转变为价值网。后来，美国学者大卫·波维特在《价值网》一书中指出，价值网是一种新业务模式，它将顾客日益提高的苛刻要求与灵活且有效率、低成本的制造相连接，采用数字信息快速配送产品，避开了代价高昂的分销层；将合作的供应商连接在一起，以便交付定制解决方案；将运营设计提升到战略水平，以适应不断发生的变化。

2. 价值链分析

价值活动是企业所从事的物质上的和技术上的界线分明的各项活动。

企业的使命是创造价值,但将企业作为一个整体来看,无法认识其价值创造过程的细节和机理,也就无法发觉其竞争优势或劣势。价值链将一个企业的整体行为分解为相关的许多活动,通过对每项活动的分析,来对本企业和竞争对手进行竞争优势的识别,为后续改进奠定基础。

一个企业的竞争优势来源于企业在设计、生产、营销、交货等过程及辅助过程中所进行的许多相互分离的活动。这些活动中的每一步都对企业的相对成本地位有所贡献,并且奠定了差异化的基础。

波特提出的价值链,把企业内外价值增加的活动分为基本活动和支持性活动。基本活动涉及企业生产、销售、进料后勤、发货后勤、售后服务。支持性活动涉及人力资源管理、财务、企划、技术研发、采购等。基本活动和支持性活动构成了企业的价值链。波特的价值链如图5-1所示。

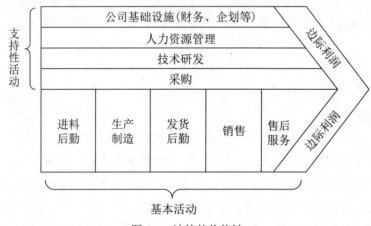

图 5-1　波特的价值链

不同的企业参与的价值活动中,并不是每个环节都创造价值,实际上只有某些特定的价值活动才真正创造价值,这些真正创造价值的经营活动,就是价值链上的"战略环节"。企业要保持的竞争优势,实际上就是企业在价值链某些特定的战略环节上的优势。运用价值链的分析方法来确定核心竞争力,就是要求企业密切关注组织的资源状态,要求企业重视和培养在价值链的关键环节上的核心竞争力,以形成和巩固企业在行业内的竞争优势。企业的优势既可以来源于价值活动所涉及的市场范围的调整,也可以来源于企业间协调或合用价值链所带来的最优化效益。

对企业价值链进行分析的目的在于分析公司运行的哪个环节可以提高客户价值或降低生产成本,关键在于:

- 能否在降低成本的同时维持价值(收入)不变;
- 能否在提高价值的同时保持成本不变;
- 能否在降低工序投入的同时保持成本和收入不变。

价值链的框架是将链条从基础材料到最终用户分解为独立工序，以理解成本行为和差异来源。通过分析每道工序系统的成本、收入和价值，业务部门可以获得成本差异、累计优势。

价值链的建立有助于准确地分析价值链各个环节所增加的价值。价值链的应用不仅仅局限于企业内部。随着互联网的应用和普及，竞争的日益激烈，企业之间组合价值链联盟的趋势也越来越明显。企业更加重视自己核心能力的培育，努力把自己发展成价值链联盟中一段不可替代的链条。

第三节　数字化时代的营销环境变化

一、营销环境变化：场景与碎片化

（一）场景

"场景"，本来是一个影视用语，指在特定时间内发生的行动，或者因人物关系构成的具体画面，是通过人物行动来表现剧情的一个个特定过程。从电影角度讲，正是由不同的场景组成了一个完整的故事。不同场景，意义大不一样。

当这个词被应用在互联网领域时，场景常常表现为与游戏、社交、购物等互联网行为相关的，通过支付完成闭环的应用形态。我们通常称之为应用场景。其中，能够触发用户沉浸式体验或者能够使用户长时间停留的应用形态，如视频、游戏、微信，可以被理解为超级入口；能够应用微信支付/支付宝完成交易的购物、用车、本地团购等场景可以被理解为支付场景。

随着移动设备和智能终端的出现，互联网和人们的日常生活结合得越来越紧密。移动互联网和共享经济正在改造我们生活的所有维度。随之而产生的新的生活方式越来越表现出社会网络的新处境和新特点。譬如我们在微信环境中的生存状态。

什么是场景，或者说什么是被互联网定义的新场景？

(1) 场景是最真实的以人为中心的体验细节。上班堵车时打开的喜马拉雅电台、周末晚饭后的一部美剧、当代MOMA社区库布里克书店的书和百老汇电影中心的电影、望京社科院院内的单向空间书店的猫和牛肉面、京都哲学之道的雨后樱花飞舞。[①] 场景依赖于人，没有人的意识和动作就没有场景。

(2) 场景是一种连接方式。通过二维码扫描等方式，连接人与商品，或连接人与活动

---

① 参考吴声《场景革命：重构人与商业的连接》。

优惠。酒店服务互联网化的一个典型场景是：360度全景看房、选房、客房扫码购物、微信服务号点评、客房微服务。通过微信或其他App形成的连接，可以使酒店构建客人主导驱动的营销服务模型，从而打造以客人为中心的酒店场景。

(3) 场景是价值交换方式和新生活方式的表现形态。在微信公众号里实现阅读价值的期待和满足，进而通过微信支付完成打赏动作，就是一次典型的价值交换场景。在直播平台虚拟送礼也是同样的价值场景。沉浸式投影系统、小米免洗扫拖机等智能家居产品、人脸识别或指纹解码的智能门锁是"新技能get"，更是新生活场景的悄然兴起。

(4) 场景构成的五要素是时间、地点、人物、事件、连接方式。譬如视频会议，什么时间、多少人电话连线接入，讨论何种议题，精确描摹了会议场景。再如一个人佩戴运动手环，晚上10点去公园跑步，就是一个闭环动线，打造了真实的跑步运动场景。

从PC到移动互联，再到物联网(IoT)的变革中，"场景"对游戏规则进行着解构和重构。"场景"已经成为共享经济的关键词。

未来的营销会从满足需求到场景定义，以后任何一个产品的研发，如果不能定义场景，不能响应这个场景中顾客的痛点和爽点，那么这个产品从一开始它的DNA就是错误的。

(二) 碎片化

"碎片化"的字面原意为完整的东西破成诸多零块。在移动互联时代，"碎片化"是指随着手机作为移动网络信息终端的普及，人们在信息接收、信息消费、信息传播等方面所表现出来的行为特征。这些新的特征对客户的消费心理、消费动机和消费行为产生了极大影响。

碎片化是人们在使用移动智能终端和移动互联网的过程中形成的、在人们日常生活中各个主体活动间、传统上认为的"无用时间"段里所从事的一些活动。如在地铁、公交上阅读电子书、打游戏、处理公务。

目前，"碎片化"这个词较多地用在"碎片化阅读"和"碎片化学习"。"碎片化阅读"是指利用短而不连续的时间片段进行简短而少量的文本阅读。"碎片化阅读"的特点即阅读模式不完整、断断续续。其实，所谓"碎片化阅读"并非新生事物，传统的报纸和期刊阅读，也可归入此类。"碎片化学习"是指通过对学习内容进行分割，使学员对学习内容进行碎片化的学习的方式。在企业内它可以以正式或非正式学习的方式推送给学员。

"碎片化"的形成与互联网尤其是移动互联网的快速普及有很大关系。互联网营造了一个全新的、与实体世界有联系，但却明显不同的虚拟世界。"碎片化"与互联网带来的以下特点有关：①"去中心化"；②海量信息的产生和传播；③表达的多元性；④社会节奏加快带给人们的压力增加。

行为的碎片化，带来了人们行为模式的改变，这种变化改变了人们对价值、时间分配和活动安排的模式，进而注意力发生了变化，需求也发生了变化。例如，一个城市的白领，按照传统的方式，他一天的活动可以分为起床、上班、中午就餐、下午上班、晚上回家等几个颗粒度相对较粗的片段。而在移动互联时代，由于互联网和信息的介入，他的一天被细分为：起床—乘地铁前、乘地铁、地铁站至工作单位、上午上班、中午就餐、就餐后放松、下午上班、下午下班后逛街吃饭、乘地铁回家、回家后工作和处理家务和放松等"碎片时间和活动"。这些碎片化的时间和活动，叠加不同的空间和事由，就构成了不同的"场景"。而恰是这些不同的场景，构成了他不同的需求。例如，同样一篇公司发在微信公众号里的推文，篇幅小、图文并茂的格式，就适合在地铁的场景阅读，而篇幅大、文字多的格式，就适合在下班回家后安静、有大量空闲时间的场景阅读。

二、营销环境变化：社区与社群

(一) 社区

互联网的发展，特别是移动互联网的快速发展，让社区的概念重新风靡起来。基于互联网的各种主题的社区层出不穷。社区的概念源自德国社会学家滕尼斯。

1887年，德国社会学家滕尼斯出版了《共同体和社会》(*Gemeinschaft und Gesellschaft*)，其中"gemeinschaft"被译为"community"，这里的"community"更偏向于"共同体"的意思。作者认为共同体是一种积极的社会关系，代表着一切亲密的、秘密的、单纯的共同生活。成员们相互之间有共同的信念作为支撑，有默认一致的价值观。集体观念会形成约束成员行为的力量，成员统一的行为是为了显示统一体的精神和意志。19世纪30年代，美国芝加哥学派的代表人物帕克 (R. Park) 来华讲学时，任燕京大学社会学系教授的吴文藻先生及他的学生费孝通等人把"community"译为社区。后来，"community"在国内语境下分为社区与社群两个概念。社群研究主要集中在哲学领域，而社区研究主要集中在社会学领域。

社区是一种由共同价值观念的同质人口组成的关系密切，出入相友，守望相助，疾病相扶，富有人情味的社会关系和社会团体。这个定义更多地强调了社区的社会因素，即社会成员之间彼此的认同感，他们在风俗、信仰、社会规范等方面有着共同的行为和认识，从而形成一种约定俗成的生活态度和行为准则。社区有很强的地域性，地理空间是社区形成的重要因素；社区同时有很重要的社会群体性，社区是具有很重要的共同利益、共同目标、共同意识的人们组成的社会群体。

弄清楚社区的定义对于了解社区到底做什么有很重要的意义。社区具备满足居民需求的功能、社会控制的功能、社会化功能，以及社会互助功能。

城市社区高楼大厦的居住模式压缩了人际之间的交往空间，减少了人们之间的沟通和交流机会，以往在费孝通先生的描述中的熟人社会以单位为居住单元的城市社区变成了由大多数的陌生人组成的居住社区，人与人的陌生感与防备心理增加。社区成员的流动性很大，传统的街坊邻里关系遭到淡化和破坏。人们之间缺乏沟通和交流，互动关系减少，社区的信任感缺失，社区居民对社区缺乏认同感和归属感，未形成一种有利于价值观念整合的心理社区。社区工作者可以通过倾听流动人口的愿望表述来评估其社会利益需求，了解流动人口目前所需要的社区福利保障，同时，在开展社区调查的基础上进行社区分析，掌握流动人口聚集区存在的社区管理问题，进一步发现流动人口生活社区的需要，协助并促使相关社区政策的构建和实施，建立适用于所有社区居民的社区制度安排，增加社区生活各类群体的社区情感归属和对彼此身份的认同。

在互联网行业刚兴起的时候就出现了互联网上的社区，目的是用互联网技术打造智慧型生态社区，实现社区治理、社区公共及商业服务。一个典型的互联网社区包括以下部分。

(1) 社区公告。社区公告会给社区用户更加及时地发送社区内的重要消息。比如，停水停电的通知、社区管理的修改通知、国家针对社区的政策及时事的通知等。社区用户可以很方便地了解到社区及国家的动态。

(2) 社区指引。社区指引会为社区用户对未知领域的操作流程做出指引。比如，用户如何办理护照、如何办理纳税及一些社会救助等。这使社区居民办事更有效率，也避免居民在其他途径上当受骗。

(3) 同城社区服务。社区用户可随时上传生活所需、旧物处理及房屋出租等信息。这大大增加了资源的利用率。

(4) 社区论坛服务。这是社区用户分享奇闻逸事、交流互动的平台，方便社区用户沟通，增加用户的亲密度。

(5) 社区活动板块。该板块会给社区用户推送社区文化、体育活动，供社区用户报名参加。活动完成还可展示活动图片及活动成果，推进社区文化发展。

(6) 在线支付功能。此功能支持缴纳各种生活费用，快捷、方便。

(二) 社群

社群是指由个人组成的社会群体，是一个拥有某种共同的价值、规范和目标的实体，其中每个成员都把共同的目标作为自己的目标，在这个群体之间，人与人之间的关系相当亲密，具有一定的凝聚力，而且还存在着某种道德上的义务。

社群一般具有如下三个基本特征：一是社群有完整的生活方式，而不是为了分享利益而组合的。二是社群的参与者是一种面对面的关系。三是社群是其成员自我认同的核心，社群的关系、义务、习俗、规范和传统对成员有着决定的意义。社群主义者将社群看作构成性的存在，有利于人们建立稳固的关系、增进归属感。

网络的流动性给人们提供了自主选择的机会，人们可根据兴趣进入不同的社群，并在社群间游走，觉得不满意可以随时离开，而在所属的网络社群中，则寄托了人们更多的私人情感，有强烈的归属感和认同感。网络社群同样还保留着传统社群的一些特点，比如网络社群也有为了增加社群凝聚力所举办的线上活动，有群体的规则限制，有权力的分层，但它可能是把情感的联结发挥到了极致，回归到了精神共同体的范畴。

(三) 社区和社群的关系

一般理解，社区的范围大于社群，包含社群。社群是社区中的"亚团体"。例如，一个地区的居民，因为居住环境、生活条件、面临的问题相同或类似，构成了一个有共同利益和交往关系的集合实体，即社区。在这个社区里面，因为不同的兴趣爱好、工作内容、生活习惯、生活节奏等，又形成了若干个不同的小群体。这些小的群体，除了具有和同一社区其他居民共同的公共利益和关系外，还有只属于自己小群体的一些利益、话题、爱好、习惯、追求等。这样就形成了社区之下的社群。

与社区相比，社群的主题性更强，人员更少，行动有鲜明的特征，并且更集中、更迅速。

在现实的互联网世界中，例如所有使用小米手机的用户就是小米社区的成员。但在这个巨大的小米社区中，依照用户不同的特征，又可以分布不同的"亚"群体，即社群，如技术社群，是软硬件技术发烧友和爱好者的天堂；应用社群，是偏爱各种各样的手机应用程序，以解决实际问题者的乐园；拍照社群，是爱生活、追求"小资"、爱自拍和摄影技术者的聚集地；旅游打卡社群，是热爱生活、热爱大自然和各地风土人情，并且愿意和别人分享或者展示的人的群体；美食分享社群，则是一群爱好美食并且爱向别人分享、推荐的"吃货"的大本营，等等。

第四节　创业企业的社区营销管理

一、社区营销的概念及社区的构建和运营

（一）社区营销的概念

所谓社区营销，是指企业借助数字化的社交工具和技术，如微博、微信等，与用户组成网络或实体的社区，通过各种活动与用户沟通，建立、保持、维系和增进企业和用户的关系，企业从中挖掘出用户的需求，并和用户一起设计解决方案，最后由企业向用户交付解决方案、解决用户需求，为用户创造价值的过程。

社区营销的本质是构建与客户的一体化社区伙伴关系。早在20世纪50年代，丰田就已经把它的客户、供应商作为社区中的成员，用各种方式把客户组织起来，围绕共同的价值体系持续互动，共同创造价值和分享价值，在这个过程中深化与用户之间的社区伙伴关系，使企业的营销活动成为与客户互动的一部分。

（二）社区的构建和运营

网络社区是指包括微博、微信、BBS/论坛、贴吧、公告栏、群组讨论、在线聊天、交友、个人空间、无线增值服务等形式在内的网上交流空间，同一主题的网络社区集中了具有共同兴趣的访问者。社区的形成需要具备几个条件：首先是人；其次是共同的地理位置或网络区域。

健康的社区，是持续发展的社区："人"的数量持续地增加，"人"群在其中持续地活跃，"内容"的数量和质量持续地上升。"鸡"与"蛋"存在谁先谁后的关系，同样"人"与"内容"也存在谁先谁后的关系。但是从大量企业实践的经验看，基本上，二者

是一个交替上升、互相弥补的关系。社区构建中"人"和"内容"的互动反馈,如图 5-2 所示。

图 5-2　社区构建中"人"和"内容"的互动反馈

社区最重要的是内容,最核心的是人。所说的"内容",既可以是话题,也可以是展现方式;既可以是原创,也可以是转发别人的内容。关键是,"人"要参与到"内容"中去。

社区运营的关键有两点:①内容运营;②用户运营。

社区运营的步骤如下:

步骤 1:观察。第一步需要观察网络上与企业想营销的主题相关的新闻都有哪些。进入社会媒体和博客圈,可以了解到社交网络中最具影响力的部分:最大的社区是什么?人们在谈论什么?相关的内容有哪些?对于营销的主题来说,应当在整个博客圈里搜索对话,这些对话可能来自博客作者、分析师、相关专栏作者及客户。他们对公司、产品及主要的竞争者都作何评论?哪些主题正越来越流行?在数字世界里,对话的焦点都有哪些?

步骤 2:招募。要塑造一个社区,就必须形成一个核心群体,使他们愿意谈论公司、谈论产品,谈论公司正在研发、设计的东西,以及未来的发展策略等。第二步是在第一步收集的信息基础上开展的研究——必须知道你的招募工作应该针对的目标。

步骤 3:评估平台。企业应了解市场营销目标的最佳平台是什么?是博客、微信、电子社区,还是社交网络?还是其中几项的组合?抑或四者兼有?具有什么样的搜索工具?与阅读相比,你的观众是更喜欢聆听吗?他们希望全程都有问答环节吗?他们想编辑内容吗?他们想要评论和发表看法吗?等等。

步骤 4:参与。参与的核心就是内容。公司应思考如何建立相关的内容,使得人们能够参与其中,讨论并做出回应?公司如何建立一个集专业用户内容和企业用户内容为一体的社区来实现以上的目标?这是使对话持续下去的关键所在。

步骤 5:度量。或者叫测量。尽管乍一看这个步骤很简单,但实际操作起来却十分困难。公司需要思考度量什么?什么与公司的社区紧密相连?什么是最相关的指标?

步骤 6:宣传。尽管有些网站或社区不需要做很多的宣传工作,但是大部分还是需要的。公司的网络需要从众多的网站当中脱颖而出;需要利用社会媒体让人们讨论公司的社区或者网站,这样他们才会再次光临,并下载内容;公司需要一如既往地做广告。

步骤7:提升。让社区变得更好。要不断加入新的内容,更新和替换旧的内容,让它更便捷,更实用,更友好,更有益,更有趣。这是一个不断迭代、完善和持续改进的过程,永无止境。

二、B2B 社区营销的概念和方式

B2B:(Business-to-Business) 商家对商家进行交易,一般是指企业与企业之间通过专用网络或 Internet,进行数据信息的交换、传递,开展交易活动的商业模式。它将企业内部网和企业的产品及服务,通过 B2B 网站或移动客户端与客户紧密结合起来,通过网络的快速反应,为客户提供更好的服务,从而促进企业的业务发展。

阿里巴巴认为,B2B 其实是 Business People To Business People。B2B 不是企业对企业,而是商人对商人。无论是产品还是服务,首先要想到去满足企业的需求,而企业的需求,无论产品或者服务,落到根上,还是商人的需求。

(一) B2B 社区营销的概念

在需求个性化、需求快速变化的移动互联时代,B2B 营销正朝着社区营销方式转型。B2B 的社区营销方式,是指企业走进客户价值链和生产方式,关注价值实现全流程,为客户提供更加完整的解决方案,与客户持续互动,从而构建与客户的一体化关系。传统的 B2B 营销方式下,企业与客户之间仅仅是交易关系,企业注重的是销售,即"产品—货币"的交换过程,营销人员的工作起始于捕捉销售机会,结束于完成产品销售。然而,需求个性化、产品复杂化及互联化的浪潮,迫使企业放弃单纯的交易观念,将注意力转移到构建持续交易的基础上来,迫使企业深入客户生产方式,通过持续为客户做贡献,与客户结成一体化的社区伙伴关系,即走向 B2B 社区营销方式。

(二) B2B 社区营销的方式

第一,识别产业链中的关键伙伴并与之结成社区伙伴关系,是 B2B 社区商务的起点。"谁是客户"或"与谁结成社区伙伴关系"在很多情况下并不是一个显而易见的问题。通常情况下,企业理所当然地只是把付钱购买产品的买家当成客户,按照他们的要求提供产品和服务,针对买家与竞争对手展开价格战、服务战、广告战、关系战等资源消耗战,效果并不好。企业应当更多地关注用户等产业链的关键伙伴,动态地审视产业链各环节价值创造方式及产业地位,从而在变化中适时重构产业链图谱,重新确立自身的定位,建立并巩固自身与产业链的关键伙伴之间的关系。也就是说,仅仅关注直接客户是不够的,企业需要更进一步,将用户等产业链的关键伙伴纳入社区伙伴关系的范畴,通过为用户等产业链的关键伙伴创造价值结成同盟,打通企业价值传递的全过程。

第二,与客户结成社区伙伴关系的关键在于:嵌入他们的生产方式,为他们提供解决问题的方案而不仅仅是产品。伙伴关系的特征之一是依赖性，企业通过为客户做出独特的"关键贡献"而成为客户信赖和依靠的伙伴。企业需要将自身的价值创造过程与客户的生产方式无缝对接，这就是"走进客户的生产方式"，了解客户的价值创造方式，以及其中的痒点、痛点和问题，找到实现自身产品价值的障碍点；同时，整合资源，为客户提供解决问题的完整方案。企业的解决方案离客户的核心价值创造点越靠近，其贡献越重要，企业与客户之前的关系越稳固、越不可替代。

第三，B2B个人商务社区与B2C商务社区具有广泛的共性，二者均具有"社区"的本质特征。社区是人类共同生活的一种方式，拥有共同价值的一群人长期生活在一起，结成了相互信任、相互依靠、守望相助的排他性的强关系。B2B个人商务社区与B2C社区一样，其建设过程符合社区发育的一般规律：一是持续互动结成强关系，即社区成员之间长期生活、持续互动，才能结成强关系特征的社区伙伴关系；二是这些持续互动都是围绕某种"共同价值"展开的，共同价值包括共同利益、共同追求和共同价值观；三是社区形成过程是循序渐进的，即初始阶段锁定领袖用户人群，然后沿着领袖人群的关系链组织口碑传播，逐步扩展到其他人群。

B2B个人商务社区还具有与B2C商务社区不同的独特之处，即"围绕关键先生""提供理性价值"。B2B个人商务社区成员往往是客户组织中的"关键先生"，通常是采购决策者或者重大影响者，找到并围绕这些"关键先生"构建社区，这是B2B个人社区商务与B2C社区商务的第一个不同点；第二个不同点是，B2B个人商务社区的核心价值通常是理性的，比如工作成果绩效、职业发展、事业成功。而B2C社区中的消费者喜爱这个社区的理由常常是感性的兴趣、爱好、信仰等，但B2B个人社区中的"关键先生"之所以加盟社区，并非出自某个感性的价值追求，而是出于工作成果绩效、职业发展、事业成功等理性方面的追求。

B2B产业社区是B2B社区商务的最高级形式，它将社区伙伴关系从个人层面提升到组织层面。

B2B个人社区的建设本身不是目的，目的是通过"关键先生"社区建设和关系深化，实现与关键伙伴/客户的一体化，最终通过产业社区建设，成为产业价值链的管理者。也就是说，B2B个人社区中的强关系，还是停留在企业组织与"关键先生"个人层面。企业可以通过进一步的努力，将组织和管理行为进一步延伸到产业链伙伴的组织层面，将企业与"关键先生"个人层面的关系上升为企业与所在产业链合作伙伴组织层面的关系，构建起基于产业链伙伴关系的B2B产业社区。

B2B产业社区是一种组织间的伙伴关系，建设B2B产业社区的目的在于"共同创造并分享产业社区的增量利益"。构建B2B产业社区的五个主要原则是：第一，聚焦于协作竞争优势，即产业社区伙伴的协作带来的超越竞争对手产业链的独特竞争优势；第二，建立相应的机制，在社区伙伴之间分享由于协作竞争优势带来的增量利益；第三，通过相关的制度建设、流程建设，建立产业社区成员企业之间的组织信任；第四，利用各种渠道，产生大量跨组织人际交互，催生和深化社区成员的身份认同；第五，循序渐进扩展与深化产业社区伙伴关系。

案例　走进价值链，建立强社区，取得大发展

人们日常见到的、铺在高档建筑的墙面、地面的大理石或花岗岩板材，是建筑常用的装饰材料。在这个行业中，要用到一个重要的中间产品：石材树脂。多年来，大量使用的石材树脂因在使用中存在诸多问题，困扰着整个行业。技术出身的爱迪科技的创始人发明了突破性的创新产品：石材背胶，解决了行业存在已久的技术难题。该发明实现了对传统石材树脂的技术替代。但其他一些厂家也提出了解决该问题的方案，有的也做出了产品。一时间，业内出现了解决这一问题的多个方案，让客户莫衷一是，无法选择，价格成了客户选择的唯一标准。如何在竞争中发挥出本企业产品的优势，让客户选择自己，成为爱迪科技面临的重大挑战。经过深入地思考和分析，爱迪科技创始人团队创造性地通过社区营销的方式，突出了自身的优势，获得了客户的青睐，实现了企业的快速发展。

传统的石材树脂和板材价值链是这样的：

石材厂大多在山上，石材采下来，切割好，做成板材，然后运到建筑工地现场，这个过程如果没有保护，板材在运输过程中会有破损，所以行业传统的做法就是在石材的背面贴上一层玻璃纤维网，再加上一层起黏合作用的树脂，这样处理之后，大大减少了运输过程中石材的损耗。但是，传统的"玻璃纤维网+树脂"的处理方式有两个毛病：第一，破损。由于树脂本身的特点，贴上"玻璃纤维网+树脂"之后的石材，到了施工现场之后，是不能直接贴到建筑的墙面和地面上的，需要人工除去这层保护层，然后才能附上水泥，牢固地粘贴到墙面或地面；否则，带着这层保护层，水泥就粘不上，没法施工。这样一来，人工去除保护层这道工序会导致一定程度的石材破损。第二，发花。这是行话，指的是石材装饰面被污损。人工去除保护层之后，失去保护的石材背面接触到的污水会顺着缝隙渗透到装饰面，破坏了装饰效果，返工起来非常麻烦。破损、发花这两个毛病，在爱迪科技推出替代性产品背胶之前，已经困扰了中国石材装饰建筑行业几十年，堪称顽疾。

使用爱迪科技的背胶替代传统树脂的好处就是：石材运输到现场后不需要人工去除保护层了，背胶保护层的可附着性很强，粘上水泥直接就可以贴在墙面或地面上，消除了人工铲除保护层造成破损的毛病；同时，由于保护层一直存在，也就没有了发花的烦恼；另外，由于省略了这道铲除工序，施工效率也提高了。

产品开发成功之后，爱迪科技开展了一系列的推广活动，包括专业展会、专业论坛、专业期刊网站广告及样板工程(这都是B2B产品推广的标准动作了)，但效果并不理想。经过分析，爱迪科技的创始人团队发现问题出在石材厂没有积极性，因为用背胶替代树脂，得到好处的是装饰公司(减少破损、发花，提高施工效率)，但成本增加却在石材厂环节(每平方米要多出5元～10元的生产成本)，因为给石材贴上保护层这件事是石材厂的事情。

到了这一步,爱迪科技的创始人团队明白了:尽管购买背胶产品的是石材厂,但真正的用户却是装饰公司。因此,必须搞定装饰公司,让它们愿意为使用背胶的石材多付一点钱,多付的程度至少要超过石材厂增加的"每平方米5元~10元"的成本。于是,爱迪科技彻底改变了原来的营销方式,将营销战略调整为:走进客户的生产方式,通过服务解决客户及客户的客户的问题,把卖产品变成卖方案和卖价值。据此,爱迪科技把公司高层资源和市场部的工作聚焦点,从石材厂转移到装饰公司。爱迪科技不仅走进石材厂这个直接客户的生产方式,更重要的是,走进了最终用户装饰公司的生产方式,成为用户解决问题的助手。

爱迪科技对装饰公司的推广工作如此有效,以至于装饰公司愿意为使用背胶的石材产品每平方米多付20元,甚至大部分高端客户经常指定爱迪科技作为他们石材供应厂家的背胶供应商,迅速突破了产品创新之后的销售瓶颈。推出新产品两年,爱迪科技的产品销售收入年增长率200%,市场占有率排名第一。并且,爱迪科技的客户满意度、重复采购率、客户推荐率均领先全行业,其高速成长是有坚实客户基础的,是可持续的良性增长。

三、B2C 社区营销的概念和方式

B2C:(Business-to-Consumer) 商家对个人进行交易,在使用中经常被简称为"商对客"。B2C 和 B2B 的概念一样,最早都是起源于电子商务的一种模式,也就是通常说的直接面向消费者销售产品和服务的商业零售模式。在互联网泡沫高潮的2002年,电子商务的概念被热炒,很多网站在获取融资后,都在探索依托互联网的电子商务的实质内容。以销售图书音像制品为主的当当网是当时 B2C 领域最活跃和成功的创业企业。

(一) B2C 社区营销的概念

B2C 社区营销是指提供产品和服务的厂商以本企业产品和服务的最终消费者(终端用户)为目标客户,以建立"厂商—消费者"长期合作关系为目标,构建厂商和消费者为主要成员的线上和线下社区,通过持续不断的互动,厂商携供应链走进消费者的需求链,走进消费者的生活方式,以为消费者提供价值为根本目的,实现双赢、多赢的营销方式。

社区商务方式的本质特征,是构建"企业—消费者或用户"的一体化关系。通过"企业—消费者或用户"的一体化关系,反过来,进一步整合内部和外部的价值链,包括内部的生产活动领域,外部的分销商及其零售商,使整条价值链协同起来,共同为最终的消费者或用户做贡献。

以往的营销观念也关注到了消费者的生活方式及其用途,然而,落脚点却是如何使企业的产品更适合消费者的需求。即便是"服务"也仅仅停留在"服务产品"的概念上。宝洁公司的 CEO 雷富礼,最近似乎也意识到了这一点,他表示:"我们必须彻底改变现有的营销方法，我们需要一种新的模式。"

小米案例给我们的启示是，要关注"企业—消费者"之间的一体化关系，关注构建目标消费者"社区"或"商务社区"，要走进消费者的生活方式中去，并在那里进行互动。从而有效地调动企业的各项资源、关系、能力，把消费者当朋友，关心他们的生活、痛苦和抱怨，然后企业尽其所能做出改变，持续帮助消费者改善他们的生活质量，引导他们追求自己的理想，帮助他们实现梦想。

(二) B2C 社区营销的方式

B2C 社区营销的核心是要构建"厂商—消费者"的一体化关系，其方式是建立包含厂商和消费者的社区。

第一，创业企业要重新定义自己的顾客。创业企业在构建"厂商—消费者"的一体化关系时，先要摒弃原有的"只有购买自己产品和服务的群体才是客户"的观念，将顾客定义为：创业企业能够以自己的技术、产品和服务，对其生活方式、工作方式带来价值的群体。

第二，创业企业要选择一个非常聚焦的客户群体来做口碑，建立社区。这个聚焦的客户不是随随便便找的普通客户，而是具有代表性的客户。具体说来，有以下特征：

- 这类客户群体对创业企业提供的某类产品和服务具有高度的偏好，最好是发烧友；
- 这类客户群体非常熟悉创业企业提供的产品和服务，了解很多关于产品和服务的知识，属于资深用户或"玩家"；
- 这类客户群体能够对创业企业提供的产品和服务提出自己独到的见解；
- 这类客户群体能够对其他"次"资深用户或一般用户产生巨大影响。

这类客户群体叫作创业企业的关键首批用户。

第三，以关键首批用户群的生活和工作为线索，建立社群，把大用户变成小用户群体。创业企业与关键首批用户群建立联系后，要走进他们的生活，通过建立多种兴趣、爱好、话题社群，将社区分成不同的若干亚社区，即社群小组，来拓展更多用户和管理日益增加的用户，使他们保持在社区里的活跃度。

第四，将社区成员从关键首批用户向"外"扩展到普通人群，以扩大用户群体。图 5-3 为社区用户扩散示意图。创业企业所构建的社区中的关键首批用户，其实就是这一领域的"关键意见领袖"(KOL)。关键首批用户的一大特征就是专业性，以及由此形成的影响力。有了关键首批用户作为社区居民，就会吸引次一级的"爱好级"用户。这类用户数量比关键首批用户要多得多，他们的行为很大程度上受到关键首批用户的影响。

第五，充分了解、发掘社区各层级用户的生活及问题，用一系列有针对性的主题活动，在移动互联网时代，尤其是要举办一定频次的线上、线下活动，让创业企业和社区、社区里的各层次用户互动起来，通过不断地互动，使社区始终保持一定的"热度"，以深化创业企业和用户群体的关系。通过不断地"贴近"用户的生活，发现、改进和解决用户的问题，不断积累信用，直至创业企业和用户之间建立起信任关系。

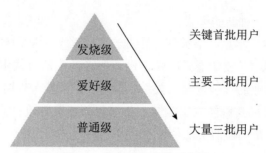

图 5-3 社区用户扩散示意图

第六,凭借对社区用户需求的精准把握和与社区用户持续发展的良好关系,组织产业链上的各个厂商伙伴,围绕社区用户的需求,设计、生产和传递满足社区用户所需的产品和服务,解决社区用户问题,为社区用户创造价值,最终实现多赢。

> **案例　风信子:转型社区营销,迎来发展新春**
>
> 　　成立于 1998 年的郑州风信子医疗美容连锁机构,本是一个身处传统行业的中规中矩的小企业。2012 年年末,在公司成立 14 年后,公司总裁冯怜萍带领公司变革该行业传统的营销方式,依托移动互联网转型社区营销,用微信"朋友圈"将瘦脸业务做得风生水起,成为传统行业转型 B2C 社区营销的成功案例。
>
> 　　风信子早期的发展,赶上了中国美容行业迅速、蓬勃发展的阶段,公司开业第一年营业额就达到 100 多万元。此后公司业务高速成长,一直到 2008 年,业务几乎是每年上一个台阶。
>
> 　　早期的风信子在营销方面,和其他同时代的企业一样,没有什么独特之处。在高速成长的市场中,谁敢花大钱做广告,谁就能赢得市场。风信子当时的营销,用老板冯怜萍的话来讲是"根本就没有什么营销理念,都是小商贩理念"。在朴素的用做广告带动生意的理念指引下,风信子在街头放置丰胸的广告牌,在《郑州晚报》上做 1/2 通栏广告,在《妇女生活》杂志上做广告,在《大河报》一个星期打三次广告,而且每次都是通栏或 1/2 通栏广告。后来,风信子又开始做户外广告和汽车车身广告。
>
> 　　在公司扩展过程中的租店面环节,风信子非常看重店面本身是否有良好的广告位,以发挥单体店面自带广告的功能。同时,风信子连续 5 年冠名郑州大学的"风采大赛"。由于广告能带来可观的业务量,在前期的经营中,风信子形成了依靠广告做市场推广的模式。
>
> 　　2008—2010 年,风信子的业务收入稳定在较高水平,但利润水平呈现逐年下降的态势,尤其美容业出现了武汉的王贝事件,因为磨骨美容致人死亡,使市场上对医疗美容的安全性产生了质疑,再加上广告费、房租、人工费等成本费用都在不断增加。另外,互联网普及得越来越快,冯怜萍警觉地发现,客户的入口貌似在发生变化。
>
> 　　冯怜萍知道,做经营讲究有效流量,有效流量的唯一来源就是能与消费者直接对话。户外广告做不到,没有人跟你对话;原来依赖于店面,但是,店面的客流量越来越少了。客人都去哪儿了?客人都去网上比较,比较完了才会到店里。

她需要创新，不能依赖于广告找客户了，也不能依赖于扩张门店找客户了，需要寻找新的客户入口。

2009年，百度推出关键词搜索业务，做互联网搜索广告。冯怜萍没有像其他的老板那样将自己的业务交给百度的业务员，而是让自己的团队研究百度。最初能达到10.1万元的广告投入，能产出10万元的营业额。当然，它的趋势也和报纸广告一样，每年都在涨价，最后使得入不敷出。到2013年9月18日，风信子停掉了百度推广。当时，公司内从事百度相关业务的员工已经有40多人，有网站设计、网页设计、程序员、编辑、商务、24小时在线的商务通客服等。

2011年腾讯推出微信，2012年2月冯怜萍开始玩微信。玩得时间久了，冯怜萍开始思考如何转向互联网，用她的话说：要把用户掌握在自己手里，用户在哪儿，就要去哪儿；用户喜欢什么方式，就用什么方式找到用户。从她个人玩微信的经历，她把微信作为自己联系用户的手段和方式。

2012年7月5日冯怜萍在微信朋友圈发出第一条微信。2012年8月23日，微信公众号上线，风信子注册了公司账号：风信子。2012年10月19日，她在朋友圈开始推广风信子的公众号，同时在公司、门店用各种方式推广微信公众号。2012年12月，风信子在公司内部建立了微信社区团队，人手一部手机和iPad，使用不同的名字和客户交流。围绕美容常识、健康知识、美容手术注意事项等话题，风信子的微信社区团队与客户建立了深度的美容咨询和帮助关系，客户把他们看作是自己的美容顾问和生活伴侣。渐渐地，风信子来自微信的业务量不断增加，从开始的每月几万元增长到每月60多万元。到2013年底，这个数字超过了100万元。

本章思考

1. 老字号餐饮企业"全聚德"正在进行数字化时代的营销变革。根据本章内容，你认为全聚德应该如何进行营销转型？

2. 现在的手机上有很多健康管理App，这些App可以记录你的运动过程、身体基本反应数据等，有助于用户掌握自身的运动情况。但由于功能雷同，这些App背后的运营公司之间存在激烈的竞争。如果你是某健康管理软件的运营公司，你会通过什么样的营销方案设计使之脱颖而出？

第六章
创业企业财务管理

让创业者最开心的事是什么？是看到创业公司有正的现金流。

——弗雷德·阿德勒，风险投资家

学习目标

1. 掌握创业企业基本财务原理
2. 掌握现金流、资产、负债、权益等概念
3. 理解财务体系的内涵、要素、特征等
4. 掌握创业企业财务体系构建的内容和过程
5. 掌握创业企业现金流管理的内容

案例　　缺乏财务管理，烧钱把自己"烧死"

在互联网行业，一家公司的诞生和消亡很难引起人们的注意力，但这家公司无疑是个例外：它是曾经的新贵，高调诞生；它又一事无成，落魄到连域名都被拍卖。这家公司就是亿唐(etang.com)。

1999年，第一次互联网泡沫破灭的前夕，刚刚获得哈佛商学院MBA的唐海松创建了亿唐公司，其"梦幻团队"是由5个哈佛MBA和2个芝加哥大学MBA组成的。凭借诱人的创业方案，亿唐从两家著名美国风险投资公司DFJ和SevinRosen手中拿到两期共5 000万美元左右的融资。直到今天，这也还是中国互联网领域数额最大的私募融资案例之一。

亿唐宣称自己不仅仅是互联网公司，亿唐也是一个"生活时尚集团"，致力于通过网络、零售和无线服务创造和引进国际先进水平的生活时尚产品，全力服务所谓"明黄一代"的18~35岁之间、定义中国经济和文化未来的年轻人。

亿唐网一夜之间横空出世，迅速在各大高校攻城略地，在全国范围快速"烧钱"：除了在北京、广州、深圳三地建立分公司外，亿唐还广招人手，并在各地进行规模浩大的宣传造势活动。2000年年底，互联网的寒冬突如其来，亿唐钱烧光了大半，仍然无法盈利。从2001年到2003年，亿唐不断通过与专业公司合作，推出了手包、背包、安全套、内衣等生活用品，并在线上线下同时发售，同时还悄然尝试手机无线业务。此后两年，依靠SP(移动互联网服务提

供商)业务苟延残喘的亿唐,唯一能给用户留下印象的就是成为 CET(大学英语四、六级)考试的官方消息发布网站。

2005 年 9 月,亿唐决定全面推翻以前的发展模式,向当时风靡一时的 Web2.0 看齐,推出一个名为 hompy.cn 的个人虚拟社区网站。随后,除了亿唐邮箱等少数页面保留以外,亿唐将其他全部页面和流量都转向了新网站 hompy.cn,风光一时的亿唐网站就这样转型成为一家新的 web2.0 网站。2006 年,亿唐将其最优质的 SP 资产(牌照资源)贱卖给奇虎公司换得 100 万美元,试图在 hompy.cn 上做最后一次的挣扎。不过,hompy.cn 在 2008 已经被关闭,亿唐公司也只剩下空壳,昔日的"梦幻团队"在公司烧光钱后也纷纷选择出走。

2009 年 5 月,etang.com 域名由于无续费被公开竞拍,最终的竞投人以 3.5 万美元的价格投得。

亿唐生得伟大,死得却不光荣,只能说是平淡,甚至是凄惨。其他死掉的网站多多少少会有些资产被其他公司收购,在休养生息之后也许还有重出江湖的机会,但亿唐却沦落到域名无人续费而沦为拍卖品的下场。亿唐对中国互联网可以说没有做出任何值得一提的贡献,也许唯一的贡献就是提供了一个极其失败的投资案例。它是含着金汤匙出生的贵族,几千万美元的资金换来的只有一声叹息。

第一节 创业企业的财务原理

曾有一种说法,认为企业是以创造利润为目标的经济组织,创造利润是企业的使命。抛开这个说法的正确与否,这句话揭示出了企业重要的财务特征。企业是一个社会组织,以为客户和社会创造价值为目标,而在以货币为价值符号的社会,企业创造价值的活动,从财务的角度,被描述为创造利润。

创业企业成立之初,企业系统刚刚建立,还不成熟。此时,创业企业面临的最关键的问题是:我们企业的产品是什么?客户是谁?怎么样才能把产品做出来并且交付给客户?如果不把这些问题想明白,企业系统就无法搭建好,企业就无法运行。而要想回答这些问题,就涉及企业的商业模式和企业战略。

一、创业企业的财务管理职能

在创业企业中,财务管理职能包括交易处理、报表与控制、决策服务三个层级,分别对应不同层面的财务管理目标,如图 6-1 所示。

图 6-1　财务管理职能和目标

交易处理职能是创业企业财务管理的基础职能,财务管理职能的完善一般要由此起步。及时、准确、合理的交易处理职能能够及时记录和反映创业企业的基本经济活动,形成企业经营和管理活动的原始数据,对其他两个职能的建设形成有效的数据支撑和分析支撑。报表与控制职能及决策服务职能会严重依赖于交易处理职能所提供的信息,并将其对信息的要求反馈至交易处理职能。

二、创业企业的财务特征

从企业生命周期的角度,创业企业处于企业成长路径中的初创期,财务系统初建,其结构形式、职责分工和职能发挥都还不完善。创业企业的财务特征如下:

(一)企业资金匮乏

资金被称为企业的"血液",是企业从事各种经营、经济活动的交换媒介、价值尺度和价值贮藏工具。资金的流动,意味着企业还在运转,各项专门的职能活动还在进行中,员工还处于工作状态,是创业企业"活着"的标志之一。

资金对企业如此重要,对创业企业这样一个初创的组织而言,其重要性无论怎样强调都不过分。但也正因为在市场经济中资金的用途如此之大、之广,也从一个方面造成了资金的相对稀缺,稀缺产生价格。因此,对于创业企业而言,缺乏资金用于企业各项业务活动,企业始终处于缺钱状态,不能以合理的方式、合理的价格取得资金,就是始终萦绕在创业企业心头的一把"达摩克利斯之剑"。

创业企业缺乏资金是一个普遍现象。国家和社会各界纷纷出台政策、提出各种建议,以解决小微企业融资难问题,从一个侧面说明了创业企业资金匮乏的现实。

(二)企业现金收入不足

企业以为客户创造价值,通过向客户交付满足客户需要的产品和服务,获得客户的资金支付,从而形成企业自身的收入。创业企业处于企业生命周期的初创期,运营系统尚未完全建成或完善,产品和服务不成形、不完善,有的以研发为主的科技型创业企业甚至在企业成立后的相当一段时间,持续进行资金投入,一直处于研发状态,没有成熟的技术,更没有成熟的产品和服务,导致创业企业在一段时间都没有收入,或者收入微薄。

造成创业企业现金收入不足的原因有以下几点。

(1) 产品和服务不完善，创业企业无法向市场提供能够交付的产品，即创业企业"无货可卖"。很多高技术领域的创业企业，在技术研发成功前、技术商业化之前，都处于这种情况。

(2) 创业企业有产品和服务，但因为市场知名度、接受度不高，不为客户、用户所了解，造成在需求侧难以促成购买，无法形成收入。

(3) 运营体系不完善，向客户、用户提供产品和服务的渠道，在功能上存在障碍，无法有效传递产品和服务。例如，据观察者网 2021 年 1 月 1 日报道，华为游戏中心社区发布公告，"腾讯游戏于 2020 年 12 月 31 日 17 时 57 分单方面就双方合作做出重大变更，导致双方的继续合作产生重大障碍。经过我司法务的谨慎评估，我们不得不依照腾讯单方面要求暂停相关合作，将腾讯游戏从华为平台下架。"双方在游戏渠道上的矛盾公开化，导致腾讯的相关游戏产品服务无法有效到达用户。

(三) 企业成本费用开支大 / 现金流出

创业企业处于企业初创期，一方面，企业系统的各项要素本身不完善，甚至还没有；另一方面，企业系统各要素之间的联系还没有建立起来或还不完善，因此，创业企业需要花费大量的资金去取得各项资源以形成企业系统的要素，同时要花费资金建立要素间的联系。这导致创业企业"花钱如流水"，资金流出的项目多、流出的金额多、流出的速度快。创业企业对于资金有巨大的需求，犹如一个吞噬资金的"怪兽"。

资金支持的项目包括：产品和服务的研发费用，员工费用，市场拓展费用，建设、维护与客户的社区费用，基本运行费用等。

例如，根据中国证券网的消息，2021 年半年间，232 家科创板公司共拿出 162 亿元投入研发，平均每家公司约 7 000 万元；研发投入规模超过 1 亿元的公司有 36 家。从研发投入强度看，研发投入营收占比平均水平约 17%，15 家公司研发投入营收占比超过 30%。

30% 是个"疯狂"的比例，很多企业的毛利率都达不到 30%。假设其他条件不变，该企业需要持续的资金投入。

(四) 现金流动系统尚未建立

什么是创业企业的现金流动系统？它是指由若干要素组成、以创造和形成流入企业的净现金流为目的的系统。可以从以下方面理解这个概念：

第一，现金流动系统是一个系统，由若干要素组成，如财务人员、财务设施和设备、财务规章制度等。

第二，这些若干要素之间以创造、形成流入创业企业的净现金流为目的，而联系在一起，形成要素间的相互作用。

作为创业企业，其成立的初衷就是要构建一个全新的企业商业模式系统，其目的就是为客户创造和传递价值。从现金的角度，这个过程的本质就是要构建一个全新的正现金流系统。这需要用创新的想法和行动，集合各种资源，加以组合、衔接和搭配，形成一个新的价值创造系统。在竞争激烈的当下,这是一个非常困难的任务。

(五)财务体系不完善

创业企业的管理体系不完善是普遍现象。在财务管理领域,这种不完善主要体现在以下方面:财务管理人员和岗位配置,财务管理组织机构设置,财务管理流程,财务管理的制度,财务管理政策,财务管理对企业战略和业务运营的支撑,等等。

创业企业财务管理体系不完善,与以下因素有关:

- 财务管理系统处于初建期,正处在人员招聘、业务磨合、硬件系统安装调适、整个财务管理系统各要件调适等阶段;
- 业务进展有困难,导致反映业务情况的财务系统"没活干";
- 与传统比,创业企业具有全新的商业模式,现有的财务管理系统无法适应和解决新商业模式的问题。新的财务管理体系尚处于探索中。

三、创业企业的基本财务原理

(一)资产等于负债加权益原理

1. 资产

资产是一个企业拥有的、并预期会有益于未来经营的经济资源。在大多数情况下,对未来经营的益处体现为正的未来现金流量的形式。资产可能具有明确的物质形式,如房屋、机械设备和商品存货。也有一些资产不以物质或有形的形式存在,而以有价的法律所有权或权益的形式存在,例如客户应付的款项、政府债券投资,以及专利权和其他知识产权。

2. 负债

负债即各项需要在未来通过流出现金或其他经济资源而加以偿还的义务。它们表示企业的负的未来现金流量。拥有债权的个人或组织称为债权人。所有的企业都有负债;即使是规模最大和最成功的企业也经常以"赊账"的方式购买商品、物料用品或者取得服务。由这些购买活动而导致的负债称为应收账款。许多企业借款以提供扩大规模的资金或者购买高成本的资产。获得一项贷款时,借款者通常必须签发一张正式的应付票据。一张应付票据是一份在某一特定日期前偿还所欠款项并通常要求支付利息的书面承诺。

3. 所有者权益

所有者权益代表所有者对企业资产的要求权。由于债权人的要求权在法律上比所有者的要求权优先,因此所有者权益是一个剩余项目。如果你是一家企业的所有者,你对债权人的要求权全部获偿后剩余的资产拥有所有权。因此,所有者权益总是等于资产总额减去负债总额。

任何企业要从事生产经营活动,必定有一定数量的资产。而每一项资产,如果一分为二地看,就不难发现,一方面,任何资产只不过是经济资源的一种实际存在或表现形式,或为机器设备,或为现金、银行存款等。另一方面,这些资产都是按照一定的渠道进入企业的，或由投资者投入，或通过银行借入等，即必定有其提供者，显然，一般人们不会无偿地将经济资源（即资产）让渡出去，也就是说，企业中任何资产都有其相应的权益要求，谁提供了资产谁就对资产拥有索偿权，这种索偿权在会计上称为权益。其最初的会计等式为

$$资产 = 权益$$

这一等式之所以成立就是因为资产和权益是同一事物的两个方面：一方面是归企业所有的一系列财产（资产）；另一方面是对这些财产的一系列所有权（权益）。而且，由于权益要求表明资产的来源，而全部来源又必与全部资产相等，所以全部资产必须等于全部权益。

而权益通常分为两种：一是以投资者的身份向企业投入资产而形成的权益，称为所有者权益；二是以债权人的身份向企业提供资产而形成的权益，称为债权人权益或负债。这样，上述等式又可表达为

$$资产 = 负债 + 所有者权益$$

企业的资产负债表即是以上述等式为基础编制的，表示企业在某一特定时点所具有的资产的金额、种类及其来源。简单资产负债表示例（见表6-1）。

表6-1 简单资产负债表示例

单位：百万元人民币

资产	年初数	年末数	负债和所有者权益	年初数	年末数
现金	22	45	长期负债	40	40
应收款	15		短期负债		
成品	10	8			
原料	5	5	应交税费	1	1
流动资产合计	52	58	负债合计	41	41
土地和建筑	40	40	股东资本	50	50
机器设备	13	9	利润留存	11	14
在建工程			年度净利	3	2
固定资产合计	53	49	所有者权益合计	64	66
资产合计	105	107	负债和所有者权益合计	105	107

（二）费用的发生先于收入原理

1. 费用

费用是指企业在日常活动中发生的、会导致所有者权益减少的、与向所有者分配利润无关的经济利益的总流出。费用的确认除了应当符合定义外，也应当满足严格的条件，即费用只有在经济利益很可能流出从而导致企业资产减少或者负债增加、且经济利益的流出额能够可靠计量时才能予以确认。因此，费用的确认至少应当符合以下条件：一是与费用相关的经济利益应当很可能流出企业；二是经济利益流出企业的结果会导致资产的减少或者负债的增加；三是经济利益的流出额能够可靠计量。

根据费用的定义，费用具有以下几方面的特征。

(1) 费用是企业在日常活动中形成的。费用必须是企业在其日常活动中所形成的，这

些日常活动的界定与收入定义中涉及的日常活动的界定是一致的。因日常活动所产生的费用通常包括销售成本（营业成本）、职工薪酬、折旧费、无形资产摊销费等。将费用界定为日常活动所形成的，目的是将其与损失相区分，企业非日常活动所形成的经济利益的流出不能确认为费用，而应当计入损失。

(2) 费用是与向所有者分配利润无关的经济利益的总流出。费用的发生应当会导致经济利益的流出，从而导致资产的减少或者负债的增加（最终也会导致资产的减少）。其表现形式包括现金或者现金等价物的流出，存货、固定资产和无形资产等的流出或者消耗等。鉴于企业向所有者分配利润也会导致经济利益的流出而该经济利益的流出显然属于所有者权益的抵减项目，不应确认为费用，应当将其排除在费用的定义之外。

(3) 费用会导致所有者权益的减少。与费用相关的经济利益的流出应当会导致所有者权益的减少，不会导致所有者权益减少的经济利益的流出不符合费用的定义，不应确认为费用。

2. 收入

收入是指企业在日常活动中形成的、会导致所有者权益增加的、与所有者投入资本无关的经济利益的总流入。企业收入的来源渠道多种多样，不同收入来源的特征有所不同，其收入确认条件也往往存在差别，如销售商品、提供劳务、让渡资产使用权等。一般而言，收入只有在经济利益能够确定地为企业所获得时，才予以确认。

根据收入的定义，收入具有以下几方面的特征。

(1) 收入是企业在日常活动中形成的。日常活动是指企业为完成其经营目标所从事的经常性活动及与之相关的活动。例如，工业企业制造并销售产品、商业企业销售商品、保险公司签发保单、咨询公司提供咨询服务、软件企业为客户开发软件、安装公司提供安装服务、商业银行对外贷款租赁公司出租资产等，均属于企业的日常活动。明确界定日常活动是为了将收入与利得相区分，因为企业非日常活动所形成的经济利益的流入不能确认为收入，而应当计入利得。

(2) 收入是与所有者投入资本无关的经济利益的总流入。收入应当会导致经济利益的流入，从而导致资产的增加。例如，企业销售商品，应当收到现金或者在未来有权收到现金，才表明该交易符合收入的定义。但是在实务中，经济利益的流入有时是所有者投入资本的增加所导致的，所有者投入资本的增加不应当确认为收入，应当将其直接确认为所有者权益。

(3) 收入会导致所有者权益的增加。与收入相关的经济利益的流入应当会导致所有者权益的增加，不会导致所有者权益增加的经济利益的流入不符合收入的定义，不应确认为收入。例如，企业向银行借入款项，尽管也导致了企业经济利益的流入，但该流入并不导致所有者权益的增加，反而使企业承担了一项现时义务。企业对于因借入款项所导致的经济利益的增加，不应将其确认为收入，应当确认为一项负债。

案例　西贝：两万多员工待业　贷款发工资只能撑三个月

融易资讯网 2020 年 2 月 3 日报道，在全国 60 多个城市拥有 400 多家西贝莜面村餐厅的西贝餐饮董事长贾国龙接受投中网专访时表示，当前西贝 400 家线下门店基本都已停业，只保留 100 多家外卖业务。预计春节前后一个月时间将损失营收 7～8 亿元。

让贾国龙更忧心的是，两万多名员工目前待业，但按照国家政策规定工资要继续发，一个月支出就在 1.5 亿元左右。倘若疫情在短时间内得不到有效控制，西贝账上的现金撑不过三个月。

"在这个行业里我们的日子还算不错的，那日子不好的呢？我们贷上款，勒紧腰带发三个月工资，其他品牌、其他企业呢？"贾国龙说，"你要知道餐饮业三四千万人的就业，把这些人都推到社会，那是什么光景？"

贾国龙认为占据企业 30% 成本的人员开支是疫情当下决定企业生死的最大问题。他一方面主动表示要承担起企业的责任，把员工养好，另一方面也急切地希望国家能在税收减免、员工工资补贴等方面尽快出台支持政策，让有责任的企业不吃亏。

1 月 31 日，投中网专访西贝餐饮董事长贾国龙，以下为专访内容。

两万多名员工待业

投中网：目前西贝的线下门店还在营业吗？

贾国龙：西贝在全国 60 多个城市有 400 家门店，两万多名员工。现在堂食的店基本都停了，只有一部分店，比如北上广深这些大城市的店我们保留了一部分在做外卖。但是外卖的量非常小，只能达到正常营收的 5%～10%。

最早是从武汉开始停的，在武汉我们有 9 家店。之后从北上广深开始一点点停，波及全国。现在内蒙古自治区我们卖外卖的店，政府都强制关停了。

但店关了之后员工在宿舍待着，也都是问题。

投中网：有多少员工在宿舍？

贾国龙：现在一万多名员工在宿舍，我们得管吃管住管安全，还得管心情愉快。不要乱跑，不要被别人传染了，也别让自己成为传播源。

另外，我们还有一万多名员工在家。我们刚开始停业以后，有一部分员工就选择了回家。回到家了，我们还得关心他们的心理状况。

投中网：目前员工们的心态怎么样？

贾国龙：目前还正常。我们天天好吃好喝，组织学习，组织有限的小范围内的娱乐，没有什么大问题。但时间长了谁知道呢？

投中网：现在口罩等防护物资全社会都很紧缺，西贝一万多名员工在宿舍，防护物资充足吗？

贾国龙：我们下手快，囤了一批，够用。我们专门有个物资部，快速地买，高价也要买。你要知道中间还有（卖）高价的，一个 N95 要 30 多块钱，这部分就花了几百万。

现金流发工资撑不过三个月

投中网：春节假期是餐饮行业的传统旺季，按照往年的经营情况，西贝在春节期间的营收能有多少？

贾国龙：我觉得这一个月应该有七八个亿。现在七八个亿的生意突然变成 0，进项没了，你还得付出。

> 投中网：付出的成本主要包括哪些？
>
> 贾国龙：我们的成本结构里边，原材料占30%，但这个有货在就等于钱，不是损失。人工综合成本占30%，这才是大头。剩下的房租占10%，不营业就不用交。还有税收成本大概占6%～8%。
>
> 算来算去，最大的一个变量就是人头费。但是国家政策规定，这些人假期都是要有薪水的，我们也认，而且我们作为一个负责任的品牌也想对员工好一点。
>
> 但这样短期没问题，长期是扛不住的。我们一个月工资发1.56亿元，两个月就3个多亿，三个月就四五个亿了。哪个企业储备那么多现金流？
>
> 投中网：西贝现在的账上有多少现金？如果这种情况短期难以好转的话还能支撑多久？
>
> 贾国龙：我们的现金流按照发工资的极限，我们现在贷款还不多，即使贷上款发工资，我觉得撑不过三个月。

（三）收入减费用为利润原理

1. 利润的定义

利润是指企业在一定会计期间的经营成果。通常情况下，如果企业实现了利润，表明企业的所有者权益将增加，业绩得到了提升；反之，如果企业发生了亏损（即利润为负数），表明企业的所有者权益将减少，业绩下滑了。因此，利润往往是评价企业管理层业绩的一项重要指标，也是投资者等财务报告使用者进行决策时的重要参考。

利润通常用以下等式表示

$$收入 - 费用 = 利润$$

2. 利润的来源构成

利润包括收入减去费用后的净额、直接计入当期利润的利得和损失等。其中，收入减去费用后的净额反映的是企业日常活动的业绩，直接计入当期利润的利得和损失反映的是企业非日常活动的业绩。直接计入当期利润的利得和损失，是指应当计入当期损益、最终会引起所有者权益发生增减变动的、与所有者投入资本或者向所有者分配利润无关的利得或者损失。企业应当严格区分收入和利得、费用和损失，以便更加全面地反映企业的经营业绩。

3. 利润的确认条件

利润反映的是收入减去费用、利得减去损失后的净额的概念，因此，利润的确认主要依赖于收入和费用及利得和损失的确认，其金额的确定也主要取决于收入、费用、利得和损失金额的计量。

> **案例　　　成立十年快速发展，但仍见不到利润**
>
> 爱奇艺于2010年成立，截至2019年12月31日，爱奇艺订阅会员数量达1.07亿。爱奇艺2019年全年会员服务营收为144亿元，同比增长36%。但亏损仍是爱

奇艺的痛。

　　成立十年，亏损十年。财报显示，爱奇艺 2019 年净亏损为 103 亿元，与 2018 年的 91 亿元相比，亏损同比扩大 13.4%。腾讯和阿里巴巴也在财报中透露了文娱业务的经营情况，前者 2019 年视频业务营运亏损在 30 亿元以下，后者文娱板块经调整后的 EBITA（息税摊销前利润）亏损为 32.98 亿元。数字是比爱奇艺小，但还是没能迈过盈利的门槛。

　　亏损的最主要原因是巨大的内容成本，这一直是压在视频平台头顶的一座大山。以爱奇艺为例，2015 年至 2019 年，其每年的内容成本分别为 36.9 亿元、75.4 亿元、126.2 亿元、211 亿元和 222 亿元，五年来共烧掉 471.5 亿元，占五年总营收的 53.6%。"限薪令"等举措施行后，龚宇在多个公开场合表示，2018 年 8 月后的内容制作成本和采购成本都出现了明显下降。"电视剧版权成本从最高 1 500 万元一集回落到 800 万元以下，自制剧成本的降低主要在演员片酬上，现在顶级演员一部剧的限价是 5 000 万元，以前曾超过 1.5 亿元。"

　　2019 年爱奇艺内容成本同比增长仅为 6%，为个位数百分比，这归功于内容结构的不断优化——在控制预算的基础上，少外购、多自制。成本压缩兢兢业业，广告低迷却雪上加霜。2019 年爱奇艺在线广告服务收入为 19 亿元，同比下降 15%，除了受宏观经济环境因素影响，还有短视频平台带来的冲击。

　　再加上带宽、服务器成本，流量越大，需要付出的维护代价就越高昂。于是，视频平台只有绞尽脑汁开源节流。但降低成本的前提是保证内容质量和使用体验，而内容付费等多元商业化手段的推行并不顺利，用户对内容本身价值的认可迟迟难以到位。一位不愿具名的视频平台人士认为，至少在当前这个时间节点，单纯依靠内容的流媒体并不是一桩赚钱的生意。

　　十年只是一个阶段，爱奇艺何时才能走出亏损？这需要长视频行业乃至整个内容行业共同回答，也许下一个十年里就会得到答案。

（四）现金流优先原理 / 现金流优先于利润原理

　　在创业企业的业务经营和财务管理中，利润与现金流是两个既有联系又有区别的概念，经常容易混淆，给创业企业的经营者带来误导和困扰。因此，很有必要分清二者，从而更好地为经营和管理决策服务。

　　"现金为王"的财务管理观念，现在已经渗透到企业营运的每一个环节。利润良好却无现金流的企业，会陷入不能支付，从而不能取得企业所需资源和完成交易的危机；而现金流良好、利润情况不理想的企业，虽然企业从事业务的经营收益不佳，但却无生存之虞。因此，现金流良好、利润情况不理想的企业的生存情况远远好于利润良好却无现金流的企业。1998 年亚洲金融风暴、2008 年金融海啸的经历证明了这一点。2020 年经历了新冠疫情困扰的中国企业更加能体会到这一点。

　　现金流量管理的重要性不只是体现在公司营运这个层面，更应被提到战略高度；无论是从企业的当期营运价值(COV)来看。还是从企业的未来成长价值(FGV)来看，现金流量管理都会产生决定性影响。

现金流量管理最为核心的问题包括以下几个方面：现金流量的集中管理、缩短现金循环周期及现金预算。与集权式财务管理体制相适应的现金集中管理模式，既可以防范风险，又可以提高资金资源的配置效率和效益。缩短现金循环周期的目的是提高营运资本效能，以尽可能少的营运资本搏动尽可能大的销售额，创造尽可能多的 EVA(经济附加值)。现金预算的目的是提高现金流量管理的计划性，无论是现金盈余还是现金赤字，企业都有相应的预案，确保企业现金"均衡而有效"地流动。

现金管理的核心目标是保持"均衡有效的现金流"、现金流入和现金流出必须在金额和时间、地点上严格匹配，企业才能健康运行。公司要强调现金管理的内部控制和现金集中管理。

（五）资源的成本原理

资源的成本原理有另一个更为通俗易懂的说法：市场没有免费的午餐。这条通俗的原理，可以从以下几个层次理解。

第一，创业企业身处市场，是市场经济体系的一个组成要素，是市场的主体之一。实际上，创业企业从创立到运行，几乎每时每刻都要和市场发生联系。因此，创业企业需要按照市场的规则进行运作。

第二，市场是社会分工和商品生产的产物，在其发育和壮大的过程中，也推动着社会分工和商品经济的进一步发展。市场通过信息反馈，直接影响着人们生产什么、生产多少及上市时间、产品销售状况等。在市场中通行的行为方式是交易、交换，基本的行为规则是自由交易、等价交换、价格自由协商、自愿交易等。

第三，市场具有给资源定价的功能。

第四，市场遵循自由交易的规则。

（六）资金时间价值原理

 案例　　　　　　　资金时间价值的威力

1626年，荷属美洲新尼德兰省总督 Peter Minuit(彼得·米努伊特)花了大约24美元从印第安人手中买下了曼哈顿岛。而到2000年1月1日，曼哈顿岛的价值已经达到了约2.5万亿美元。以24美元买下曼哈顿岛，Peter Minuit 无疑占了一个天大的便宜。但是，如果转换一下思路，Peter Minuit 也许并没有占到便宜。如果当时的印第安人拿着这24美元去投资，按照11%(美国近70年股市的平均投资收益率)的投资收益计算，到2000年，这24美元将增长成23.8万亿美元，远远高于曼哈顿岛的价值2.5万亿美元，几乎是其现在价值的10万倍，如此看来，Peter Minuit 是吃了一个大亏。究竟是什么神奇的力量让资产实现了如此巨大的倍增？

资金时间价值是指一定资金在不同时点上价值量的差额。资金时间价值是资金在投资和再投资过程中随着时间的推移而产生的增值。在经历一段时间后，其资金价值会发生变化，不同时点上资金的价值是不同的，因此不能直接进行比较，只有将货币资金换算到同一时间点上才能进行比较分析。受时间因素的影响，当时投入的资金经过一定时间的循环，其价值会高于现在的价值。但并不意味着所有的资金都拥有时间价值，当资金的持有者不再将货币资金投入生产经营而是将它进行闲置时，资金的时间价值就不会变化，因此深刻了解资金时间价值是很有必要的。

出现资金时间价值的原因目前已知的主要有以下三个。第一，由于社会资源的稀缺性，在市场上同时存在着通货膨胀和机会成本，这让商品的价值要高于未来时点的价值；第二，人们存在着主观方面的认知局限，过于看重眼前的东西及它现在所代表的价值而忽视了商品未来的价值；第三，在目前的制度下，信用资金的增加使得资金贬值、通货膨胀成为一种常态，现阶段的资金价值要高于未来的资金价值。

但资金时间价值的出现也是有条件的，只有将资金时间价值投入到生产中进行周转循环才能产生时间价值。因此，在对资金时间价值进行研究分析的时候要注意资金时间价值产生的条件及对时点的把握，不带有强烈的个人主观色彩，做到客观分析，并根据企业其他的财务信息进行分析，明确资金时间价值在企业投资和筹资决策中的重要性，从而为企业的财务活动提供更多的依据。

(七) 投资的风险价值原理

投资风险价值是投资者冒风险进行投资而获得的额外利润。风险是一种不确定性，在金融行业，风险专指能计算出客观概率的不确定性。一般意义上，人们认为风险更多是指不利事件发生的可能性，风险的发生会带来灾害、损失。企业的每一项决策几乎都存在着或大或小的风险。尤其是投资决策，它涉及的时间长，内容复杂，不确定因素多，所承担的风险更为突出。投资者对具有风险的投资所要求的最低报酬率大于无风险投资的报酬率部分，称为投资风险报酬率，或风险补偿率。通常只有当具有风险的投资存在一定的投资风险价值或风险报酬率时，投资者才愿意进行这种投资。

投资的风险价值有两种表现形式，即风险报酬额和风险报酬率。

(1) 风险报酬额。风险报酬额是投资的风险价值的绝对数形式，是指由于冒风险进行投资而取得的超过正常报酬的额外报酬。

(2) 风险报酬率。风险报酬率是投资的风险价值的相对数形式，是指额外报酬占原投资额的比重。在实际工作中，对两者并不严格区分，通常以相对数——风险报酬率进行计量。

对于投资风险价值的计算，现在除了被认为没有风险的国家公债或国库券的投资外，其他各种投资的投资报酬率一般是货币时间价值(利率)与风险投资价值(风险报酬率)之和，公式为

$$投资报酬率 = 利率 + 风险报酬率$$

投资风险价值具有不易计量的特征，可以利用概率论的数学方法，按未来年度预期收益的平均偏离程度进行估量。

第二节 财务管理基础：财务管理体系的构建与运作

一、财务管理体系的概念

企业的财务管理体系包括财务会计人员、财务会计机构、财务管理制度和企业的会计政策四个方面，如图 6-2 所示。

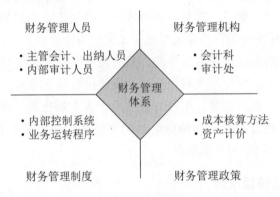

图 6-2 财务管理体系

财务会计人员应该包括总会计师、财务总监、财务经理、主管会计、记账人员、财务分析人员、出纳人员，有的还包括内部审计人员。

财务会计机构主要是指企业财务会计的岗位职责和部门设置。例如总会计师室、财务部、会计科、审计处等。财务会计机构是公司管理财务会计工作的部门，而不仅仅是公司财务会计人员工作的地方。

财务管理制度包括业务运转程序、内部控制系统等全面管理体系，是企业货币流动的链条，也是企业实物运转的约束方式，是财务会计人员、财务会计机构等硬件得以正常运转的软件系统。

企业的会计政策是指企业具体执行的财务管理和会计核算的规范和策略，包括企业的成本核算方法、计价、折旧、费用标准、关联交易、纳税筹划等。

在财务管理制度和政策中，又主要包括 11 个模块，分别为资金管理体系、预算管理体系、采购与存货管理体系、资产管理体系、费用管控体系、内部审计管理体系、财务报告与分析管理体系、税务管理体系、投融资管理体系、成本管控体系、合同与销售管理体系。

其中的财务报告体系是指从不同的侧面提供企业财务状况、经营业绩和现金流量情况信息的较为完整的系统。财务报告体系的完整性直接影响财务报告信息质量的高低。

二、财务管理体系的构建与运作

(一)健全财务核算,加强财务控制

一是注重会计记录的准确与完整。建立和完善必要的会计制度,加强对原始凭证的监管,确保资产购置准确计量,防止会计记录混乱、错误或不完整。这样有利于发挥财务管理的职能。

二是财务人员下生产线。企业非财务人员对财务方面的认知大多非常浅显,财务人员有必要到一线监督指导基层管理者统计的原始资料。如领料单、生产工时、工人绩效、库存盘点等与生产相关的基本信息,保证财务管理的有效实施。

三是确保采购人员、销售人员执行会计制度。企业资产的购进、售出及收发均需经过采购人员和销售人员,若他们操作不规范,财务报表的真实性就无法得到保障,财务管理将无法进行。因此,企业应组织采购人员、销售人员学习企业制定的会计制度,并做到出现问题及时更正、发票不合格退回重开,有效保证财务核算的准确进行。

(二)加强营运资金的管理

一是分析非生产资金使用,编制费用预算。创业企业的资金需求量比较大,因此控制期间费用的开销尤为重要。企业应定期编制综合费用表(最迟每周一次),掌握非生产成本的花销,做到定期纵向对比,让资金合理使用。

二是确定合理的现金持有量。尽管现金属于非营利性资产,企业持有现金会降低企业其他方面的投入,导致企业发展进程缓慢。但创业企业难以准确判断资金持有量,且临时举债能力较弱,当现金发生短缺时,会造成人才流失、生产运营停止、营销活动无法开展等不利于企业日常经营活动开展的情况。因此,创业企业可以通过每周更新资金的流入量和流出量,合理估计应收账款回收资金,分析、计算资金的总流入量和总流出量,参照各种方案的机会成本和短缺成本,从而制定出最佳现金持有量。

三是合理匹配往来资金。创业企业应严格地将处于安全区内的资金按照流入量和流出量这两条线进行区分;确定其准确的资金流入量,对资金使用的效益进行分析和评估,并将它作为决定企业发展速度和扩张规模的重要前提,做到资金的流入和流出在时间、金额方面的合理匹配。同时要严格限制短贷长用,避免将大量的短期贷款资金用于大规模的长期资产购建方面,将债务流动性风险控制在合理的范围内,这是创业企业长足发展的重要保障。

四是强化应收账款管理。创业企业应根据客户的资信程度,合理制定应收账款账龄分析表,对客户的商业信用进行划分。账龄分析表主要包含应收账款期限、超过应收款期限、提前还款期限、坏账金额等。通过分析账龄分析表,对不同客户划分不同的信用等级,制定不同收款政策,给予不同的信用优惠条件或附加某些限制条款。在账款被客户拖欠时,可以通过信函、电话联系或者上门面谈等方式进行催缴,缩短应收账款的收款期,减少应收账款占用的资金。

(三) 建立产品成本明细表

这里所说成本是指广义成本即生产成本和销售费用。企业发生的所有支出最终都要摊到产品成本里，而控制生产成本除了建立标准化生产模式进行量化控制外，就是建立上、中、下游(供应、生产、销售)完整的销售链来实现降低成本；除生产成本以外的费用，通过与制定的费用预算进行比对，分析其超支或节约的原因，从而对成本进行合理的控制。

而创业企业财务人员的工作重点应该放在真实反映生产环节每个步骤的成本及销售费用上，建立符合本公司的产品明细表并准确无误地反映各要素的构成情况，从而为管理层的决策提供准确的信息。产品成本明细表应包括生产成本和销售费用。其中，生产成本应按生产环节中每一道工序的材料、人工、制造费用等成本进行划分；销售费用应分解成营销策划、营销宣传等根据企业实际情况将其细分；在制作产品成本明细表时，应做到尽量全面、短时间内不应修改，做到纵向可比。

第三节　财务管理核心：现金流管理

> **案例　现金流管理不善，创业企业差点"牺牲"**
>
> 一位电动车创业者向燃财经讲述了这样一段经历：2015年创业做电动车，投资人提醒他，账上净资产低于1 000万元的时候要做汇报，他将净资产理解成了现金。当账上现金已经低于1 000万元时，他组织财务算了一笔账，发现公司的净资产已经是负数了。因为公司刚下了一笔2 000万元的订单，账期30天，当订购的车辆运到公司仓库，这2 000万元现金就变成了存货，那意味着公司账上的现金将为零，另外还增加了1 000万元的负债——公司现金流断了。
>
> 他用了一年的时间去清理库存，向供应商延迟付款，才将这些存货变成现金，让公司缓过气来。

一、现金流的重要性

现金流对于创业企业的重要性在于，它决定了当下是进行融资还是大规模拓展市场。没有现金流这个财务中的重要指标，财务规划就无从谈起，企业下一步怎么走就是个未知数。所以，作为创业者一定要重视现金流，很多好公司就是因为现金流问题，死在黎明前，功亏一篑。

现金流量决定企业的价值创造能力，企业只有拥有足够的现金才能从市场上获取各种生产要素，为价值创造提供必要的前提，而衡量企业的价值创造能力正是进行价值投资的基础。现金流量还反映了企业的盈利质量，决定企业的市场价值和生存能力。

在创业者成立公司之时，就应该设立好企业的金融资本结构，做好现金流的预警分析，在达到某一警戒指标的时候，应即时采取措施，以防止出现资金链断裂的风险。一个健康的公司，一定有着良性循环的现金流量。当然，看现金流也需要以长远的眼光，在必要的时候需将"经营现金流""投资现金流""筹资现金流"分开来看。

大的企业容易死于突发事件，如安然、汉能。小的企业容易死于现金流，范例多如牛毛，便不列举了。那么不健康的现金流对企业到底有哪些影响呢？这里列举几个最常见的影响，同时也能深刻反映现金流在创业的生死存亡中的重要性。

1. 融资

创业公司最常面临的首要问题就是融资，融资顺利可以帮助企业快速成长。而融资时投资方尽调会全面审核现金流，一个不健康的公司会反映在财务数据上。同时也能推算出公司的真正价值和所需要的融资额度。

2. 业务

没有足够的现金流，就无法正常组织劳动力。企业的发展离不开业务的正常开展，人员的动荡更会制约公司的正常经营。同时也无法购买原材料，组织上下游协同完成业务。长期如此必然会面临亏损，最终导致企业破产。

3. 资信

企业现金流量正常、充足、稳定，能支付到期的所有债务，公司资金运作有序，不确定性越少，企业风险小，企业资信就越高。反之，企业资信差，风险大，银行信誉差，很难争取到银行支持。因此，现金流量决定企业资信。

4. 盈利

现金是企业一项特殊的资产，具体表现为：流动性最强，可以衡量企业短期偿债能力和应变能力；现金本身获利能力低下，只能产生少量利息收入，相反由于过高的现金存量会造成企业损失机会成本的可能，因此合理的现金流量应是既能满足需求，又不过多囤积资金，这需要创业者在资金流动性和收益性之间做出权衡，寻求不同时期的最佳资金平衡点，有效组织现金流量及流速，以满足偶然发生的资金需要及把握投资机会的能力。

5. 价值

在风投资本市场中，企业价值的大小在很大程度上是投资人的估价。估价高低直接影响到投资金额，和未来投资人的预期收益。现金流越充足，引入风投代价越小，企业可以获得更高的议价。企业价值最大化是风投追求的目标，所以经营也应该向这样的目标进发。

在创业中，现金流量管理水平往往是创业公司生死存亡的决定要素。很多企业的营运危机也是源于现金流量管理不善。世界上所有风投首先考虑的也是投资对象的现金流量。当经济危机来袭，资金周转危机往往是创业公司破产的直接导火索。企业的价值就在于它产生现金流量的能力。

二、现金流量管理

现金流量管理是指以现金流量作为管理的重心、兼顾收益,围绕企业经营活动、投资活动和筹资活动而构筑的管理体系,是对当前或未来一定时期内的现金流动在数量和时间安排方面所作的预测与计划、执行与控制、信息传递与报告,以及分析与评价。因此,现金流量管理的具体内容既包括与现金预算的分工组织体系有关的一系列制度、程序安排及其实施的预测与计划系统和由收账系统、付账系统和调度系统构成的执行与控制系统,又包括借以报告一定时期终了母系统和各子系统综合运行最终结果的信息与报告系统,以及对现金流量管理系统、现金预算执行情况和现金流量信息本身的分析与评价系统。由此可见,现金流量管理是一个内容极其丰富的系统。

如果说利润相当于企业的血液,那么现金流则相当于企业的空气。因为现金流量管理出现问题而使企业处于困境的例子不胜枚举。很多公司一直把注意力放在利润表的数字上,却很少讨论现金周转的问题。这就好像开着一辆车,只晓得盯着仪表板上的时速表,却没注意到油箱已经没油了。

(一) 现金流量管理的目标

现金流量控制可运用于经营活动、筹资活动及投资活动产生的现金流量。
- 经营活动产生的现金流量应有盈余。
- 不能过度投资于营运资金。
- 盈余现金应进行投资。
- 长期投资与筹资计划应与企业在经营活动中创造现金的能力相适应。
- 国际企业或跨国公司中的现金流量应进行有机地组织以减少货币风险。

所有这些均与现金流量相关。

现金流量对企业来说至关重要。企业为了生存,必须获取现金以便支付各种商品和服务的开销。尽管企业可以通过外部融资渠道(如股东和银行)来获取现金,但主要的现金来源仍是商业活动,对金融企业来说则是贷款和投资。从长期来看,企业为了生存,从商业活动、贷款和投资中收到的现金必须超过经营活动支付的现金。经营活动现金盈余是企业具有活力的主要标志。

现金流量也影响企业的流动性。流动性是对持有的现金数额及资产转化为现金的能力的描述。一个企业如果持有充足的现金,或者资产能够在短期内转化为现金,以履行它的支付义务,则该企业具有流动性。另外,如果一个企业很容易从外部渠道取得现金,如银行贷款信用额度,也可以称其具有流动性。缺乏流动性,无论是临时性的还是长期的,都意味着无力履行已到期的付款义务。企业可能延期支付,也可能采取诸如借款、发行股份或处置某些资产等紧急措施来偿还未付清的债务。企业缺乏流动性的状况如果持续很长一个时期,就会丧失诸如银行间资金融通等融资渠道,企业将陷入无力偿付的境地。实际上,流动性问题是导致中小型企业(SME)破产的主要原因,尽管它们中许多都是具有活力的企业。如果在不需要寻找新的融资渠道的情况下可以随时获得现金,则具有了在任何时候进行支出决策的财务灵活性。良好的现金流量和巨大的现金余额可以使企业处于有利地位，例如在收购竞标或投资新的风险项目时，无须经过股东或银行的同意。

当商业利润比企业置存现金产生更高的回报时，拥有富余现金但商业地位相对较弱的企业将倾向于收购。另一种有争议的观点认为，如果一个企业拥有大量长期的现金盈余，应将多余的现金作为股利或是以股票回购的形式支付给股东。企业主要是在进行商业交易，而不是现金投资，但是将大量现金盈余视作为潜在收购战进行资金准备的经营者可能并不同意这种观点。

由于良好的现金流量对于企业极其重要，管理部门应建立一套现金流量控制系统。在一个非常小的企业中，业主可以对现金进行充分的个人控制。而在大企业，特别是跨国公司里，没有正式的组织是无法形成有效控制的。

(二) 现金流量循环

1. 现金流量循环的概念

现金流量循环，也称现金循环，或现金循环周期。经营的一般原则是，销售商品与提供劳务所收到的现金应该超过为生产商品与提供劳务而支付的现金。支付现金是为了期望在将来收回更多的现金。这些现金收入中的一部分将用来生产更多的商品和提供更多的服务，因而这就存在一个支付现金购买材料、销售商品收取现金的商业循环。

创业企业的管理层有责任保证下列事项：①现金收入超过现金支出（利润管理）；②尽快取得现金收入并缩短现金循环的周期（现金管理）；③有足够的现金来偿付到期的支出款项并且妥善利用销售收入（现金管理）。

现金循环是与交易循环相互联系的。在一个制造企业中，交易循环始于原材料的购买，在经过生产和产品入库后，最后结束于产品的销售。现金循环则与之相对应，从付款购买原材料开始，到从客户手中收款后结束。

在一个零售企业中，交易循环始于购买用于再销售的商品，结束于商品销售。尽管一些零售商可以在销售商品后再支付购货款，但现金循环还是应从支付货款开始，到收取商品销售收入时结束。

在大多数的企业中，交易循环是从向外部供应商购买货物开始的，而现金循环则是从向供应商付款开始的。然而，仍存在许多不是支付给供应商的付款，如支付给雇员的工资薪金；另外，还有日常管理费用，包括支付的租金利息、电话费、咨询费、广告费等。在这些项目中也存在着现金循环，因为在支出费用和收讫销售收入之间有一定的时间间隔。

2. 现金流量循环的时间流程

交易循环与现金循环是用时间来表示的。交易循环是指从购买原材料到销售产成品之间的时间长度。现金循环是指从第一笔现金支出到最后的销售收入收取之间的时间长度。二者在时间上是相互重叠的，可以用一条表示时间进程的流程线来对它们加以说明。

不同类型的企业有各自的交易循环和现金循环的特点。制造企业以最简单清晰的方式展示了这一流程。

制造业企业现金流量的时间流程，如图 6-3 所示。

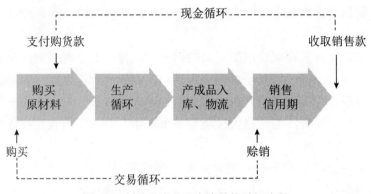

图 6-3　制造业企业现金流量的时间流程

从图 6-3 可以看出，由于交易循环各项目的持续时间不同，现金循环的流程也随之发生变化，主要有以下三个因素影响现金循环周期：①持有存货的期限从向外部供应商购买开始，经过生产和产成品的存储，到最后出售；②向供应商和其他赊销者支付货款的期限；③给予客户（赊购者）的信用期限。

在零售企业中，大部分的销售都是以现金、信用卡、借记卡的方式结算，因而企业在销售时即可收到大部分的现金。大型的连锁超市能将商品在其购买后的数日内售出，但它却往往在售出商品收到销售收入后才向供应商支付货款。

连锁超市现金流量的时间流程，如图 6-4 所示。

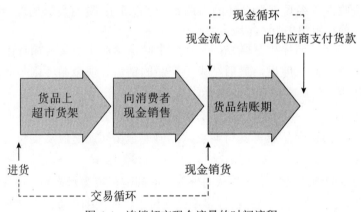

图 6-4　连锁超市现金流量的时间流程

(三) 现金集中管理

1. 现金管理的内部控制

创业企业要建立严密有效的现金管理内部控制机制，确保现金控制是充分且适当的。现金管理的内部控制要遵循以下方面的原则：

(1) 组织与程序控制 (organization& procedural controls)：应有明确的权责分配结构和报告路径。制定的规定和程序必须严格遵循。

(2) 授权 (authorization)：应将签发支票和办理银行转账的人员限制在尽可能少的范围内。

(3) 实物控制 (physical controls)：未经授权的员工不得接触支票簿和零用现金，对保存现金实物的办公区域设立限制接近设施。

(4) 职责划分 (segregation of duties)：不应由一个人负责授权、记录和管理现金支出。

(5) 人员控制 (personnel controls)：在任命负责现金收付的员工之前，对其职业道德、品行操守情况要进行详细审查。

(6) 会计与核算控制 (accounting & arithmetic controls)：建立相应的规则和程序以便对交易的准确性与完整性进行详细检查。

(7) 监督 (supervision)：由负责日常现金交易的管理人员定期进行监督。

(8) 管理控制 (management controls)：通过定期报告、分析和检查系统，使全部现金管理控制发挥应有的功能，这是经理人员的职责。它包括预算和预算控制报告及特别检查。

2. 现金集中管理的好处

鉴于现金流量控制对创业企业运作的极端重要性，创业企业必须要强调现金集中控制的必要性。一般而言，现金集中管理有以下好处：①从整个创业企业角度来说，可以优化借款比例，从而使利息成本更低；②创业企业中一个部门、一项业务的现金盈余可调配到现金短缺的其他部门或业务，促进现金在创业企业内部的融通使用，从而避免透支现象或不必要的向外筹资；③盈余现金可以集中起来应付创业企业突发的事件、事故之需，化解风险。

3. 现金集中管理的组织模式

创业企业处于企业初创期，规模小、职责不完善，但创业企业要特别注意现金管理的重要意义，根据企业业务特征和规模进行现金管理的组织。

创业企业建立的现金集中管理组织机制包括：组织结构控制、授权批准控制、会计系统和文件记录控制、全面预算控制、财产保全控制、人员素质控制、风险防范控制、内部报告控制。现仅就前几个做以下说明。

(1) 组织结构控制。组织结构控制是对企业组织结构的设置、职务分工的合理性和有效性所进行的控制。企业组织结构涉及公司治理结构和内部管理部门设置这两个层面。对于财务管理而言，就是如何确定财务管理的宽度和深度，并在此基础上产生集权管理或分级管理的财务管理体制。组织结构控制要求贯彻不相容职务相分离的原则，创业企业必须合理设置内部机构，科学划分职责权限，以形成相互制衡的机制。不相容职务主要包括：授权批准与业务经办、业务经办与会计记录、会计记录与财产保管、业务经办与业务稽核、授权批准与监督检查等。

(2) 授权批准控制。授权批准控制是指企业在处理经济业务时，必须经过授权批准以便进行控制。无论是采取一般授权形式还是特殊授权形式，创业企业都必须建立授权批准体系。建立授权批准体系的要点包括：①授权批准的范围，通常企业所有的经营活动都应纳入其范围；②授权批准的层次，应根据经济活动的重要性和金额大小确定不同的授权批准层次，从而保证各管理层权责对等；③授权批准的责任，应当明确被授权者在履行权力时应对哪些方面负责，以避免授权责任不清等情形；④授权批准的程序，应规定每一类经济业务的审批程序，以便按程序办理审批，避免越级审批、违规审批的情况发生。

在明确规定授权批准的范围、权限、程序、责任等相关内容的基础上，企业内部的各级管理者必须在授权的范围内行使相应职权，经办人员也必须在授权范围内办理经济业务。

(3) 会计系统和文件记录控制。健全、正确的文件与会计记录，既是组织规划控制、授权批准控制的手段，也是企业保持工作效率、贯彻企业经营方针的基础。

会计系统与文件记录控制内容主要包括：

①建立企业组织结构职能图和授权审批权限一览表。②建立职位职责说明书。③建立业务程序手册。其可采用流程图的方式。流程图是由特定符号组成的反映业务处理程序及部门之间相互关系的图表；它既是企业管理的有效工具，也是评价内部控制的重要手段。创业企业的业务流程应让相关人员充分知晓，使每名员工都清楚地知道自己在业务流程中的角色和地位。④建立会计控制系统。要求企业必须依据国家法律规定，制定适合本创业企业的会计制度，统一会计政策，明确会计凭证、会计账簿和财务会计报告的处理程序，实行会计人员的岗位责任制，建立严密的会计控制系统。⑤文件和凭证连续编号。创业企业对业务处理的文件记录和凭证应连续编制相应的号码，凡有条件的均应事先编号，给文件和凭证编号便于业务查询，也可避免业务记录的重复或遗漏，并在一定程度上防范舞弊行为的发生。

(4) 全面预算控制。预算控制要求创业企业加强预算编制、预算执行、预算分析、预算考核等环节的管理，明确预算项目，建立预算标准，规范预算的编制、审定、下达和执行程序，及时分析和控制预算差异，采取改进措施，确保预算执行的效果。预算内实行责任人限额审批，限额以上资金实行集体审批；严格控制无预算的资金支出。

(四) 现金预算管理

加强现金管理的计划性，是现金流量控制与管理的重要方面。现金预算是建立在现金需求预测的基础上的。

1. 现金预测

所有的企业都应该对未来的现金状况进行预测，创业企业更不例外。因为创业企业有巨大的资金使用需求，同时产生现金流的能力相对薄弱。预测必须是有目的的，并且预测所提供的信息也必须是有用的。如果没有目的和用途，那么编制预测就没有任何意义。根据环境的不同，现金预测的目的也各不相同。

- 如果预测为赤字，创业企业可以做出筹资安排。
- 如果预测为盈余，创业企业可以对如何应用盈余现金制订计划。

现金预测的重要性在于：保证创业企业在需要时以可接受的成本筹集到足够的现金。现金预算也可以通过估计下列项目，对所存在的流动性问题做出早期预警：

- 需要多少现金；
- 什么时候需要；
- 需要多长时间；
- 是否可以从期望的来源获得现金。

现金流量的时间与它的数量一样重要,因为创业企业不仅要知道所需筹资的数量,还必须了解需要筹资的时间及资金筹入时间的长短。

2. 现金预算的含义

现金预算也称为现金流量预算,是对预算期内的现金流入与流出及余额所做出的详细预测。现金预算是全面预算的重要组成部分,根据营业预算、资本预算编制。预算期通常为 1 年,并按月或季划分为若干个期间。但创业企业所面对的内外部环境通常变化迅速,尤其是在移动互联网行业的创业企业,其产品、市场偏好和竞争者的情况等的变化更是迅速且猛烈。因此,创业企业的预算期可以进一步缩减为半个月、一周,以此应对快速多变的环境。

3. 现金预算的类型

按现金预算的编制方法划分,现金预算可以分为以现金流量为基础的现金预算、以资产负债表为基础的现金预算和以利润表为基础的现金预算。

(1) 以现金流量为基础的现金预算最为常见,它是指对预算所覆盖的每个时期的现金流入、流出、净现金流量及现金余额变动的金额和期间做出预测,以此为基础编制现金预算,现金流入和流出的差额即为赤字或盈余。期初现金余额加上预算期内的现金盈余或赤字,即为期末现金余额预测值。

(2) 以资产负债表为基础的现金预算更适合作为战略预算。在为资产负债表的其他项目做出预算后,现金盈余或赤字就是它们的余额。

战略资金预算涵盖较长期间。战略规划应考虑:为实现战略目标所需的资金金额;所出资金的来源,包括内部产生的现金流;这一战略对流动性和资本结构的潜在影响。

(3) 以利润表为基础的现金预算同样适合 1～2 年的中长期规划。它是用年度和的预算数去估算预算期内现金流变化的大致情况。

本章思考

1. 餐饮业号称现金流奶牛,这个行业现金流周转很快,在一般的商业环境里,很多餐饮企业不会在手里留存太多的现金,如果财务总监说要预防万一保留一定比例的现金,估计会被当成外星人,或者得卷铺盖走人。但始于 2020 年的新冠肺炎对中国经济的冲击,餐饮业首当其冲。结合本章内容,你如何理解企业成长和现金的关系?

2. 在很多创业案例中,新生的创业企业获得巨额投资后,形成所谓的"烧钱"的局面。你认为这样做对创业企业的成长有何影响?

第七章
创业企业投融资管理

> "一定要在尚不缺钱的时候借到下一步需要的钱。"
>
> ——李彦宏，百度创始人

学习目标

1. 掌握创业融资的基本概念和基本原理
2. 掌握债务融资和股权融资的概念
3. 理解不同的融资渠道
4. 掌握融资估值的基本方法
5. 掌握融资文件的撰写

案例　制造业"云工厂"获富士康数千万元A3轮融资

2019年3月21日，据36氪报道，在线制造服务商"云工厂"获数千万元A3轮融资，由富士康战略投资。本轮融资将主要用于在线制造链条上的研发和平台运营。

曾被多次报道的云工厂，将自营工厂及其他加工厂，整合成一个大的"加工资源池"，同时自研了一套在线制造平台，客户可以在平台上传图纸等加工资料，平台可实现自动化地快速报价、生成标准化工单、分配给合适的工厂等一系列流程。

通过上述模式，云工厂为加工客户、加工厂、行业同时带来以下价值：

- 加工客户。通过直接对接云工厂，省去了找工厂、验厂、商务报价、排单等一系列烦琐过程，可以将加工周期缩减到传统方式的50%以下。通过自营高度自动化、信息化的工厂，以及闲置产能的利用，可以将加工费用缩减到市场平均水平的30%。（详细分析可见此前报道）
- 加工厂。直接的好处是增加了订单来源，减少了拉订单成本。同时，通过整合社会加工资源统一调配的方式，可以将整体产能资源利用率最大化，有效解决单个加工厂订单不稳定，有时候做不过来，有时候没单做的问题。
- 行业。可以整体提高产品制造效率、降低制造成本，并降低新产品开发迭代的综合成本，加快整体产品创新丰富度和节奏。

目前，云工厂专注于中小批量结构件领域的加工业务，包括手板件、五金零部件、3D打印、复制软膜等。

加工客户最关心的三个问题是交期、价格、质量。

上面介绍了云工厂如何缩短交期、降低价格。另外，云工厂自研了设备数据采集盒子，已经在自营工厂和部分外部工厂部署，可以将设备状态、生产信息、加工订单等信息，实时同步到线上，结合平台的预警机制，在出现生产进度滞后时，云工厂能人工及时跟进解决，从而保证交期。客户也能在线上实时看到订单加工到哪一步了，把控进度。

在质量控制方面，云工厂会严格考察加入平台的工厂，对自营工厂和外部工厂的所有成品，都会进行全检。云工厂也在引入机器视觉等方案，尽可能将质检过程自动化，降低人工依赖。另外，每一次服务订单的交付情况、品质、交期、价格、客户满意度等信息，都通过平台进行了沉淀，也能帮助云工厂优化和更合理地筛选调配加工厂资源。

目前，云工厂自营工厂的订单加工份额占比40%多，未来云工厂会持续选择能够实现高自动化的品类，进行自营加工，而仍需要大量人工的加工品类，则通过外部加工厂的分散产能加工。

云工厂CEO李钦告诉36氪，目前云工厂客户数已达2万多家，自营工厂约有500台设备，外部合作加工厂有数百家，2018年平台GMV(商品交易总额)为数亿元。

2019年，云工厂将在两方面重点投入。一方面是持续提升自动化、智能化程度，包括在线制造平台业务流程的自动化闭环，以及生产加工过程的自动化。另一方面是大力拓展海外客户，包括欧美、日韩等，国外订单普遍比国内订单价格高，所以利润更大，同时付费习惯好，基本不存在账期。云工厂计划2019年推广到30多个国家。

关于此次富士康战略投资云工厂对于双方的意义和合作价值，李钦告诉36氪：

对富士康来说，在战略层面，工业互联网迅速发展，富士康需要对云工厂这种新型制造模式进行战略布局；在业务层面，云工厂擅长前期中小批量生产，富士康擅长后期大批量生产，双方订单可以顺接互补。

对云工厂来说，富士康积累的大量制造工艺、经验、方法论、周边供应链体系等，都能帮助云工厂提升整体自动化水平，拓展供应商资源。

第一节 创业企业融资概述

一、融资相关的概念与流程

(一) 企业中的资金运动

资金是企业所拥有的人、财、物等要素中的一个，但由于它的重要性，经常被比喻为企业的"血液"。企业的生产经营和管理活动离不开资金。创业企业的运作就是企业生产经营过程中的资金运动,具体包括资金的筹集、融通、投放、使用、收回和分配等一系列活动。筹集资金是这一系列理财活动的起点,也是创业企业生存与发展的基础和必要前提。

资金是企业经济运行的血液,企业持续的生产经营活动,对资金总是产生着不断的需求,而资金的供应量由于种种条件的限制又常常会处于"饥渴"状态,资金供应和需求的矛盾总是不时地困扰着企业,从而使筹措资金活动成为企业的一项经常且重要的活动。企业融资就是指企业根据生产经营等活动的需要,在资金市场上,按照相应的规则,通过各种方式从外部有关单位或个人及从企业内部筹措和集中资金的活动。企业进行资金融通和筹集,首先必须明确融资的具体动机,遵循融资的基本要求。

创业企业融资是一个投资人或投资机构将资金以权益方式或债务方式注入创业企业,以期在未来获得回报的过程。对双方而言,这是一项融资交易。

具体而言,对投入权益资金的投资人而言,他们常被称为风险投资机构或风险投资家,或天使投资人。通过权益投资,权益投资人与创业企业形成"拥有和被拥有"的关系。权益投资人成为了创业企业的股东,依照投资份额比例,对创业企业拥有所有权,以及双方约定的表决权和事务管理权。从权益投资人的财务管理角度,这是一项长期股权投资,需要按照相应的规则处理。从创业企业的财务管理角度,接受权益投资人的权益投资,形成了自己的所有者权益即净资产的增加。权益投资人与创业企业的关系,如图7-1所示。

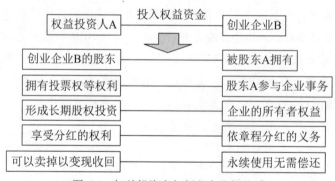

图7-1　权益投资人与创业企业的关系

对投入债务资金的投资人而言,他们常被称为债权人或债务投资人。通过债务投资,债务投资人与创业企业形成了"借贷"关系。债务投资人成为了创业企业的债权人,创业企业成为了债务投资人的债务人。双方会约定借款使用的期限、利息、偿还方式、抵押或担保等条件。债务投资人对创业企业不具有所有权、表决权和事务管理权,但可以通过借款协议约定一些重要事项和资产的处置规则。

对创业企业而言,债务投资人和权益投资人对本企业拥有的权利的优先级不同。债务投资人对创业企业形成的债权,对创业企业的资产拥有优先受偿权。

(二)融资分类与企业控制权

1. 融资分类

(1) 内源融资和外源融资。这种分类方式是按照资金是否来自企业内部来进行划分。

内源融资是指企业依靠其内部积累进行的融资，具体包括资金、折旧基金转化为重置投资、留存收益转化为新增投资3种方式。

外源融资是指企业通过一定方式从外部融入资金用于投资。一般来说外源融资是通过金融媒介机制形成，以直接融资和间接融资形式实现。

(2) 短期融资与长期融资。这种分类是按照资金使用及归还年限来进行划分。

短期融资，一般是指融入资金的使用和归还在一年以内，主要用于满足企业流动资金的需求。短期融资的方式有商业信用、银行短期贷款、票据贴现、应收账款融资、经营租赁等。

长期融资，一般是指融入资金的使用和归还在一年以上，主要用于满足企业购建固定资产、开展长期投资等活动对资金的需求。长期融资的方式主要有：发行股票、发行债券、银行长期贷款、融资租赁等。

(3) 股权融资和债权融资。这种分类主要是按照企业融入资金后是否需要归还来进行划分。

股权融资是指企业融入资金后，无须归还，可长期拥有，自主调配使用，如发行股票筹集资金。

债权融资是指企业融入资金是按约定代价和用途取得的，必须按期偿还，如企业通过银行贷款所取得的资金。

(4) 直接融资和间接融资。这种分类主要是按照企业融资时是否借助于金融中介机构的交易活动来进行划分。

直接融资是指企业不经过金融中介机构的交易活动，直接与资金供给者协商借款或发行股票、债券等来融资。另外，政府拨款、占用其他企业资金、民间借贷和内部集资等都属于直接融资范畴。

间接融资是指企业通过金融中介机构间接向资金供给者融通资金的方式。间接融资的方式有银行借贷、非银行金融机构租赁、典当等。

2. 企业控制权

广义来讲，企业控制权是指由谁来对企业施加真正的控制，并影响企业运营，这个"谁"可以是个人，也可以是一个机构。企业控制权是企业运营中最重要的问题，引起了学者们的极大的兴趣，很多学者对此进行了研究。

管理学者伯利和米恩斯认为，控制权是通过行使法定权力或施加影响，对大部分董事有实际的选择权；管理学者德姆塞茨认为，企业控制权"是一组排他性使用和处置企业稀缺资源（包括财务资源和人力资源）的权利束"。学者周其仁认为，企业控制权就是排他性地利用企业资产，特别是指利用企业资产从事投资和市场营运的决策权。而管理学者阿尔钦和德姆塞茨则罗列了监控者（即剩余索取者或所有者）的剩余权力：他可以独立于其他所有者的合同，而与他们进行合同再谈判。

自从管理学者格罗斯曼、奥利弗·哈特和约翰·莫尔等人提出不完全合约理论（GHM理论）后，对企业控制权研究的重心开始转向剩余控制权。管理学者格罗斯曼和哈特最早明确提出剩余控制权的概念，并用剩余控制权来定义企业所有权即产权。管理学者哈特认为"剩余控制权是资产所有者可以按任何不与先前合同、习惯或法律相违背的方式决定资产所有者的权利"。我国学者杨瑞龙、周业安等将剩余控制权理解为事关企业"生死"的最重要的决策权。

公司的控制权主要包括以下三个方面：

第一是股权层面的控制权。其中包括绝对和相对控股：绝对控股情形下创始人持股达到67%，也就是达到三分之二，公司决策权基本可以完全掌握在手中；相对控股情形下创始人至少要持有公司51%的股权；相对控股权往往需要公司创始股东为持有公司股权最多的股东，与其他股东相比可以保持对公司的相对控制力。

第二是董事会层面的控制权。企业的董事（会）与股东（会）是相对独立的，公司股东（会）往往无权直接干预董事（会）依据法律和公司章程行使日常经营决策的权力。所以，公司的控股权和公司运营的控制权并无必然联系，尤其是在股权相对分散的公司中，公司的控制权往往在于公司的董事会。

在中国的法律框架下，法定代表人通常由公司董事长或总经理担任，法定代表人在法律规定的职权范围内，直接代表公司对外行使职权，法定代表人的职务行为构成公司的行为，相应法律后果由公司承担。

第三是公司经营管理的实际控制权。这是指公司的日常运营、决策由谁来决定、控制，包括采购、销售、生产、营销和内部管理等的决策活动。一般而言，公司的经理层拥有公司经营管理的实际控制权。

3. 融资与企业控制权

创业企业的控制权事关创业企业的归属和企业未来运作、发展的方向等，是影响创业企业最重要的因素。而创业企业的融资和控制权的归属有非常密切的关系。因此，创业企业的融资不仅是一个企业融入资金、支持其企业运作的问题，更是一个影响创业企业控制权的问题，创业企业要认真对待，否则，经过一轮不恰当的融资，创业企业很可能就易主了。很多创业企业将重点放在了以融资支持企业发展上，而忽视了融资对企业控制权的影响，导致企业创始人被"扫地出门"。

案例　　　　　　　　　　1号店融资与控制权旁落

2008年，戴尔（中国）有限公司的前高管于某、刘某创办了垂直电商1号店，网站定位于主打食品饮料等快消品的网上超市。成立之初，1号店一度发展迅猛。2009年9月，用户数量达到100万人。2010年3月，用户数量达到300万人。

然而，2010年5月，对于1号店的创业团队来说，转折发生了。原本就"烧钱"的电商，因为金融危机的到来，资金更加紧张。于某选择了以8 000万元的价格将1号店80%的股份卖给平安集团，创始团队的股份降到了20%，失去了控股权。

平安集团入股后初始几年，1号店销售额持续增长，2013年达到115亿元。然而，这样的增长并非可持续的，很大程度上有赖于平安万里通、平安集团内部采购。而平安集团的企业性质决定了它不可能像阿里、京东那样具有互联网精神，相比于一些专业投资互联网企业的风险投资人、天使投资人、财务投资人，平安集团对1号店的管理风格偏于保守，1号店的物流、仓储系统并没有真正搭

> 建完善。所以，在销售额突破百亿元之后，业绩似乎陷入了停滞。2011 年平安集团开始寻找下家，逐步退出。
>
> 2011 年 5 月，沃尔玛入股，占股 17.7%。2012 年 8 月，沃尔玛的股份增至 51.3%，成为 1 号店的最大股东。而此时，包括于某、刘某在内的管理层及员工所占股份被严重稀释，仅剩下 11.8%。随着沃尔玛逐步取得控制权，1 号店创始团队的话语权不断减少。在沃尔玛派驻戴某和宋某分别担任人力资源副总裁和财务副总裁之后，于某进一步失去了对人事与资金两大关键要素的掌控力。
>
> 2016 年 6 月 21 日，京东宣布与沃尔玛达成深度战略合作。作为沃尔玛与京东合作协议的一部分，沃尔玛将获得京东新发行的 1.45 亿股 A 类普通股，约为京东发行总股本的 5%，而沃尔玛旗下 1 号店的品牌、网站、App 等所有资产将打包并入京东。
>
> 经过多次关于于某离职的传闻后，1 号店在 7 月 14 日晚间正式确认创始人于某和刘某离职。随后，于某和刘某发布内部邮件，向 1 号店员工宣布，决定离开 1 号店去追求新的梦想。

(三) 融资流程

创业企业的融资流程，根据创业企业所处的发展阶段，以及对接的融资机构或个人的不同而有所不同。以下以创业企业对接风险投资 (简称 VC) 为例做流程说明。

第一步：确定目标风险投资机构

这一步的目的是挑选出那些可能会投资的风险投资机构，不是每个风险投资机构都合适创业企业，企业自身也不会合适所有的风险投资机构。

风险投资机构融资的第一步是非常重要的，一旦创业企业知道哪些风险投资机构是可能跟你匹配的、值得花时间沟通的，创业企业就没有必要在不相关的风险投资机构身上浪费时间，而要集中全部时间和精力，定点"轰炸"真正有机会的风险投资机构。

以下四个方法，可以帮助你挑选潜在风险投资机构：

(1) 通过网络，搜索出过去两年内在国内有过投资项目的风险投资机构清单。网络上有很多风险投资机构投资项目清单可供查询，比如，在清科集团 (www.zero2ipo.com.cn)、创业邦 (www.cyzone.cn)、投中网 (www.chinaventure.com.cn) 等网站都可查到。在过去两年都没有投资项目的风险投资机构可能不是好的选择。当然，新成立的风险投资机构除外，他们虽然没有开始投资，但优先级应该最高。

(2) 从上面的风险投资机构清单中，挑出有计划在创业企业所从事的行业进行投资的风险投资机构。依次访问这些风险投资机构的网站，或者收集相关的介绍材料，你可以看到每家风险投资机构对哪些行业有投资兴趣，把那些不打算投资你正在从事的行业的风险投资机构从你的清单中删除，他们跟你没什么关系。

(3) 剔除那些已经投资了创业企业竞争对手的风险投资机构。在风险投资机构的网站上，看看他们都有哪些投资案例，是不是有你的竞争对手在其中，通常不要去找这些风险投资机构。原因很简单：大部分风险投资机构不会投资互相竞争的公司，这样会带来很多麻烦。有些风险投资机构如果觉得有用的话，会把你的所有材料给你的竞争对手。

(4) 找出真正有钱用于投资的风险投资机构。风险投资机构并不是时刻都拥有资金，很多时候，当创业企业找到风险投资机构时，可能恰好赶上风险投资机构的资金全部投出、正在准备新资金的"空档期"。还有一种情况是，创业企业的资金需求量和风险投资机构拥有的资金量不匹配，从而导致无法融资成功。因此，创业企业一定要事先搞清楚风险投资机构的资金情况。

第二步：准备融资文件

商业计划书是融资过程中的重要文件，但在融资初期一般不适合直接提供给风险投资机构。此时应做如下准备。①初次面谈之前：一两页篇幅的"执行摘要"，也可以叫作"鱼饵"文件，用来吸引风险投资机构的目光，引发投资机构的兴趣。②融资演示：PPT演示文件，用于面对面跟风险投资机构演讲，加深风险投资机构对公司的印象。③尽职调查：让风险投资机构对公司进行详细摸底。④法律文件：公司章程、销售合同、以前的投资协议(如果有的话)等。你需要把这些文件都准备好，并且按内容分成单独的小文件，这样既能满足风险投资机构的需求，又能有很好的保密性。另外，你应按照次序及时提交风险投资机构所需要的文件，这样也能给风险投资机构留下好印象。

第三步：与风险投资机构联系

跟风险投资机构联系的关键在于三个方面：与谁联系？怎么联系？什么时候联系？

第四步：给风险投资机构做融资演示

很多创业者、创业企业可能认为只要给风险投资机构做个完美的演示，就会得到投资。但这是一个融资的误区，因为风险投资机构比创业者更擅长从演示中找出问题。决定你跟风险投资机构第一次亲密接触结果的不是创业企业的演示有多好，而在于创业企业给风险投资机构演示了什么内容。

那应该怎么样演示？演示些什么内容呢？

怎样做演示这个问题包括：PPT 的结构、PPT 的页数、每页的主题、每页的内容量、演示者的演示方式、演示文件的重点内容等。

对于任何风险投资机构，决定他们对项目判断的是两样东西：对公司管理团队的信任度和公司能成功的客观证据。风险投资机构越信任创业企业，并且公司运营良好的信息获得得越多，创业企业就很有可能从风险投资机构桌上的一大堆项目中脱颖而出。创业者需要向风险投资机构展示你是一个值得信赖的人，投资创业企业的公司将会走向成功。风险投资机构并不是眼光短浅、不愿意承担风险，他们只不过是投资给他们能看到的最好的项目而已。

第五步：后续会谈及尽职调查

一旦创业者给风险投资机构做了一个成功的融资演示，博得了风险投资机构的兴趣，后面就是更多的会谈和风险投资机构对你公司的尽职调查。有些风险投资机构这个时候只做一些简单的调查，在签订投资条款清单(term sheet)之后再进行详细的尽职调查。关于风险投资机构投资过程中尽职调查的主要内容，我们已经在前面的文章中叙述过。尽职调查工作通常由风险投资机构的一个合伙人及投资经理来实施，而详细的尽职调查就会请第三方的会计师和律师介入。

通常只有在你跟风险投资机构签了排他性的 term sheet 之后，风险投资机构才会请第三方的会计师和律师进场做财务调查和法律调查。在尽职调查期间，你跟风险投资机构的接触会非常频繁，也许每周 2～3 次，会跟风险投资机构内不同的人谈公司方方面面的事。但目的只有一个，就是验证风险投资机构对创业企业的判断。

第六步：合伙人演示及出具 term sheet

投资条款清单的英文全称是：term sheet of equity investment。投资条款清单就是投资公司与创业企业就未来的投资交易所达成的原则性约定。投资条款清单中除约定投资者对被投资企业的估值和计划投资金额外，还包括被投资企业应负的主要义务和投资者要求得到的主要权利，以及投资交易达成的前提条件等内容。投资者与被投资企业之间未来签订的正式投资协议 (share subscription agreement) 中将包含合同条款清单中的主要条款。

第七步：term sheet 谈判

得到风险投资机构的 term sheet 使创业者跟风险投资机构的关系到了一个重要时期，如果双方在 term sheet 上签字了，那创业者最终获得投资的可能性非常大。

第八步：法律文件

创业者终于跟风险投资机构把 term sheet 签了，但风险投资机构还要做详细的尽职调查，通常包括财务和法律两部分。另外，风险投资机构还要把项目提交投资决策委员会批准。如果尽职调查发现问题，或者投资决策委员会否决投资的话，风险投资机构跟你的缘分就到此为止，这一点在签署的 term sheet 中风险投资机构通常是会明确告诉创业企业的。风险投资机构通常有一套所谓"标准的"投资文件，但基本上都是从风险投资机构的利益角度出发，创业者要自己与风险投资机构谈判 term sheet，落实具体条款的用途和目的，然后由律师将你的真实意思转换成法律文件。其实，大部分的条款都是可以协商的。

第九步：资金到账

此时，创业企业已经完成了融资程序，钱现在到了公司账户。但可能是分期到账，所以创业企业在兴奋之余，要小心：不要乱花钱。按照创业企业给风险投资机构的资金使用计划，在未来一年左右的时间内按需使用。逐步实现公司设定的发展里程碑，兑现给风险投资机构的承诺，这样风险投资机构的后续资金才会及时到账。

二、企业发展阶段与融资轮次

创业企业在不同的发展阶段，面临的问题不同，技术、产品、市场等的发展状态也不同。投资机构会根据企业状态、团队磨合与配合情况、企业所在行业发展情况、市场与客户成长等因素，对创业企业做出发展状况的判断，并据此形成对创业企业价值和风险的判断，进而给出企业估值。因此，创业企业融资要明确当前企业处于什么阶段、可以融多少钱。

创业企业处于哪个发展阶段及如何判断等，没有统一的规定。按照业界的通行做法，目前国内市场的融资轮次大概可以分为：种子轮、天使轮、Pre-A 轮、A 轮、A+ 轮、B 轮、C 轮、C+ 轮、Pre-IPO 轮及 IPO 轮，如图 7-2 所示。

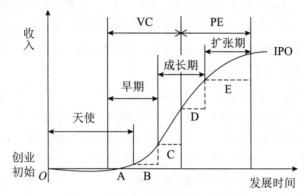

图 7-2　创业企业发展阶段与融资轮次

那么，该如何根据自身项目情况判断企业处于什么轮次呢？

1. 种子轮

通常只有一个想法和团队，但没有具体的产品，产品的 demo(样本) 都没有。

投资人大多都在亲朋好友之间，或者是创业者自己掏腰包。当然，现在也涌现出了不少种子期的投资人。倘若创业者的融资项目已经有团队，有 idea(构思) 了，马上要进入最终的落地了，就要开始进行种子轮的融资了。一般来说，项目的种子轮融资金额在 100 万元左右。根据赛道的不同，从几十万元到两百万元之间的融资都属于种子轮。

2. 天使轮

通常是团队已经组建好了，产品已经有 demo 了，有产品初步的商业规划了，这一轮就是天使轮。

如果融资项目已经起步，产品初具模型，有种子数据或能显示出数据增长缺失、增长率等证明，同时，企业积累了一些核心用户，商业模式还处于待验证的阶段。天使轮的融资金额一般在 300 万元～ 500 万元。

3. Pre-A 轮

这是一个夹层轮次。投资人根据自身项目的成熟度再决定是否要投资。倘若项目前期整体数据已经有了一定的规模，只是还没有达到市场的前列。那么，可以进行 Pre-A 轮融资。一般来说，是由前期投资人续投一部分。这一轮的融资金额大概是 500 万元～ 1000 万元。

4. A 轮

A 轮的产品已经成熟，有完整详细的商业模式和盈利模式，在细分领域里有一定的地位，并且有消费者的口碑。哪怕现在仍然处于亏损状态，也可以选择专业的风投机构进行 A 轮融资。

处于这一轮次的企业，已经不可能仅凭 idea 进行融资了，而要有用户、日活、月活、复购率、商业模式壁垒、能与其他竞品抗争的成熟成品，以及一定的市场份额。这一轮的融资金额一般是在 1 000 万元～ 6 000 万元。

5. B 轮

相当于是烧过一轮钱之后,项目的商业模式已经得到了市场的初步验证,业务也完成了一定的拓展,项目有了较大的发展。这个时候,企业可能需要资金来支持开发新的产品线和业务。就可以说服上一轮投资人跟投,并寻找新的投资人来加入,也可以吸引私募股权投资(PE)加入项目,进一步推进项目。这一轮的融资金额一般在 6 000 万元到数亿元。

6. C 轮

项目已经成熟,项目在细分领域已经位列前三了,并且准备要做上市了。这时候,除了需要进一步地拓展新业务以外,也需要为补全商业闭环、准备上市打好资金基础。这一轮的融资金额处于数亿元到数十亿元之间。

7. C+ 轮

后面的 D 轮、E 轮、F 轮即为统称的 C+ 轮,就都是为企业上市做准备了。大多数都是属于战略性投资,比如说 BAT(中国三大互联网公司,即百度、阿里巴巴、腾讯)的融资。

案例 耀乘完成数千万元种子轮融资,旗下临床管理平台春节后将启用

2021 年 1 月 20 日,生命科学研发企业服务 SaaS(软件即服务)平台 Aurora(耀乘健康科技)宣布已完成数千万人民币的种子轮融资,将进一步推动新一代全平台临床研究解决方案的落地、推广和国际部署。

Aurora 创立于 2020 年 8 月,旗下拥有临床研究管理平台 Aurora NEXUS。据悉,该平台春节后将正式在北京肿瘤医院、长庚医院、上海瑞金医院等临床中心被数家知名药企启用。

Aurora 创始人、董事长陈晓透露,未来 Aurora 的布局将从临床研发阶段拓展至包括临床前和上市后在内的全周期服务,协助生命科学产业研发、试验、报批等全流程,缩短新药、新医疗仪器进入市场的等待周期。同时公司还在积极组建 AI 团队。在行业的用户场景中挖掘 AI 应用和方案。

"我们看到了医药行业软件水平亟待提高的现状,尤其是在中国,临床系统的国际产品在本地化层面,无论是平台反应速度,还是数据监管的支持都存在一些不足之处。特别是在中高端制药或是全球多中心的临床研究支持中,来自中国本土的软件仍是空白。与此同时,全球对原研药及医疗器械研发的巨大投入,正处在一个蜂拥而至、你追我赶的快速发展和竞争中。"陈晓说道。

本轮融资由光速中国和汉康生物基金联合投资,光速中国创始合伙人宓群表示,"信息化技术正在促进生命科学研发过程的创新与转型,生命科学研发已进入数字化创新时代。针对临床研究全周期的复杂需求,Aurora 团队凭借对生命科学产业的深刻认知,设计了高效、灵活、互联互通的临床研究管理平台产品,对研发提效和产业升级有着积极的推动作用。"

三、融资估值

创业企业融资是一项交易，而交易最核心的因素是定价。因此，创业企业融资过程的一个关键要素是投资人或投资机构对创业企业价值的判断，这叫作融资估值。无论是天使投资、风险投资机构还是 PE，在对一个企业的价值进行评估时都会遵循一定的原则和方法。对于创业企业而言，投资机构的估值才是决定合作成功与否的关键。

价值是价格的基础，投融资双方的价格谈判，主要谈的是价值评估的方法、依据与假设。常见的价值评估(估值)方法主要有以下几种。

1. 账面价值法

账面价值法是指把资产负债表中企业的净资产账面价值作为股权价值的估计方法。账面净资产指资产负债表上的总资产减去负债的剩余部分，它体现的是企业的所有者在历史上所投入的资本和历史上经营成果的累积。

在实务操作中，为客观地评估企业价值，应根据实际需要对账面价值进行调整。计算公式为

$$企业价值 = 账面净资产价值 \times 调整系数$$

调整系数可以大于或小于1，分别适用于实际价值明显高于或明显低于账面价值的情形。

账面价值法操作简单，易于理解，因此在我国资本市场不发达的历史阶段曾被广泛应用。例如，在集团内部的资产重组中，就经常使用账面价值法。随着我国资本市场的不断发展和价值理念的逐步深化，这种方法已经越来越少地被使用。

从表面上看，企业的各种成本是由历史成本决定的，相对于其他评估方法，账面价值法在形式上是客观的。但是，账面价值法的缺点也是非常明显的：它没有考虑技术进步、会计政策、通货膨胀率、品牌声誉等因素，仅从过去的角度进行价值评估，是一种向后看的方法，忽略了价值的根本来源，即企业的价值是由未来的收益决定的，而不是由过去的成本决定的。对于绝大部分优秀的企业来说，采用账面价值法评估价值，往往会造成严重的低估。

2. 重置成本法

重置成本法是指在价值评估当时的市场环境下，用重新建造一个相同规模和经营水平的企业所需要投入的成本来对目标企业进行估值的方法。

在实务操作中，经常采用两种方法计算重置成本：一是逐项调整法，根据技术贬值率和通货膨胀率对每一项资产的账面价值进行调整，计算出重置成本；二是价格指数法，通过选用一个合适的价格指数，将购置年份的价值转换为重置成本。

在计算过程中，重置成本法加进了资产价格变化、通货膨胀等因素，是在账面价值法基础上的一种进步。一般来说，适用重置成本法的企业的价值主要体现在可复制的资产(例如生产线)上。

但是，由于长期经营的企业除了拥有可以重置的资产外，通常还拥有一些无法复制的价值，比如品牌、文化、技术、管理能力、客户认可度、商业关系等，因此，这种方法通常可以作为企业价值底线的参考。如果某个企业的价值低于重置成本，那么投资者进行投资时，就可以考虑用收购该企业来替代自己重新建厂。

3. 收益现值法

收益现值法应用广泛，它假设价值来源于未来流入的现金流，并将这一系列现金流分别以一定比率折回到现在，然后再进行加总，得到相应的价值。如果现金流属于所有出资人，那么评估得到的是企业价值。如果现金流只属于股权出资人，那么评估得到的是股权价值。

在用收益现值法时需要注意两点：一是现金流只能是未来的、不管这家公司在历史上产生过多少现金流，都与这家公司股权当前的价值没有直接关系；二是未来的现金流是不确定的，且货币是有时间成本的，因此需要用一个折现率来综合反映这种风险成本和时间成本。

因此，在使用收益现值法时，有四个要素需要提前确定，即预测期、预测期内每期的现金流、终值和折现率。一旦确定了这四个要素，就可以通过计算，将预测期内每期的现金流和终值用相应的折现率折现，加总之后得到相应的价值。

4. 市场比较法

市场比较法也叫倍数法或可比公司法，就是找到可以与被估值公司（目标公司）进行比较的其他公司（可比公司），然后将两者进行比较。

市场比较法的基本原理是以可比公司在市场上的当前定价为基础，来评估目标公司的价值。这里的目标公司价值可以是股权价值，也可以是企业价值。

市场比较法的计算公式为

目标价值 = 可比公司价值 ×（目标公司某个指标 / 可比公司某个指标）

"目标公司某个指标 / 可比公司某个指标"被称为倍数。

投资机构在进行投资决策时，常用收益现值法与市场比较法，而较少使用账面价值法和重置成本法。

5. 市盈率法

市盈率是股票价格相当于每股收益的倍数。市盈率法的原理是，根据创业企业所在的行业、掌握的技术、市场容量、市场竞争情况、市场增长情况等，在预测创业企业未来收益的基础上，结合同类型企业、同行业企业、行业前景、技术先进程度等要素，确定一定的市盈率，来评估创业企业的价值，从而确定投资的额度。

6. 博克斯法

这种方法由美国预测学者博克斯创立，主要用于对初创企业进行价值评估。这种方法要求所投的企业根据下面的公式来估值：一个好的创意加 100 万元；一个好的盈利模式加 100 万元；优秀的管理团队加 100 万元～200 万元；优秀的董事会加 100 万元；巨大的市场潜力加 100 万元。对这些问题综合考虑后，企业的估值就在 100 万元～700 万元之间。这种方法的好处是将企业的价值和各种无形资产巧妙结合在一起，用简便的方式得出企业价值。

7. 经济附加值模型法

经济附加值表示一个企业扣除资本成本后的资本收益，即该企业的资本收益和资本成本之间的差值。对创业企业来说，一个企业只有在其资本盈利超过为获取该盈利所投入的全部成本时才能获取收益。这种估值方法从资本成本和收益的角度来考虑企业价值，能有效体现出投资机构的资本权益的收益程度。

第二节　融资过程

一、确定融资需求

确定融资需求是制订融资计划的第一步。与投资人谈融资，重要的一项就是告诉投资人你想要融多少钱。如果融资金额太大，投资人可能会因为风险太大而拒绝投资；如果融资金额太少，则可能无法满足公司发展需要的资金。那么在确认你的融资需求时，你应该考虑哪些因素？

（一）判断公司的发展阶段

1. 种子期

如果项目还只是一个创意、产品正在发明过程中或者处于实验室初级产品阶段，那么公司所处的阶段就是种子期。种子期的创业公司所需要的风险投资被称为"种子资金"。此时的投资规模比较小，但是风险最高。种子资金的来源主要有两个，一个是天使投资人，一个是创投基金，种子资金一般在10万元到100万元。

2. 创业期

如果产品已经完成商品化而且进入试销阶段，那么公司就进入了创业期发展阶段。在创业期，公司需要大量资金，购买生产设备、进行后续研发并构建营销网络。创业期阶段的公司还没有业绩，很难获得商业信贷，只能通过风险投资获得所需资金。创业期的风险投资一般称为"创业资金"，其资金的主要来源为风险投资公司及风险投资人。

3. 成长期

成长期是指公司产品经过市场验证后，开始扩大生产、拓展市场的阶段，市场占有率不断提升。成长期是引入风险投资的主要阶段，此时公司的资金需求量非常大，市场风险和管理风险也有所增大。成长期的资金主要分为运营资金和扩张资金，通过原投资人增资和新投资人进入获得。

4. 成熟期

公司进入大工业生产阶段后意味着成熟期的到来。成熟期是公司上市前的最后一个阶段，是风险投资和私募基金的进入阶段。在成熟期，公司的现金流达到一定规模，技术成熟，市场稳定，融资能力非常强。

（二）分析公司的现金流大小

"现金流"全称为"现金流量"，是指企业在一定时期的现金和现金等价物流入和流出的数量。最优质的现金流应当是保持流动性与收益性之间的平衡。创业者分析现金流时，应当主要关注以下4项：①现金流流入体现企业的盈利及预期收益能力；②现金流流出体现企业各项开支的方向与金额；③现金流能够维持的时间决定了创业者的企业是否能活下来；④历史现金流来源分析可以预测企业的持续融资能力的强弱。

影响创业企业现金的因素,如图 7-3 所示。

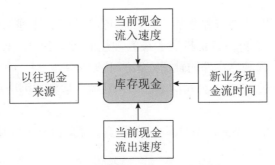

图 7-3　影响创业企业现金的因素

无论何时,初创企业的创业者要确保企业的账户有不低于 6 个月的现金储备。这么做有两个原因:一是初创企业只要保证账户里还有钱,有资金可以用,项目就不会废掉;二是完成一轮融资,一般需要 6 个月的时间。初创企业需要有充足的现金储备,让企业能够坚持到投资人出资的那一天。

(三) 融资金额应高于实际需求

创业企业在考虑融资时,融资金额要大于实际需求,这是最为关键的要素。这么做有以下三个原因:

(1) 融资环境充满不确定性。投资资本具有高流动性,且产业发展和宏观经济周期影响大等特点。当宏观经济环境向好时,可用于投资的资本会非常多。此时,创业企业融资比较容易。但当宏观经济环境恶化时,如 2008 年发生的全球性金融危机,融资几乎枯竭。当时信誉良好的投资人反悔拒绝投资的案例非常多。如果公司提前拿到了足够的融资金额,就能"挨过"金融危机,迎来未来发展。

(2) 下一轮融资更加困难。创业企业应当明确一点,每当企业试图融资时,情况会比上一次更加困难。因为公司估值不断增长,而投资人的预期也在不断提升。例如,天使轮融资时,投资人更看重团队和创业计划,而随后 A 轮、B 轮及 C 轮融资时,投资人关注的是业绩。因此,创业者在可以拿到更多融资的时候最好不要拒绝,因为你不知道当前的融资是否能够支撑你到取得一定业绩。

(3) 多次小规模融资会使创业者分心。融资是一件重要但却非常复杂的事情,需要花费创业企业很多的时间和精力。如果公司每几个月就进行一轮融资,那么会在很大程度上分散创业者的精力,不利于公司的发展。不断的融资可能会导致创业者实现业绩目标的时间延长甚至无法实现业绩目标。

二、融资文件

创业企业融资是一个复杂的信息和资金的交易过程:创业企业向投资人提供和展示体现企业发展现状和前景的数据和信息,投资机构据此分析和判断被投资企业的发展趋势和获利可能性。这个过程中的信息传递是通过相关的融资文件实现的。一般而言,融资过程涉及的文件有：商业计划书、融资需求和方案、投资条款清单(term sheet)、公司章程、投资意向书等。

"融资方案"既可以是一份独立的文件，也可以是商业计划书中的一部分。不管怎样，高质量的融资方案分析报告是投资者最为关注的因素之一，对是否融资成功具有决定性的影响。下面是作为独立文件的融资方案的主要内容：

第一部分　公司概述。包括：公司简介、公司现状、股东实力、历史业绩、信用程度、董事会决议等。

第二部分　项目分析。包括：项目基本情况、项目来历、项目运作情况、市场定位、市场前景、技术现状与难点等。

第三部分　管理团队。包括：人员构成、组织机构、管理机制、重大事项。

第四部分　财务计划。包括：投资计划、预期现金流量表、资产负债表、损益表、资金来源和运用等。

第五部分　融资方案。包括：股权和债权资金方式及比例、融资期限和成本、风险分析、退出机制、抵押和保证措施、风险控制等。

除常见的融资文件外，还有一种融资文件，即所谓的"对赌协议"，也常见于创业企业的融资中。实践中俗称的"对赌协议"，又称估值调整协议，是指投资方与融资方在达成股权性融资协议时，为解决交易双方对目标公司未来发展的不确定性、信息不对称及代理成本而设计的包含了股权回购、金钱补偿等对未来目标公司的估值进行调整的协议。

在私募股权投资中，投资方与创始股东或管理层在条款清单及其他协议中约定：如果约定的某种情形出现，投资方可以行使估值调整的权利；如果约定的某种情形未出现，则创始股东或管理层可行使该权利。由于结果是不确定的，与赌博有一些相似之处，因此被形象地称为"对赌"。

> **案例　勤上光电与PE(私募股权投资)对赌**
>
> 东莞勤上光电股份有限公司在IPO(首次公开募股)之前披露的招股说明书(申报稿)里，公布了此前多次融资细节，尤其是与超过十家不同投资者签订的对赌协议备受关注。纵观这些对赌协议，勤上光电急于上市融资的心态明显，但其实际的上市进展并未如先前预想的那样顺利，部分对赌协议因勤上光电未能达到事先约定，而遭遇赔偿。勤上光电私募股权融资对赌协议内容如表7-1所示。
>
> 表7-1　勤上光电私募股权融资对赌协议内容
>
> | 投资方 | 对赌内容 | 对赌结果 |
> | --- | --- | --- |
> | 深圳创新投 | 未来三年内净利润 | 失败：股份或现金补偿 |
> | 中科汇金 | 未来三年内净利润 | 失败：现金补偿 |
> | 通盈创投、陈俊岭 | 上市 | 分红金额 |
> | 叶林茂 | 上市 | 回购股份 |

1. 与深圳创新投的业绩对赌

2007年10月，勤上集团与深圳创投签订股权回购合同书，其中对赌条款主要包括：勤上集团承诺发行人2007年、2008年、2009年分别应实现主营业务净利润不低于6 000万元、8 000万元、1.1亿元；如发行人未能达到前述经营目标的，深圳创投有权要求勤上集团以股份或现金方式无条件地补偿深圳创投。

除了深圳创投之外，参与勤上光电的机构基本均参与了业绩对赌，但勤上光电相关会计报表显示，2007年至2009年的净利润分别为5 875万元、5 956万元和6 515万元。

2. 与中科汇金的对赌

2008年7月，中科汇金与勤上集团签订《关于东莞勤上光电股份有限公司的股份认购及安排协议》，其中对赌条款主要包括：勤上集团承诺发行人2008年、2009年、2010年分别实现净利润不少于8 000万元、1亿元、1.2亿元；如发行人实际净利润未达到前述承诺的当年净利润的90%以上的，勤上集团应向甲方以现金方式进行补偿；如发行人在该协议签订后30个月未能在中小企业板或创业板实现上市的，甲方有权要求勤上集团回购甲方持有发行人的全部股份。

3. 能否在规定时间上市的对赌

对于上市的对赌包括，2007年10月，香港勤上企业、通盈创投、陈俊岭、勤上有限、勤上集团签订《关于股权转让的备忘录》，其中对赌条款主要包括：无论何种原因导致勤上有限未能在2008年内完成上市工作的，勤上有限、勤上集团应确保通盈创投、陈俊岭每年分红金额不少于其向香港勤上企业受让勤上有限股权所投入资金总额的10%。其他对赌条款细则不尽相同，对于上市时间、过会时间也变化了几次，包括2008年年内、2011年6月30日之前、2011年12月31日之前。同时业绩对赌也在进行。

2010年12月，投资方叶林茂与发行人、勤上集团、李旭亮（勤上集团实际控制人）签订《补充协议》，其中对赌条款主要包括：发行人、勤上集团、李旭亮保证公司2012年7月30日以前实现在国内证券交易市场的首次公开发行，否则投资方有权要求勤上集团或李旭亮按投资方买入价收购投资方所持有的发行人全部股份。

4. 对赌结果：勤上光电输掉对赌，支付股份

由于最近连续三年的业绩表现远不及预期增长，输掉对赌协议，东莞勤上光电股份有限公司大股东在拒绝现金赔偿之下，不得不和创投机构达成股份赔偿协议。

三、融资路演

路演是指在公共场所进行演说、演示产品、推介理念，以及向他人推广自己的公司、团体、产品、想法的一种方式。路演(roadshow)最初是国际上广泛采用的证券发行推广方式,指证券发行商通过投资银行家或者支付承诺商的帮助,在初级市场上发行证券前针对机构投资者进行的推介活动。路演是在投资、融资双方充分交流的条件下促进股票成功发行的重要推介、宣传手段,促进投资者与股票发行人之间的沟通和交流,以保证股票的顺利发行。

路演是创业企业融资过程中非常重要的一环。它是向众多潜在的风险投资机构、PE,包括天使投资机构等展示创业企业前景,吸引投资机构关注自己企业,最后达成融资的过程。

一般来说,路演的流程如下。

(1) 报名:创业企业向组织路演活动的机构或举办方提供项目说明,包括项目简介、执行摘要等。

(2) 程序审核:由组织路演活动的机构或举办方对创业企业提交的文件进行审核,以确认报名企业是否符合项目条件和报名条件。

(3) 项目审核:由组织路演活动的机构或举办方邀请项目评委或顾问,对项目进行审核。

(4) 路演:在规定的时间、地点进行项目演示。路演现场,主要包括四个环节:① 10分钟的项目演示,由演示人介绍自己的项目;②由评委或顾问提问并由演示人团队回答;③点评项目;④双方交流。

为了取得较好的路演效果,创业企业在路演过程中,要注意以下几点:

(1) 讲故事。用讲故事的方式,把市场需求和解决方案形象生动地讲出来,比反复论证那些所谓的事实更加具有说服力。告诉投资人目标用户是谁、项目如何启动、为什么你比其他创业者优秀及一份清晰明了的财务预测,这对投资人来说一点都不枯燥。

(2) 进行表达而不是念稿子。不要把PPT上的内容原原本本地念给投资人听,不然投资人会感到非常无聊。就算再紧张,你也要面对着投资人讲解项目。

(3) 避免使用"被过度使用"的词语。每个创业项目都会成为"具有破坏性的"伟大事业?不要再使用这些词语了!什么"市场领先的",什么"病毒式爆发的",什么"至关重要的"……这些词语让投资人想起几十年前,每款软件为了表明自己对用户的友好性均使用过的词语。

(4) 关于金融学专业术语。比如内部收益率和净现值,投资人很高兴创业者了解这些金融学知识,但是这些计算公式都是基于未来五年(甚至更久)的现金流状况的。向投资人展示你的财务预测及这些预测背后的假设,是一个非常不错的选择,但就是别直接把内部收益率这样的专业术语扔给投资人。作为投资人,会从诸如销售数量、生产成本、日常开销等基础数据,来分析项目的现实性和可行性。

(5) 少用形容词。简简单单地告诉投资人,你的项目面对的是哪些用户?解决的是哪些需求?投资人自然会给你的项目定下形容词。

第三节 资金种类和融资渠道 I：风投机构

融资是创业企业获得资金、促进其发展的一项重要业务职能和活动。资金是现代市场经济体系中的一类特殊商品，和其他商品一样，资金有其供应者。这些供应者构成了资金的供给市场。在资金市场上，不同的资金供给方，依据其资金的特点、回报要求、国家金融领域的相关规定，自主设计向市场提供各种资金"产品"，以供资金需求者选择。

资金市场上，天使投资人和机构、风险投资机构、股票市场等，与创业企业融资关系最为密切。本节主要阐述创业企业从风险投资机构获取融资的资金种类和渠道。本章第四节阐述与风投机构无关的其他资金种类和融资渠道。

一、天使投资

（一）天使投资的概念与起源

在金融领域，天使是一种专业用语，天使投资是权益资本投资的一种形式。天使投资（Angel Investment）最早出自英格兰，是一种为戏剧表演提供资金的资本。在美国的百老汇，它主要是指美国的富人阶层对一些具有社会意义的演出提供的资金赞助。而这些赞助能够使百老汇的演员们获得展示自我才华的机会，也能够使他们最终实现自己的理想。因此，对这些演员来说，这些投资者就是帮助他们完成梦想的天使。之后，人们便称呼这些能进行善意投资的富人为"投资天使""商业天使""天使投资者"或"天使投资家"，而他们所投出的资本则被看作"天使资本"。在19世纪的美国，天使投资通常指自由投资者或非正式风险投资机构对原创项目或小型初创企业进行的一次性的前期投资，他们和风险投资机构一起构成了美国的风险投资产业。1978年，新罕布什尔大学创业研究中心的创始人威廉·吉姆教授，在一次专业性金融学术研究中开创性地使用了"天使"一词，并用它来描述那些愿意为美国企业融资的投资者。此后在欧洲，"天使"又被人们称为"商业天使"，抑或"非正式投资者"。

（二）天使投资人或机构

"天使投资人"最早是指个人投资者，这些投资者以个人的名义为创业公司或创业个人提供创业资金，并以此来换取可转换债券或公司所有权权益等。在国外，尤其在美国，天使投资人多指富裕的、对投资拥有独到眼光的专业投资人士，包括专业投资家、企业高管等。在我国，天使投资人主要有两大类，一类是以成功企业家、成功创业者、风险投资机构等为主的个人天使投资人，他们了解企业的难处，并能给予创业企业帮助，往往积极为公司提供一些增值服务，比如战略规划、人才引进、公关、人脉资源、后续融资等，在带来资金的同时也带来联系网络，是早期创业和创新的重要支柱。另一类是专业人士，比如律师、会计师、大型企业的高管及一些行业专家，他们虽然没有太多创业经验和投资经验,但拥有闲置可投资金,以及相关行业资源。

近些年来,随着技术创新和推广应用的加速,越来越多的人和团队开始创业,出现了很多科技型创业企业。这些企业的创始人通常有很好的技术背景和实力,但他们对资金的需求也相对较大。因此,在个人天使投资者之外,出现了天使投资团队。一般,每家天使投资团队有几十位天使投资人,可以汇集项目来源,定期交流和评估,会员之间可以分享行业经验和投资经验。对于合适的项目,有兴趣的会员可以按照各自的时间和经验,分配尽职调查工作,并可以多人联合投资,以提高投资额度和承担风险。国内比较典型的天使投资团队有上海天使投资俱乐部、深圳天使投资人俱乐部、亚杰商会天使团、K4论坛北京分会、中关村企业家天使投资联盟等。

随着天使投资的更进一步发展,在个人天使投资、天使投资团队外,还产生了天使投资基金。天使基金和平台基金等形式的机构化天使,是一种机构化的天使投资。其发展分为三个阶段:

第一个阶段是松散式的会员管理式的天使投资机构。这种天使投资机构采用由会员自愿参与、分工负责的管理办法,如会员分工进行项目初步筛选、尽职调查等。

第二个阶段是密切合作式的经理人管理式的天使投资机构。这种天使投资机构利用天使投资家的会员费或其他资源雇用专门的职业经理人进行管理。

第三个阶段是管理天使投资基金的天使投资机构。它同投资于早期的创业投资基金相似,是正规的、有组织的、有基金管理人的非公开权益资本基金。天使投资基金作为一个独立的合法实体,负责管理整个投资的机会寻找、项目估值、尽职调查和投资的全过程。

国内比较知名的天使投资基金有徐小平创立的真格基金、乐百氏董事长何伯全创立的广东今日投资、腾讯联合创始人曾李青创立的德迅投资等。

二、风险投资

(一)风险投资的概念与起源

在创业投资领域,大家最熟悉的可能就是风险投资了。

风险投资,英文表达为 Venture Capital,简称 VC。在国内语境中,所谓的风险投资,其实就是创业投资。从广义上说,风险投资是泛指一切具有高风险、高收益的投资;狭义上说,风险投资特指对初创企业、企业发展早期阶段的投资。

这一词语及其行为,通常被认为起源于美国,是20世纪六七十年代后,一些愿意以高风险换取高回报的投资人发明的,这种投资方式与以往抵押贷款的投资方式有本质上的不同。风险投资不需要抵押,也不需要偿还。如果投资成功,投资人将获得几倍、几十倍甚至上百倍的回报;如果投资失败,投进去的钱就算打水漂了。对创业者来讲,使用风险投资创业的最大好处在于即使投资失败,也不会背上债务。这样就使得年轻人创业成为可能。总的来讲,几十年来,这种投资方式发展得非常成功。美国风险投资协会对风险投资下的定义为:风险投资是由职业投资家向新兴的、迅速发展的、具有巨大经济发展潜力的企业投入权益资本的行为。

其实在此之前,无论是在中国还是在国外,以风险投资方式进行的投资行为早就存在了,只不过那时候还没有"风险投资"的叫法而已。

(二)风险投资的特征

风险投资专注于投资早期、高潜力、高成长的公司,以现金换取被投资公司的股权,通过被投资公司的上市或出售实现股权增值并且在变现后获得投资回报。风险投资是一种集合的投资工具,通常是有限合伙或有限责任公司的组织形式,将第三方出资人或者投资者的资金聚集起来,并投资到众多目标公司中去。

风险投资公司(简称"风险投资机构公司"或"风险投资机构")是风险投资机构基金的管理者,负责为基金融资,就像创业者为企业融资一样,风险投资机构公司也要向投资者融资,通过募集到足够的资金并成立风险投资机构基金之后,才能开始投资。风险投资机构公司里负责投资的专业人士称为风险投资人,他们负责寻找、挑选及评估投资目标,并将管理经验、技术力量、外部资源及资金等带给被投资公司。

三、私募股权投资

(一)私募股权投资的概念

私募股权投资,英文表达为 Private Equity,简称 PE,是指投资于非上市股权或者上市公司非公开交易股权的一种投资方式。私募股权投资是一个宽泛的概念,指以任何权益的方式投资于任何没有在公开市场自由交易的资产。机构投资者会投资到私募股权基金,并由私募股权投资公司投资到目标公司。私募股权投资包括杠杆收购、夹层投资、成长投资、风险投资、天使投资等。私募股权基金通常会参与被投资公司的管理,并可能会引入新的管理团队使公司价值更大。

在资金募集方面,私募股权投资主要通过非公开方式面向少数投资者募集,其销售和赎回也都是基金管理主体通过私下与投资者协商进行的。私募股权投资机构也因此对被投资企业的决策管理享有一定的表决权。在流动性方面,私募股权投资的流动性较差,从投资到退出,一般在3年~5年的时间;相比而言,股票的流动性优势更为明显。在组织形式方面,公司制和有限合伙制并存,但有限合伙制形式有很好的投资管理效率和避免双重征税等优点,被私募股权投资机构广泛采用。

(二)私募股权投资与风险投资机构的区别

私募股权投资与风险投资机构虽然都是对上市前企业的投资,但是两者在投资阶段有很大的不同,风险投资机构的投资对象为处于创业期(start-up)的中小型企业,而且多为高新技术企业。私募股权投资着重于企业成长与扩张阶段,其投资对象可以是高科技企业,也可以是传统行业。

(三)私募股权投资的特征

私募股权投资具有以下特征。

第一，投资期限长。不论是股票还是房产，投资者持有的时间都不长。而私募股权投资一般需要5年到7年。

第二，流动性差。私募股权投资的存续时间比较长，且缺乏公开交易市场，只适合高净值客户的闲散资金，例如用资产总额的5%～10%进行投资。

第三，投资金额大。例如某企业曾和赛富基金合作募集了一款私募股权投资产品，门槛是1000万元。

第四，风险大。私募股权投资最终收益的实现主要靠收购、兼并和上市。其中的变数很多，波动大，再加上投资期限长，因此投资风险很高。但是私募股权投资的潜在收益也很高，有可能达到几倍、甚至十几倍。

第五，作为一种新兴的、另类高风险投资，私募股权投资采取的是非公开的私募形式，只吸收少数机构和个人参与。

第六，这个特点仅对私募股权投资的投资者而言，私募股权投资的自主性不强，私募股权投资基金成立以后就要完全交给专业团队(普通合伙人，英文表达为General Partner，简称GP)投资管理，是对专业团队完全的信任和授权。

由于私募股权投资在中国金融行业中还属于比较新兴的领域，私募股权投资公司经验少，这些都使私募股权投资公司的资产管理水平参差不齐。

四、上市融资

(一) 上市融资的概念

所谓上市融资，是指将所经营公司的全部资本划分为等额的股份，表现为股票形式，经证券监督管理部门登记或核准后，在股票交易所上市流通，公开发行。公司第一次进行公开上市发行股票，称为IPO。公司IPO所发行的股票可以由投资者直接购买，短时间内可筹集到巨额资金。

在国内资本市场，有两个股票公开发行、交易的交易所，分别是上海证券交易所(简称"上交所")和深圳证券交易所(简称"深交所")。此外，还有全国中小企业股份转让系统(简称"全国股转系统"，俗称"新三板")。全国股转系统是经国务院批准，依据证券法设立的继上交所、深交所之后第三家全国性证券交易场所，也是我国第一家公司制运营的证券交易场所。

全国股转系统与深交所、上交所的功能是一样的，都是服务实体经济的发展。不同的是，在深交所、上交所交易股票的公司叫上市，上市要求条件较严格；而在全国股转系统交易的公司不叫上市，叫挂牌，挂牌要求条件较宽松，挂牌企业主要是广大的中小企业。

(二) 上市融资的特征

上市融资具有以下5个优点。

第一，由于上市发行股票所融资金为权益性融资，因此上市所筹的资金具有永久性，无到期日，不需要归还，不像债务融资要面临偿还本息的压力。

第二，首次公开发行股票(IPO)可以一次性筹集巨额资金，极大地缓解公司资金方面的压力,例如阿里巴巴公司于2014年9月在美国上市(IPO),筹集资金达到空前的250亿美元。

第三,上市融资的用款限制相对宽松,公司可以将资金用于补充流动资金、日常运营和偿债等。

第四,提高企业的知名度,为企业带来良好声誉。

第五,上市融资还有利于帮助企业建立规范的现代企业制度。特别是对于潜力巨大,但风险也很大的科技型企业,通过在创业板发行股票融资,是加快企业发展的一条有效途径。

当然,任何一个事物都具有优点和缺点,上市融资也不例外,上市融资的不利方面包括股东信任危机、证券交易管制机构的报告要求,以及公司管理难度的增大,企业上市后从股东大会管理层到各项业务都要求正规化,不得违反相关法规,从而降低公司事务的处理弹性,等等。

案例 快手招股价上限93港元,集资约390亿港元

2021年1月19日,据《香港经济日报》报道,快手已在1月8日启动上市路演,拟于2月5日在中国香港上市。

报道称,快手计划发行4.159亿股,集资约390亿港元,招股价上限约93港元,一手(50股)入场费约4650港元。

《香港经济日报》称,据悉快手的IPO牵头行给其的估值为650亿美元至910亿美元,折合为4216亿元至5903亿元人民币。

此前在1月15日晚间,港交所网站显示,短视频社交平台快手科技披露了聆讯后资料集,这意味着快手已通过上市聆讯,正式进入上市倒计时。

聆讯后资料集更新了快手2020年第三季度的业绩情况。在2020年前三季度,快手收入达407亿元人民币,较上年同期的273亿元人民币增长49%,电商GMV达2041亿元人民币。快手2020年前三季度经调整后的亏损净额为73.9亿元人民币。

截至2020年9月30日,快手的平均日活跃用户及月活跃用户分别为3.05亿和7.69亿。

2020年11月5日,快手正式向香港联交所递交IPO招股书,冲击"短视频第一股"。招股书显示,2017年、2018年和2019年,快手营收分别为83亿元、203亿元和391亿元人民币,经调整利润净额分别为7.7亿元、2亿元和10亿元人民币。

截至IPO前,腾讯持有快手21.57%的股权,持股比例最高,快手创始人宿华持股12.65%,创始人程一笑持股10.02%。另外两位创始团队成员银鑫和杨远熙分别持股2.4%和2%。其他主要投资者中,最早的投资者晨兴资本(现已更名五源资本)持股16.66%,美国风险投资公司DCM持股9.23%,俄罗斯投资公司DST持股6.43%,百度持股3.78%,红杉资本持股3.2%,博裕资本持股2.29%,淡马锡持股0.86%。

快手的主要竞争产品为字节跳动旗下的抖音。据彭博社报道,字节跳动也在考虑让部分业务在中国香港上市,并在之前探讨融资20亿美元。

第四节 资金种类和融资渠道Ⅱ：非风投机构

本节在本章第三节内容基础上，阐述与风投机构无关的创业企业面对的资金种类和融资渠道。

一、民间融资

（一）民间融资的概念

民间融资通常称为民间借贷、民间借款等。民间借贷是社会生活中的重要内容，民间融资也是创业企业可以采用的一种融资方式。

民间借贷主要指自然人之间、自然人与法人或其他组织之间，以及法人或其他组织相互之间，以货币或其他有价证券为标的进行资金融通的行为。经金融监管部门批准设立的从事贷款业务的金融机构及其分支机构，发放贷款等相关金融业务，不属民间借贷范畴之列。

《中华人民共和国民法典》第六百七十九条规定，自然人之间的借款合同，自贷款人提供借款时成立。

民间借贷属于实践性的合同，以贷款人实际支付借款为生效要件，即便是双方已经写了欠条和借款合同，如果没有实际履行借款义务，双方之间的借贷关系也是不成立的。

《中华人民共和国民法典》第六百八十条规定，禁止高利放贷，借款的利率不得违反国家有关规定。借款合同对支付利息没有约定的，视为没有利息。借款合同对支付利息约定不明确，当事人不能达成补充协议的，按照当地或者当事人的交易方式、交易习惯、市场利率等因素确定利息；自然人之间借款的，视为没有利息。

在自然人相互借贷的场合，一般原则是不支付利息，除非双方在借贷行为发生时明确约定了利息，且利息的约定不能违反国家的有关规定，即最高利息不得超过合同成立时一年期贷款市场报价利率的四倍。

与银行贷款不同，民间借贷属于一种直接的融资渠道，而银行贷款则属于间接的融资渠道。同时，民间借贷也是一种传统的民间资本投资渠道，属于民间金融的一种形式。此外，民间借贷还可以从狭义和广义两方面来解释。从狭义上说，民间借贷是一种民事法律行为，这种民事法律行为只介于公民之间，是一种按照约定而进行的货币或其他有价证券的借贷。而广义的民间借贷不仅可以介于公民之间，还可以介于公民与法人之间或者公民与其他组织之间，但同样都是以货币或有价证券形式进行的借贷方式。在现实生活中，人们常提到和参与的一般都是狭义上的民间借贷。

民间借贷由来已久，是一种传统的融资、投资方式。和银行贷款相比，民间借贷的形式更灵活，借贷流程更简便，资金使用率更高。

(二)民间融资的特征

1. 形式灵活

民间借款是一种协议借款。当债权人和债务人达成借款意向后,一般要做抵押、公证和担保,这样做一方面符合法律要求,另一方面能保障出借人的利益和安全。通常情况下,民间借款不像银行贷款那样受许多条例限制,只要借款双方达成统一的意思表示,符合相关法律规定,借款就可以进行。因此,民间融资的形式非常灵活,适合于那些急需用钱的个人和企业。

2. 流程简便

民间借款不像银行贷款需要在贷款过程中提供大量的文件和材料,其主要特点就是流程简单。在民间借贷时,借款人只需要提交几份简化的材料,办理几个简单的手续就能获得资金。这极大地节省了双方的时间,提高了融资的整体效率。

3. 资金使用效率高

对于一些急于用款的个人和企业来说,民间借款最大的好处是钱可以随用随动,不会因为过多的流程和条条框框耽误用钱的时机。因此,资金的使用率在民间借款的形式下获得了极大的提升,这不仅对借款双方,而且对整个经济活动都是有利的。

二、政策性融资

(一)政策性融资的概念

按照《中小企业划型标准规定》(工信部联企业〔2011〕300号文件)来看,创业企业绝大多数都属于中小微型企业。2021年9月16日,第17届中国国际中小企业博览会和首届中小企业国际合作高峰论坛在广州开幕,中共中央政治局委员、国务院副总理刘鹤作书面致辞中表示,中小企业是国家财富的重要创造者,是提供就业的主渠道,是科技创新的主力军,是造就大企业的蓄水池。各部门、各地方要为中小企业发展创造良好环境,多服务、办实事,增强政策透明度和可预期性,保护产权和知识产权,促进公平竞争。积极探索以各种方式减轻要素成本快速上涨对中小企业的压力,努力解决融资难、融资贵问题,更多更好运用资本市场助力优秀中小企业发展。要学习和借鉴国际中小企业发展的最佳实践,取长补短,走出独特路径,实现共同繁荣。

因此,国家出台了大量的政策、设置了很多的基金、开辟了多种多样的融资渠道,来支持中小微企业的成长和发展。这些政策、资金和渠道就构成了创业企业进行政策性融资的主要内容。本书认为,政策性融资是指创业企业对照各级政府发布的文件中的标准,按照符合的内容,向有关部门提交材料,获得批准后,按照政府规定的相应程序获得资金,按材料中约定的用途使用资金,最后按规定偿还。

例如,北京市高精尖产业发展资金重点支持智能制造、绿色制造、高端制造、产业基础提升、产业技术创新、数字经济、新型基础设施建设、先进技术转化应用、特色园区、生产性服务业等领域。

（二）政策性融资的特征

政策性融资的资金来源多样，包括政府的财政资金、大型国有企业、金融机构及社会资金。例如，2014年9月24日在中华人民共和国工业和信息化部、财政部的指导下，国开金融有限责任公司、中国烟草总公司、北京亦庄国际投资发展有限公司、中国移动通信集团公司、上海国盛（集团）有限公司、中国电子科技集团公司、北京紫光通信科技集团有限公司、华芯投资管理有限责任公司等共同签署了《国家集成电路产业投资基金股份有限公司发起人协议》和《国家集成电路产业投资基金股份有限公司章程》，标志着国家集成电路产业投资基金正式设立。其资金来源包括国开金融、中国烟草、亦庄国投、中国移动、上海国盛、中国电科、紫光通信、华芯投资等。

政策性融资体现的是国家对产业和企业发展的支持政策。它的资金投向，是国家产业政策鼓励的领域和方向，例如新能源、新一代信息通信技术、绿色环保领域、芯片、新材料、光刻机等。例如，设立于2014年的国家集成电路产业投资基金，是贯彻《国家集成电路产业发展推进纲要》的重要举措，也是适应集成电路产业投资大、风险高的产业特征、破解集成电路产业融资瓶颈、创新产业投资体制机制的积极探索。

政策性融资重点支持自主研发的创业企业。国家的"十四五"规划和其他远景规划，以及产业支持战略，都强调自主创新的重要意义，都把企业的自主创新作为支持的重点。因此，政策性融资的资金投向优先支持自主创新的创业企业。

政策性融资的方式大体上有三种。第一种是由财政直接出资设立各种扶持项目，例如技术创新项目，然后由企业申报，通过审核后获得资金支持，到期进行绩效评估。第二种是由政府出很少部分资金，同时出台相应的产业或项目支持政策，吸引其他机构的资金，设立一个基金，引导资金投资于特定产业和项目。第三种是政府通过贴息、支持符合要求的为中小企业融资提供服务的社会机构等方式，即支持为中小企业提供融资服务的机构，来间接支持中小企业的融资。

三、业务融资

（一）业务融资的概念

业务融资是指创业企业在企业运行、业务运作过程中，与上下游合作企业、协作企业等由资金往来而产生的资金融通。

（二）业务融资的特征

业务融资紧贴业务，建立在创业企业与上下游企业和其他企业业务开展的基础上。没有双方或多方业务的真实发生，没有双方在业务进行过程中资金的真实往来，就没有业务融资。

资金提供方深度参与该项融资的业务。因为业务融资与创业企业的某个具体业务紧密相关，也就是说，与该企业的其他业务不太相关，为了避免资金挪用、业务虚假，以及提高资金使用效率以促进业务顺利开展等原因,业务融资中的资金提供方会深度介入融入资金的某项业务,通常会通过一些控制手段监督业务进展、资金使用与安全。

(三)业务融资的方式

业务融资有以下几种方式。

1. 贸易融资

贸易融资有多种形式,如以应付账款形式进行的短期融资。应付账款是最为普遍的商业信用融资方式,它是企业在购买货物时暂时由于未付款而对卖方产生的欠款,即卖方允许买方在购货后的一定时期内支付货款的一种信用形式。又如补偿贸易融资,它是指国际贸易中国外向国内公司提供机器设备、技术、培训人员等相关服务作为投资,待该项目生产经营后,国内公司以该项目的产品或以商定的方法予以偿还的一种融资模式。

2. 项目融资

创业企业开发、操作一个独立的项目,此项目与创业企业的其他项目、业务可以完全分开,毫不相关。此时,创业企业就可以把这个项目作为一个独立的实体,独立包装,甚至成立独立的企业,对外融资。对外融资的对象可以是银行、地方政府城投机构、基金、其他企业等。例如,北京中科环保工程技术股份有限公司是一家以生物技术从事城市工业废水、生活废水处理业务的环保高技术创业企业,公司在福建的项目与公司其他业务和项目完全无关,该福建项目就被包装成一个独立的实体,对内对外进行融资,解决了项目初期资金匮乏的问题。

第五节 投资概述

一、投资的概念与要素

(一)投资的概念

投资是一个我们经常听到、用到的词,它也是经济活动和经济类学科中常用的一个概念。在约翰·伊特韦尔等人编著的《新帕尔格雷夫经济学大辞典》中,投资被认为是:"资本形成——获得或创造用于生产的资源。资本主义经济中非常注重在有形资本——建筑、设备和存货方面的企业投资。……不但包括有形资本,而且包括人力资本和无形资本的获得。原则上,还包括土地改良或自然资源的开发。"

萨缪尔森的《经济学》中认为:"投资总是意味着实际资本形成——存货的增加量,或新生产的工厂、房屋或工具。对大多数人而言,投资往往意味着只是用货币去购买公司的股票，购买街角的地皮或开立一个储蓄存款的户头。"在这个意义上，投资就是资本品的购置或生成。这类似于通常所说的固定资产投资或直接投资，也和马克思关于"投资，即货币转化为生产资本"的概念表述类似。

以上关于投资的两个定义，大体上是从宏观经济角度，以是否形成生产资本作为内涵。通常意义上，投资是指将一定数量的资源、资财，包括有形的和无形的，以交易的方式，投入到某种对象或某种事业上，以期在未来取得一定财务收益或社会效益的经营活动，也指为了获得一定财务收益或社会效益而投入某种经营活动中的资财。

一般而言，投资活动包括两个主要环节，一是资财的投出（从投资人角度），投到某个对象或事业上；二是所投出资财的筹措和取得，即融资活动。所以，投资和融资是一个活动的两个方面。

(二) 投资的要素

投资活动是一个完整的经济活动过程和系统，包括如下几个要素：

1. 投资主体

投资主体就是通常所说的投资人。第一，投资人既可以是法人，即组织，包括公司、企业、非营利机构等，也可以是自然人，这是具有投资人资格的身份条件。第二，投资人具有能够进行投资的资源、资财，如资金、专利、土地、设备等，这是保证投资人资格的资产条件。第三，投资人必须具有独立投资的决策权，包括信息收集和分析，投资决策方案的独立制定、选择和执行等。第四，投资人必须独立承担投资的结果，包括获利或亏损。

2. 投出资源

投出资源是指投资人具有的、能够用来换入投资标的的资源、资财或财物。因为投资是一项以获利为目的的经济交易，其行为过程要符合交易中的交换能够达成的基本条件。因此，投资人要想进行投资活动，手中必须掌握对方需要的资源。这种资源可以是任何对对方而言有潜在价值的物品、权利等。例如，技术人员拥有某项新技术的专利，就可以经过评估定价，与其他投资人的资金、实物资产一起，投入兴办一个新的企业。对于这位技术人员而言，其投资所投出的就是专利，而非资金。

3. 投资客体

投资客体即投资对象、投资目标或投资标的。投资客体就是投资人想要通过换出自己的资源而换入的目标物。投资客体种类繁多、形态各异。凡是被投资人认为具有能在未来给自己带来利益的事物，只要能纳入交易的范畴，都可以成为投资人的投资客体。

4. 投资方式

投资方式是指投资人把自己拥有的资源换出，来换入所需资源的形式和方法。投资活动的方式很多，比如可以把资源直接投入一个项目、一个企业，形成股权，以待未来获利，也可以把资源投入金融资产，期待资产升值等。

二、投资的原理

投资是特定经济主体为了在未来可预见的时期内获得收益或是资金增值，在一定时期内，向一定领域、事业或项目投放足够数额的资金或实物等资源的经济行为。

投资的目的在于获得超过投资本金的收益。而收益的形成源于投资客体在从事经营性活动中所取得的利润，或投资客体随着时间的推移而发生的价值的增值。

企业是一个营利性组织，以其拥有的技术能力，通过人员、原料物料和业务流程的结合，创造出价值，以交易的方式将价值交付给客户，满足客户需求。在这个过程中，企业获得价值增值。投资的回报即来自企业运营产生的价值增值，如图7-4所示。

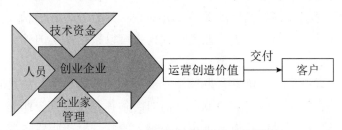

图 7-4　创业企业通过运营创造价值增值

另一种情况是，投资人投资的资产，可能并没有投入运营，但随着时间的推移，随着社会经济的持续发展，社会经济系统的价值评价体系对这项资产的评价发生了变化，对它的价值评估发生了增值。此时，如果把该项投资卖掉，也会取得投资回报，即投资产生了增值。例如，随着信息与通信技术的迭代创新和快速扩散，各种功能强大、又轻又薄、外观漂亮的智能硬件不断被制造出来，其中要用到一些稀土元素。而这些稀土元素在使用它们的技术被发明出来之前，是不值钱的。如果一个企业在以前以比较低的价格投资了一片稀土矿山，即使在后来的时间里什么也不干，到现在，这片矿山也会因为稀土的广泛使用而产生价值增值。

三、投资的分类

按照不同的分类标准，投资可以分为很多类。在此，本书只列举几个常用的分类。

（一）实物出资投资和非实物出资投资

按投资人投出的资源或资产的不同，分为实物出资投资和非实物出资投资。

1. 实物出资投资

实物出资投资是指投资人以实物形态存在的机器设备、厂房、生产线、原料、土地、知识产权、专有技术等实物资产作价，换入投资标的进行投资的行为和过程。此处的实物与金融资产（如货币等）相对。在资本稀缺、通货紧缩的环境中，实物出资投资是投资人经常采用的投资方式。例如，在改革开放初期的中国，资本匮乏，为吸引外部资本进入，中方投资人经常以土地、厂房等资财作为投资，与外方资本联合成立合资企业。

2. 非实物出资投资

非实物出资投资是指投资人以非实物形态存在的现金、大额存单、股权、股票、债券、保单等资产，换入投资标的进行投资的行为和过程。例如，某创业企业以自己的股权作为对价，换入另一家持有自己所急需技术的公司的股权。

(二)直接投资和间接投资

1. 直接投资

直接投资是指投资者用资金、实物资产等,直接开办一项经营事业,如工厂、饭店等,从事经营,或者投资购买某投资标的,如企业相当数量的股份,从而对该企业具有经营上的控制权的投资方式,例如风险投资机构对创业企业的风险投资。

直接投资的主要特征是投资者对另一经济体的企业拥有永久利益,永久利益意味着直接投资者和企业之间存在着长期的关系,并对企业经营管理施加相当大的影响。直接投资可以采取在国外直接建成分支企业的形式,也可以采用购买国外企业一定比例股权的形式。

直接投资的方式有:①投资者开办独资企业,直接开店设厂,并且独立经营;②与别的企业合作开办合资企业或合作企业,从而取得各种直接经营企业的权利,并派人员进行管理或参与管理;③投资者投入资本,不参与经营,只在必要时派人员任顾问或指导;④投资者在股票市场上买入现有企业一定数量的股票,通过股权获得全部或相当部分的经营权,从而达到收购该企业的目的。

2. 间接投资

间接投资是指投资者以其资金购买公司债券、金融债券或公司股票等各种有价证券,以预期获取一定收益的投资,由于其投资形式主要是购买各种各样的有价证券,因此也被称为证券投资。与直接投资相比,间接投资的投资者除股票投资外,一般只享有定期获得一定收益的权利,而无权干预被投资对象对这部分投资的具体运用及其经营管理决策;间接投资的资本运用比较灵活,可以随时调用或转卖,更换其他资产,谋求更大的收益;可以减少因政治经济形势变化所承担的投资损失的风险;也可以作为中央银行为平衡银根松紧而采取公开市场业务时收买或抛售的筹码。

(三)金融投资和非金融投资

1. 金融投资

金融投资是指投资人(法人或自然人)将自己的资金或其他资源,买入金融性资产,以获取收益的投资行为和投资过程。其中的金融性资产种类很多,包括大额存单、保单、信托凭证、国债、公司债、股票、债券、各种基金、商业票据、应收账款、不良资产等。简单地说,金融投资就是投资人以金融资产作为投资标的的投资活动。

2. 证券投资

证券投资是指投资人(法人或自然人)购买股票、债券、基金等有价证券及这些有价证券的衍生品,以获取红利、利息及资本利得的投资行为和投资过程。证券投资是金融投资中通过有价证券进行的投资,它的范围比金融投资小。简单地说,证券投资就是投资人以有价证券作为投资标的的投资活动。

3. 非金融投资

非金融投资是指投资人(法人或自然人)将资金或其他资源,购买金融资产以外的其他实物类、实体类投资的过程或行为。非金融投资中最典型的是项目投资。

4. 项目投资

项目投资一般属于直接投资。项目是投资客体或标的。项目是指一项复杂的、具有相当规模和价值的、有明确目标的一次性任务或工作。项目除了有明确的目标以外,还要受一定的条件的约束。第一,项目要有一定的质量要求,项目必须符合确立的标准;第二,项目要有明确的开始时间和结束时间的规划,项目必须在此时间段内完成;第三,项目必须要有资源的支持,如资金、人员、物料等。

第六节 创业企业投资管理

一、投资思维的形成

创业企业,因其自身的创业、创新的属性,企业的经营者和管理者运营思维、创新思维会非常强,这可以说是创业企业天然的"基因"。但除了运营思维、创新思维,创业企业及其经营者和管理者在企业运作中,还必须具有投资思维。

从投资的角度,创业企业的运营本质上就是,创业企业的股东,把其所拥有和控制的资源、资本和资金等,投入到创业企业这个事业中,通过一段时间的运作,以期在未来获得利润、分红和资本收益的一项投资。因此,创业企业的管理者、操盘者,在创业企业的股东(即投资人)眼里,就是投资的执行者、管理者。创业企业的运作就是一项投资在运营中。

作为创业企业的经营者、管理者,在创业企业的运作中,应该同时具备、拥有投资思维,并以投资思维,结合其他的经营管理思维,共同运作创业企业。

(一)所有资源都是谋求回报的

创业企业的经营者、管理者应该树立这样一个观念,即创业企业所拥有的资源都是投资人所投入的,都是要谋求未来的回报的。这个回报体现为盈利、企业价值增值。即使是在后续运作中创业企业获得了盈利、收益,其也属于投资人所有。这些盈利、收益如果不作为红利分给投资人,而是留在创业企业继续参与运营,则这些盈利和收益就成为了"新"的投入,谋求未来的收益。

投资人把资金投入创业企业后,这些资金通过采购、雇人等交易,就变成了创业企业的办公场所、厂房设备、原料库存、员工等,变成了具体的、各不相同的一个个不同的物品、人员。这好比资金换了一副"面孔"。创业企业的运营就是这些物品、人员的"组合运动"。而一旦"组合运动"步入正轨后,创业企业容易把关注的重点放在运营过程本身上,而忽视了一个个具体物品、人员背后的一致"身份":来自投资人的投资,且要谋求回报。

只有建立"所有资源都是谋求回报的"思维,才会在资金的使用、各种运营和管理决策的制定、资源的使用、对外合作等职能活动中,小心谨慎,以取得回报作为决策的标准之一,严格成本控制和风险管控,减少浪费和形成风险损失的可能性,保全创业企业的资源和资产,为创业企业的成长和发展奠定基础。

(二)风险伴随着投资回报

前已述及,对于以运营活动为主业的创业企业,投资回报的本质是企业在运营过程中,通过为客户创造和交付价值形成的企业价值增值。因此,形成企业价值增值的运营过程就是形成投资回报的关键。

创业企业的运营活动,涉及人员的选聘、使用,以及创造性地发挥;涉及各种物资、物料、原材料等的取得、使用,以及供应链的通畅;涉及企业内部各个职能和活动;涉及企业内部业务流程和管理流程的配合;涉及企业与客户构建的社区关系;涉及企业与外部机构构建的合作网络,等等。由于创业企业运营涉及的主体、环节太多,且这些主体、环节间存在着错综复杂的联系和相互作用,这使创业企业的运营成为一个非常复杂的活动过程,这也形成了创业企业运营中的高风险。所谓"一着不慎,满盘皆输"说的就是这种情况。

因此,通过创业企业的运营取得投资回报的过程充满了高风险。创业企业在这个过程中,要树立风险意识,对任何一项决策和职能活动的开展,都要进行风险的评估和管控,力争在运营中化解、转移各种风险,促进企业顺畅运转,促成投资回报的顺利形成。

二、投资分析

此处的投资分析特指创业企业为了运作和发展的需要,对一个新的产品、服务、技术、设备或生产能力等进行投资,以取得相应的成果,如成形的产品和服务、获得突破的技术、能投入使用的设备或新增或优化的生产能力,可供企业使用的过程。

(一)投资机会分析

投资机会分析是一个识别、分析、确认投资机会的研究论证过程。投资机会研究又可以分为一般投资机会分析和具体投资机会分析两种。

(1)一般投资机会分析。这种分析的目的是提出具体的投资建议。有以下三种情况:一是地区研究,搞清楚某一特定地区或某一目标市场区域内的各种机会;二是分部门研究,了解在某一划定的部门内的各种投资机会;三是以资源为基础的研究,以综合利用某一资源为出发点,识别各种潜在投资机会。

(2)具体投资机会分析。对一般投资机会做出最初鉴别之后,可以进行更加深入具体的研究,落实这项研究工作的往往是未来的投资者。具体投资机会研究是要将项目设想变为概略的投资建议。它以一般投资机会为起点,选择所鉴别的产品,并收集与每种产品有关的数据,以便创业企业参考。具体项目投资机会研究的主要意图是突出项目的主要投资方面。如果创业企业做出肯定的反应,就可考虑进行初步可行性研究。

(二) 初步可行性分析

许多投资项目在投资机会研究以后，往往需要进行初步可行性研究，其目的主要是对以下问题进行分析：

- 投资机会是否有前途？是否值得作详细可行性研究？
- 确定的项目逻辑是否正确？是否有必要通过可行性研究做进一步详细分析？
- 项目中哪些是最为关键的问题？是否需要通过市场调查、实验室试验、工业性试验等功能研究做深入的分析？

初步可行性研究的结构与详细可行性研究的结构基本相同，主要内容包括：市场和工厂生产能力；原材料；厂址；工艺技术和设备选择；土建工程；企业管理费；人力；项目实施及财务分析。

(三) 详细可行性研究

详细可行性研究即一般所说的可行性研究，是进行全面深入的技术、经济论证的关键环节。详细可行性研究必须为项目提供政治、经济、环保、社会等方面的详尽情况，分析和说明涉及的关键要素及达到目标的不同方案，以及各种不同方案的比较和优选结果，论述可能实现的程度和令人满意的程度等。

详细可行性研究对以下问题应给予明确详细的回答：

- 资源及市场情况如何？
- 投资项目的规模如何？
- 项目的空间范围选在哪？
- 采用什么技术路线？有何特点？优劣势是什么？
- 需要的外部协作条件如何？
- 建设时间多久？需要多少资金？能否筹集到所需资金？
- 建成后的经济效益和社会效益如何？

案例　　　　**谨慎调研 7 年，小米终于决定投资造车**

2021 年 3 月 30 日，小米集团公告，公司拟成立一家全资子公司，负责智能电动汽车业务。首期投资为 100 亿元人民币，预计未来 10 年投资额 100 亿美元。本集团首席执行官雷军将兼任智能电动汽车业务的首席执行官。

据悉，此次小米确定进入汽车行业前，雷军曾多次考虑小米造车的可行性，小米内部也立项调研过造车项目，其中第一次是在 2013 年，雷军就曾两次去美国拜访特斯拉 CEO 埃隆·马斯克 (Elon Musk)，面对当时市值一年涨 7 倍、超过 200 亿美元的特斯拉和它所在的智能电动汽车行业，雷军在自己的公众号上撰文称，他有极大好奇心。

而第二次是在 2015 年投资蔚来之前，雷军与行业人士交流过造车想法，但反馈并不乐观，没有继续推进，随后小米则通过其创立的顺为资本在 2015 年和 2016

年先后投资了新能源造车公司蔚来汽车和小鹏汽车,不过对二者均以跟投为主,持股份额均不到5%。

第三次则是在2018年,小米在内部启动了名为"micar"的造车项目调研,由负责制定小米战略的参谋部牵头;当时担任小米参谋长的王川,多次与蔚来、小鹏等中国新造车公司高层交流。不过在当时小米还是有所顾虑,所以再次否决了造车提议。而在小鹏于2019年11月进行的4亿美元C轮融资中,小米则通过旗下注册在英属维尔京群岛的Fast Pace Limited公司投资了5000万美元。

小米对造车的最近一次讨论是在2019年第三季度,当时小米决策层在董事会上再提造车,王川拿出汽车行业调研报告向雷军建言,认为2019年底到2020年初,是小米入局造车的时机。

而这一次决定造车,看来雷军对于新能源的判断,认为机会已大过风险,投资成功率大大提高。

三、投资管理

投资管理是创业企业对自身投资进行的组织、人员、流程和职能活动方面的设计和安排。投资管理是创业企业提高投资决策效率、规避投资决策风险的制度保障。

(一) 投资决策的部门

投资决策属于创业企业的重大经营事项,应该由专门的部门或会议进行独立执行。对于具有相当规模的创业企业,可以设立独立的投资决策部门,例如在董事会中设立专门的投资委员会。如果企业规模不大,则应该设立投资决策会议,就一些涉及企业的重大投资决策进行讨论。

(二) 投资决策的人员

投资决策是由人做出的。因此,创业企业在设定了投资决策的部门后,应该进一步确定参与投资决策的人员。

一般而言,创业企业中参与投资决策的人员分为四类:

第一类是创业企业的重要股东、重要的董事会成员。一般而言,这类人员要么是企业的拥有者,要么是对创业企业有重大影响的人员。他们对创业企业的发展方向具有决定权。

第二类是创业企业的高级经理人员。这类人员直接管理、操盘创业企业,是企业运作的操作者,所有的企业决策最终通过他们来执行。因此,决策执行的质量高低,很大一部分受他们影响。

第三类是投资领域的专家、专业人士。他们可以是企业外部人员。这类人员具有投资领域的专门技术和技能。投资活动是一种专业性很强的技术工作,其中的信息搜集、数据分析等都要用到大量的投资分析模型、数学工具等,需要由专门人员执行。

第四类是其他专业人员。这类人员是企业中掌管某个特定领域的专业人员,对创业企业中的特定职能非常熟悉,属于职能专家,对投资决策中涉及本领域的事项,具有高度的专业性。

不同规模和不同行业的创业企业,根据自身特点,选定相应的人员及其比例。

> **案例　　京东刘强东欲投资物流,靠大股东说服大家**
>
> 在中国,自己建立物流的电商企业仅仅只有京东这一家。京东与阿里的不同之处在于它曾经做过传统零售行业,六年后,才转行为电商。刘强东在京东商城最开始的设计里就包含了自建物流。因自建物流需要花费的资金较多,同时还需要大量的人力和物力等,如果资金不足后果则不堪设想。
>
> 在首次融资成功后,刘强东就开始了自建物流的实施,一是因为资金充足,二是因为与京东合作的物流经常被消费者投诉。刘强东认为物流问题是很难改变的,因为毕竟不是归属自己的管辖范围。要想口碑提升只能从自建物流这个方面来改变。
>
> 在关于是否投资自建物流的高层决策会上,除了刘强东,其他股东及高层都极力反对这一项目,认为这纯粹是"吃力不讨好",会严重影响京东的主业。但刘强东始终坚持,但却没办法说服其他人,最后只好找来了大股东徐新参与商讨,在成功说服了徐新后,徐新和刘强东一起成功将其他人说服,通过了这项决策。
>
> 事实证明了刘强东当时的选择是正确的,现在京东物流已经成为大企业,无论是口碑还是服务都是一流的。京东也因为京东物流的存在,越走越好。但在这些荣耀背后也有着心酸,京东物流从开始运营之后,连续十二年都没有赚过钱,甚至一直是亏本状态,直到 2019 年,才终于扭亏为盈。

(三)投资决策的流程

确定了投资决策的部门和人员,接下来就是要确定投资决策的流程。不同的创业企业情况不同,投资决策的流程也不同。常见的流程具体如下。

(1) 识别问题。发现和确定需要解决的问题就成为投资决策的起点。第一步是对事物进行分析找到问题所在。第二步是确定引起问题的可能原因。采用连续追问的办法,要不断地追问"这个投资问题的原因是什么?""这个原因的原因又是什么?"一步一步地追问下去,直到找出根本原因为止。

(2) 确定投资决策目标。投资目标的确定,要经过调查和研究,掌握系统准确的统计数据和事实,然后进行由表及里、去伪存真的整理分析,根据对组织总目标及各种目标的综合平衡,结合组织的价值准则进行确定。

(3) 拟定投资备选方案。一旦机会或问题被正确地识别出来,创业企业的经营者和管理者就要提出达到目标和解决问题的各种方案。需要从多种角度审视问题。紧紧围绕着所要解决的问题和决策目标拟定备选方案。

(4) 分析评价投资备选方案。首先,要建立一套有助于指导和检验判断正确性的决策准则。其次，根据组织的大政方针和所掌握的资源来衡量每一个方案的可行性。再次，要确定每一个方案对于解决问题或实现目标所能达到的程度，以及可能带来的后果。最后，比较哪一个方案更有利，权衡各方案利弊，来比较各方案优劣。

(5) 选择满意的投资方案。在对各个投资方案分析评价的基础上，最后要从中选择一个满意的方案。

(6) 选择、实施投资决策。在投资方案选定以后，管理者就要制订实施投资方案的具体措施和步骤。

(7) 监督与反馈。一个投资方案可能涉及较长的时间，形势可能发生变化，创业企业的经营者和管理者要不断对投资方案进行修改和完善，以适应变化了的形势，需要定期地分析。要不断修正投资方案来减少或消除不确定性，定义新的情况，建立新的分析程序。

本章思考

1. 根据本章内容，思考对于创业企业而言，债务融资和权益融资对企业成长的影响各是什么？

2. 用市盈率对创业企业进行估值，最大的弊端是什么？

3. 对处于成长期的创业企业，你认为用什么指标估值能反映出企业的发展状态？能较好地表达出创业企业的价值。

4. 当创业企业因规模扩大而需要另外租用办公场地、采购办公家具时，如何利用投资思维对这个决策进行分析？